Krankes Geld, kranke Welt –
Analyse und Therapie der globalen Depression

Meinen Eltern
in Dankbarkeit

Gregor Hochreiter

Krankes Geld, kranke Welt

Analyse und Therapie der globalen Depression

Mit einem Vorwort von Roland Baader

RESCH VERLAG

Bibliografische Information der Deutschen Nationalbibliothek:
Die Deutsche Nationalbibliothek verzeichnet diese Publikation in der
Deutschen Nationalbibliografie; detaillierte bibliografische
Daten sind im Internet über http://dnb.d-nb.de abrufbar.

1. Auflage 2010
© 2009 Verlag Dr. Ingo Resch GmbH
Maria-Eich-Straße 77, D-82166 Gräfelfing
Alle Rechte vorbehalten
Umschlaggestaltung: Georg Lehmacher, 86316 Friedberg
Druck und Bindung: Pera-Druck GmbH, 81379 München
Printed in Germany

ISBN 978-3-935197-94-6

Inhaltsverzeichnis

Inhaltsverzeichnis

Danksagung

Mein Dank gilt Rahim Taghizadegan, der in den letzten Jahren ein treuer Mitstreiter und Wegbegleiter war und in zahlreichen, mitunter hitzigen Debatten maßgeblich zur Vertiefung meines ökonomischen Wissens beigetragen hat. Für fachliche Unterstützung danke ich zudem Eugen-Maria Schulak, Philipp Scheibelreiter und Wolfram Schrems, die mich in philosophischen, theologischen und rechtlichen Fragen mit freundschaftlicher Geduldigkeit unterrichteten. Für die grafische Aufbereitung der Abbildungen und wertvolle inhaltliche Ratschläge bedanke ich mich bei Andreas Pizsa. Zu tiefstem Dank verpflichtet bin ich des Weiteren dem Servitenorden („Ordo Servorum Mariae"), insbesondere dem vor Kurzem aufgelösten Konvent in Wien, der mich über Jahrzehnte meines Lebens seelsorgerisch begleitet hat und jenen ewigen Anspruch an das Schöne, Wahre und Gute verkörpert, der uns in der heutigen Zeit vollends zu entgleiten droht. Schließlich möchte ich meinen Eltern, meinen Geschwistern und meiner Großmutter sowie meinen Freunden danken, deren vorbehaltloser Unterstützung ich mir jederzeit bewusst sein darf.

Gregor Hochreiter
Wien, im September 2009

Vorwort

Keiner der sogenannten Mainstream-Ökonomen hat die Ende 2007/Anfang 2008 einsetzende große Weltfinanzkrise kommen sehen. Weder die Ökonomen auf den Lehrstühlen noch die in den Forschungsinstituten oder in den Konjunkturreferaten der Ministerien, weder die Nobelpreisträger und Finanzstars, welche die amerikanischen Talkshows bevölkern, noch die Chef- und Ober-Volkswirte in den Banken und in den Sachverständigenräten. Andererseits aber haben so gut wie alle Ökonomen der *Österreichischen Schule der Nationalökonomie* (in den USA kurz *Austrians* genannt) vor dem herannahenden Finanz-Tsunami gewarnt, besonders eindringlich seit der greenspanschen Zinstalfahrt gegen null und der damit einhergehenden riesigen Aufblähung der Geldmenge.

Das legt den Schluss nahe, dass einerseits die mit mathematisierten Makromodellen hantierenden Professoren, die seit Keynes die Volkswirtschaftslehre mit überwältigender Mehrheit beherrschen, falschen Theorien anhängen und somit die Gefahr gar nicht erkennen konnten und andererseits die kleine Minderheit der *Austrians* das Unheil deshalb einhellig heraufziehen sah, weil sie über das richtige (oder zumindest deutlich bessere) theoretische Handwerkszeug verfügt.

Es ist schwer zu glauben, dass sich eine große Mehrheit von Wissenschaftlern irren kann, während eine kleine (aber derzeit gottlob wieder wachsende) Minderheit richtigliegt.

Ein kurzer ideengeschichtlicher Abriss mag das verständlicher machen: Die gegen Ende des 19. Jahrhunderts und in den ersten Jahrzehnten des 20. Jahrhunderts lehrenden hochrenommierten Ökonomen an der Universität Wien – besonders Carl Menger, Eugen von Böhm-Bawerk, Ludwig von Mises und Friedrich A. von Hayek – galten als würdige und geniale Nachfolger und Fortentwickler der klassischen (vor allem englischen) Nationalökonomie. Auf dem Werk von Carl Menger aufbauend, schrieb von Mises 1912 seine Habilitationsschrift „Theorie des Geldes und der Umlaufsmittel", die noch heute unter Experten als das beste Werk der geldtheoretischen Fachliteratur gilt. Seine späteren Werke „Die Gemeinwirtschaft" (1922/32) und „Nationalökonomie" (1940) haben Weltruhm erlangt und sind in ihrer Einzigartigkeit dem „Wealth of Nations" von Adam Smith vergleichbar.

Von Mises' Schüler und Kollege Friedrich A. von Hayek hat mit bahnbrechenden Arbeiten wie „Geldtheorie und Konjunkturtheorie" (1929), „Preise und Produktion" (1933) und „The Pure Theory of Capital" (1941) die Geld- und Konjunkturtheorie *der Österreichischen Schule* perfektioniert. Die *Austrian Theory of the Trade Cycle* war auf dem Weg, die wirtschaftswissenschaftlichen Fakultäten an allen Universitäten der westlichen Welt zu erobern. Doch dann kam in der zweiten Hälfte der 1930er-Jahre der große Bruch. Der Cambridge-Ökonom John Maynard Keynes (später Lord Keynes) stellte, geschockt von der Großen Depression der 1930er-Jahre, mit seinem in kurzer Zeit Weltruhm erlangenden Werk „Allgemeine Theorie der Beschäftigung, des Zinses und des Geldes" (1936) die Nationalökonomie jener Zeit auf den Kopf. Das ist wörtlich zu nehmen, denn der Großteil seiner Theorien ist falsch oder irreführend. Sie wurden später von Friedrich A. von Hayek („A Tiger by the Tail"), von Henry Hazlitt („The Failure of the ‚New Economics‘") und William H. Hutt („Keynesianism – Retrospect and Prospect") und anderen Denkern fast vollständig widerlegt.

Mit der Publikation dieser „Allgemeinen Theorie" fand die damals schon weitverbreitete Fehlinterpretation der Ursachen der Weltwirtschaftskrise der 1930er-Jahre „wissenschaftliche" Weihen. Die Lehren fanden sturzflutartig Eingang in die Universitäten und wurden von den politischen Eliten der Industrieländer euphorisch aufgenommen. Stark vereinfacht dargestellt lautete die Botschaft: Der Konsum ist der Motor der Wirtschaft. Wenn der Konsum nachlässt und eine Rezession droht, muss die Zentralbank die Zinsen senken, damit sich Sparen nicht mehr lohnt und sich die Menschen stattdessen verschulden, um wieder mehr konsumieren zu können. Wenn das nicht reicht, muss der Staat die Nachfragelücke schließen und Geld mit vollen Händen ausgeben, auch wenn er sich zu diesem Zweck bis über die Halskrause verschulden muss. Das war Musik in vielen Ohren. Mit dem Rüstzeug der keynesianischen Theorien konnten sich die Ökonomen der Welt, die zuvor bescheidene Moral- und Sozialphilosophen waren, zu Gesellschaftsingenieuren einer Wissenschaft aufspielen, die nunmehr gegenüber den

„exakten" Naturwissenschaften keine Minderwertigkeits-
gefühle mehr zu haben brauchten. Und die Regierungen
konnten ihrer endlosen Geldverschwendung und Interventi-
onssucht eine akademische Legitimation verleihen. Die Nationalökonomie (engl. „Economics") wurde schwergewich-
tig zu einem Fach, das der amerikanische Ökonom Robert
Sennholz treffend mit „Inflationomics" bezeichnet hat. Was
mit der Abschaffung des Goldstandards und der Gründung
von Zentralbanken – vor allem des Federal Reserve Systems
der USA – begonnen hatte, konnte sich nun, begleitet vom
fast einstimmigen Chor der Ökonomen, fortsetzen: das
Jahrhundert der Inflation, der Währungskrisen und der zyklischen Hochkonjunkturen und Zusammenbrüche (engl.
„Booms and Busts").

Keynes hatte die Deflation als das übelste aller Schreck-
gespenste an die Wand gemalt und die Inflation als das weit
kleinere Übel gepriesen. Trotz schlimmster Erfahrungen
wie bspw. in Deutschland, wo die Menschen gleich zwei
große Preisinflationen und radikale Währungsreformen in
einem Jahrhundert erlebt haben, ist das, was man „mäßi-
ge Inflation" nennt, noch heute ein allseits willkommenes
Phänomen: Die Banker lieben sie, weil die aus dem Nichts
geschaffenen und von der Zentralbank billig bereitgestellten
Papiergeldfluten es ihnen ermöglichen, Kreditberge aufzu-
türmen und dafür Zinsen zu kassieren; die Finanzmanager
einer vertausendfachten Fondsbranche lieben sie, weil es die
Anzahl ihrer Jobs vervielfacht, ihnen Milliarden an Anla-
gegeldern zuspült und ihre Gehälter explodieren lässt; die

Geschäftsleute lieben sie, weil sie sich Kunden wünschen, die mit dem Geld um sich werfen; die Anleger lieben sie, weil die inflationär aufgeblähten Vermögenswerte ihnen wie echte Vermögensmehrungen vorkommen; die Politiker lieben sie, weil sie die uferlose Staatsverschuldung erleichtert und weil man mit den Ozeanen aus Schuldengeld auf Stimmenfang gehen und breite Wählerschichten bestechen kann; und die Zentralbanken lieben sie, weil deren Macht und Einfluss mit dem Zins- und Geldzauber auf Götzenhöhe steigt. Alle lieben die Inflation, bis das Kartenhaus aus Scheinwerten zusammenbricht. Das staatlich inszenierte Feuerwerk und die ausgebrannten Volkswirtschaften, die es hinterlassen hat, nennt man dann „Kapitalismus", um von den wahren Schuldigen abzulenken.

Im Zuge der Verwahrlosung der Nationalökonomie zu einer „dismal science" („trostlose Wissenschaft", nach Thomas Carlyle) sind auch terminologische Schludereien eingetreten. Als besonders verhängnisvoll erweist sich die Tatsache, dass nicht mehr zwischen Inflation (Erhöhung der ungedeckten Geldmenge) und Preisinflation (besser: Teuerung) unterschieden wird. Damit ging weitgehend auch die Erkenntnis des Ursachen-Wirkungs-Zusammenhangs zwischen Inflation (Ursache) und Preisinflation (Wirkung) verloren, ebenso die Unterscheidung zwischen Deflation (Schrumpfen der ungedeckten Geldmenge) und sinkenden Preisen. Gregor Hochreiter nennt das treffend „sprachliche Blindheit". Diese sprachliche oder terminologische Blindheit führt konsequent zur Erkenntnisblindheit.

Getreu der keynesschen Fehlinterpretation der Ursachen der Großen Weltwirtschaftskrise der 1930er-Jahre ist auch heute in der aktuellen Weltkrise wieder ein halbes Dutzend Ursachentheorien en vogue, die allesamt falsch sind und in die Irre führen, weil es sich bei den betreffenden Phänomenen nicht um die wahren Krisenursachen handelt, sondern um Folgeerscheinungen. Heute wie damals ist z.B. der fatale Denkfehler verbreitet, sinkende Preise seien die Ursache wirtschaftlicher Abschwünge, weshalb man sie mit allen Mitteln verhindern und das Preisniveau eher nach oben drücken müsse. In Wirklichkeit sind sinkende Preise die Folge von Abschwüngen und zugleich die wirksamste Heilkur gegen Rezession und Depression. Heute wie damals wird Sparen als Laster (weil angeblich konjunkturabwürgend) betrachtet und überschäumender Konsum als Tugend. Dabei war es eine selbstverständliche Weisheit der „alten" Ökonomen, dass sich eine Volkswirtschaft genauso wenig reich konsumieren kann wie eine Einzelperson. Die Spanier haben dafür ein treffendes Sprichwort: „Pan para hoy, hambre para manana" („Brot für heute, Hunger für morgen").

In den Reihen der modernen Ökonomen wird auch die Vielfalt der Funktionen des Zinses nicht mehr verstanden. Sogar der weltberühmte Harvard-Professor (und einstige Berater von Präsident George W. Bush), Greg Mankiv, plädiert medienwirksam für immer weiter und noch weiter sinkende Zinsen, ja sogar – wenn der Nominalzins der Zentralbank bei null angelangt ist und nicht mehr weiter gesenkt werden kann – für einen negativen Realzins über ein Anheizen der Preisinflation. In dieser simplistischen Theorienwelt sorgt der Zins nur noch für mehr oder weniger Konsum, während seine Funktion als Koordinator zwischen Konsum- und Produktionsentscheidungen, seine Wirkung auf die Zeitpräferenzen der Konsumenten, Sparer und Investoren und somit auf die Kapitalbildung sowie seine Wirkung auf die Kapitalstruktur (Umfang, Breite und Tiefe der Kapitalausstattung von Produktionsanlagen) und die relativen Preise völlig ausgeblendet bleibt. Auf diese Weise kommt die geradezu unfassbare Tatsache zustande, dass die meisten Mainstream-Ökonomen zwar einräumen, dass ein übermäßiger Konsumrausch und eine überbordende Verschuldung zur aktuellen Misere geführt haben, zugleich aber genau das – Konsumankurbelung und neue Billionenschulden – als Genesungsmedizin empfehlen.

Deshalb ist es auch kein Wunder, dass derzeit sogar geldpolitische Modelle wieder aufgewärmt werden, die man längst auf dem historischen Müllhaufen für gescheiterte und abstruse Ideen wähnte – bis hin zu den Schwundgeld-Spinnereien eines Silvio Gesell. Der amerikanische Ökonom und geniale *Austrian* Gary North hat recht, wenn er von Lord Keynes, Irving Fisher und Silvio Gesell als den „drei großen Geldtheorie-Verrückten" (engl. „monetary cranks") schreibt und Milton Friedman mit seinem Monetarismus gleich noch als „vierten Verrückten" hinzurechnet. Wir stehen heute – und schon lange – vor dem Phänomen eines weltweiten intellektuellen Versagens der Ökonomen. Die grundlegenden Ursachen der heutigen Weltkrise (im Kern dieselben, die schon zur Großen Depression der 1930er-Jahre geführt haben) werden überhaupt nicht thematisiert. Hierbei handelt es sich um die Tatsache, dass die Marktwirtschaften der Welt seit Einführung des deckungslosen Papiergeldes (engl. „fiat money") und seit Gründung der Zentralbanken auf zwei sozialistischen Grundpfeilern errichtet sind: auf dem staatsmonopolistischen *fiat money* und dem zentralplanwirtschaftlichen Zinsdiktat. Ersteres vergiftet sukzessive den Blutkreislauf des Kapitalismus und Letzteres verfälscht die wichtigsten Signale des Marktes hinsichtlich der Knappheit der Ressourcen und deren effizienter Verwendung im Einklang mit den wahren Präferenzen der Bürger auf ihrer Lebenszeitachse. Jede auf diesen sozialistischen Fundamenten errichtete Volkswirtschaft muss früher oder später zusammenbrechen.

Gottlob hat in Europa – und vor allem in den USA – eine knappe Hundertschaft von Ökonomen (nämlich die im weitesten Sinne der *Österreichischen Schule* zuzurechnenden Wissenschaftler) die solide, wahrhaftige und sonderinteressenfreie Nationalökonomie beibehalten und weiterentwickelt. Die *Austrian Economics* und ihre Vertreter sind heute wichtiger als jemals zuvor. Friedrich A. von Hayek hat einmal zu Pascal Salin, Professor an der Universität von Paris, gesagt, die *Austrian Economics* seien ein Teil der Hoffnungen, die er in die Zukunft setze. Salins Antwort lautete, sie seien sogar unsere einzige Hoffnung. Von Hayek war es auch, der mit seiner Spätpublikation „Entnationalisierung des Geldes" (engl. „Denationalisation of Money", 1976, deutsch

1977) dringlich die Einführung von konkurrierendem Privatgeld empfohlen hat. Es gehe dabei, so von Hayek, keineswegs nur um technische Details, sondern buchstäblich um das Überleben der Zivilisation. „Der einzige Weg", schreibt von Hayek, „zu verhindern, dass man durch andauernde Inflation in eine zentral gelenkte Wirtschaft hineingleitet, und somit letztlich die Zivilisation zu retten, wird darin bestehen, den Regierungen ihre Macht über das Geld zu entziehen." Formuliert von einem geistigen Giganten unseres Fachs könnte der Schluss des Buches nicht eindringlicher sein: „Der Vorschlag deutet den einzigen Weg an, auf dem wir noch hoffen können, der anhaltenden Entwicklung aller Regierungen in Richtung auf den Totalitarismus Einhalt zu gebieten, der vielen scharfen Beobachtern als unvermeidbar erscheint. Ich wünschte, ich könnte den Rat geben, langsam vorzugehen. Aber die Zeit mag kurz sein."

Falsche Theorien führen notwendigerweise in die Katastrophe. Der Heilungs- und Gesundungsprozess muss in den Köpfen beginnen. Und die *Austrian Economics* haben wahrlich ein umfassendes Lehrwerk aufzuweisen und viele Köpfe, auf deren Erkenntnisse man zurückgreifen kann, ja zurückgreifen muss, wenn sich die neue Weltfinanz- und Weltwirtschaftskrise nicht zur Weltkatastrophe ohne Beispiel ausweiten soll. Einer ihrer herausragenden Vertreter, Gregor Hochreiter, hat das vorliegende Buch geschrieben. Es ist wohl eine der wichtigsten deutschen Publikationen des angebrochenen neuen Jahrhunderts. Der Leser findet hier – auf allgemeinverständliche Weise – einen Überblick über das Denk- und Sprachwerkzeug der Geld- und Konjunkturtheorie der *Österreichischen Schule*. Mit dessen Hilfe wird dem Fachmann ebenso wie dem interessierten Laien das Blendwerk des allgegenwärtigen Mediengetöses um die angeblichen Ursachen der aktuellen Weltwirtschaftskrise wie Schuppen von den Augen fallen und beide werden die wahren Zusammenhänge erkennen. Gregor Hochreiter zeigt auch auf, was idealerweise zu tun wäre, um die ansonsten drohende Eskalation des Unheils noch abwenden zu können.

Das wirtschaftliche, finanzielle, politische und gesellschaftlich-zivilisatorische Schicksal von vielen Millionen Menschen (vielleicht sogar der ganzen Menschheit) – Wohlstand oder Armut, Friede oder Krieg und Revolution, Freiheit oder Sklaverei, Fortschritt oder Entzivilisierung, Kultur oder Barbarei – wird davon abhängen, wie viele Bürger und Entscheidungsträger sich die hier dargelegten Kenntnisse und Erkenntnisse aneignen und auf entsprechende Veränderungen drängen, hin zu gesundem Geld und zu entpolitisierten freien Märkten. In den USA hat sich eine dramatisch wachsende Bewegung für geistige und institutionelle Erneuerung im Sinne der *Austrian Economics* um den Kongress-Abgeordneten Ron Paul gebildet. Vielleicht ist Gregor Hochreiters Buch der Anstoß für einen ähnlichen Aufbruch im deutschsprachigen Raum. Es wäre, um mit Pascal Salin zu sprechen, unsere einzige Hoffnung.

Roland Baader

Einführung

Immobilienkrise, Börsenturbulenzen, wankende Banken, steigende Preise, sinkende Löhne, Kurzarbeit und Arbeitslosigkeit, Überschuldung und Konkurse: Die rasante Talfahrt der Weltwirtschaft ist nicht mehr zu leugnen. Der Optimismus der 1990er-Jahre, der unendliches Wachstum versprach, ist verflogen. Glaubte man in den 1990ern noch, die Sorge um die staatliche Pension mit dem Aufbau eines Aktienvermögens begrenzen zu können, so verstärkt die zunehmende Volatilität an den Börsen die Unsicherheit unter den Menschen. Nur knapp schrammten einige Großbanken am Bankrott vorbei. Selbst der Nimbus des als absolut krisensicher geltenden Sparbuchs ist angekratzt. Die jahrzehntelange Aufwärtsbewegung scheint ins Stocken zu geraten. Der Mittelstand zerbröselt, immer mehr Menschen gleiten in die Armut ab. Das Gefühl eines epochalen Wandels macht sich breit.

Wie jedes historische Ereignis ist auch die gegenwärtige Situation einzigartig. Aber nicht zum ersten Mal geht derzeit einer Blase die Luft aus. Im Jahr 2000 endete der dot.com-Boom von einem Tag auf den anderen. 1987 erschütterte der „Schwarze Montag" die Finanzwelt. 1929 stürzte der wohl bekannteste Börsenkrach die Welt in eine wirtschaftliche und politische Krise, die sich im Zweiten Weltkrieg auf brutalste Weise entlud. 1873 kam mit dem „großen Krach" die walzerselige Stimmung des Gründerbooms in Wien zu einem jähen Ende. 1719 suchte das Spekulationsfieber um die von John Law gegründete „Compagnie de la Louisiane ou d'Occident" erstmals Paris heim, während auf der anderen Seite des Ärmelkanals nur ein Jahr später die Südsee-Blase platzte. Die erste Spekulationsblase datiert man für gewöhnlich auf das Jahr 1637, als die „Große Tulpenmanie" in Amsterdam die Händler in Atem hielt. Bei genauerem Hinsehen ist also ein Muster zu erkennen, das einen stutzig machen sollte. Vor jedem Börsenkrach und der anschließenden Rezession war eine viel umjubelte Phase des wirtschaftlichen Aufschwungs – der sogenannte Boom – zu verzeichnen. Ein bloßer Zufall?

Unsere Auffassung von den wirtschaftlichen und gesellschaftlichen Dynamiken bestimmt maßgeblich die Interpretation der uns umgebenden Ereignisse. Sie formt auch unsere Haltung, wie wir derartigen Entwicklungen begegnen. Nehmen wir sie als gegeben hin und überlassen uns unserem Schicksal? Oder nutzen wir unsere Vernunft, um die Hintergründe der wohlfahrtsmindernden und gesellschaftsdestabilisierenden Dynamiken zu erkennen? Verbessern wir auf der Grundlage dieser Erkenntnisse unsere persönliche Lebenseinstellung und die gesellschaftlichen Institutionen? Oder lassen wir alles beim Alten? Schließlich: Ist der Boom das Übel, das es zu vermeiden gilt? Oder sollte das wirtschaftspolitische Augenmerk weiterhin auf der Bekämpfung der Rezession liegen?

Doch nicht nur unser eigenes Leben ist von unserer Sicht auf die Dinge betroffen. Das Verständnis darüber, wer für positive wie negative Entwicklungen verantwortlich zeichnet, bestimmt in großem Maße, wie wir mit jenen Menschen umgehen, die wir für die gegenwärtige Misere verantwortlich machen. Ein falsches Verständnis über die tatsächlichen Gründe stempelt Unschuldige zu Sündenböcken und entlässt die tatsächlich Verantwortlichen aus ihrer Verantwortung. In der klassischen Tugendlehre ist dies ein schwerer Verstoß gegen die Gerechtigkeit, die uns auffordert, jedem das Seine zuzugestehen. Unter den vier Kardinaltugenden (Klugheit, Gerechtigkeit, Tapferkeit, Maß und Zucht) nimmt die Gerechtigkeit deshalb nach der Klugheit den zweiten Rang ein. Nur der Kluge kann auch gerecht handeln.

Der hektische Alltag erschwert es uns ungemein, sich theoretischen Betrachtungen hinzugeben. Schon der Begriff der „Theorie" lässt heute viele Menschen erschaudern. Die Theorie gilt in dem vom Pragmatismus geforderten Vorziehen des geringsten Übels als weltfremd, als weltferne Gehirnakrobatik einiger weniger in den entrückten Gelehrtenzimmern des Elfenbeinturms. Der uns heute so geläufig erscheinende Widerspruch zwischen Theorie und Praxis entspricht jedoch nicht der klassischen Auffassung, nach der sich Theorie und Praxis wechselseitig unterstützen. Die Praxis stellt Fragen aus dem Alltag an die Theorie, die sie sachlich-nüchtern überprüft. Die Theorie teilt der Praxis ihre Erkenntnisse mit, auf dass die im Leben stehenden Menschen ihre Handlungen an den neu gewonnenen Erkenntnissen ausrichten.

Der theoretischen Überprüfung war immer ein eigener Raum – zeitlich wie örtlich – gewidmet: die Muße. Muße

ist nicht mit Müßiggang, Faulheit oder Passivität gleichzu-
setzen. Sie ist jener Raum, der für die Vertiefung theoreti-
scher Fragen reserviert ist. Die Überreste dieser Lebenseinstellung finden sich im deutschen Wort „Schule" wieder, das
ein Lehnwort aus dem Griechischen ist: scholé (σχολή) bedeutet Muße. Im Spannungsverhältnis von mühevoller Arbeit und erkenntnisstiftender Muße ist die Muße, wie uns
Aristoteles in Erinnerung ruft, das Erstrebenswerte und die
Arbeit nur ein notwendiges Übel: „Wir arbeiten, um Muße
zu haben."[1] Diese Rangordnung tritt im Lateinischen ebenfalls klar zutage: Otium ist die Muße, neg-otium die Abwe-
senheit der Muße und steht für die Geschäftstätigkeit (vgl.
engl. „to negotiate" = verhandeln).

Eine Folge fehlender Räume des Sich-besinnen-Könnens
ist ein Phänomen, das in der Redewendung „Den Wald vor
lauter Bäumen nicht mehr sehen" Eingang in die Alltags-
sprache gefunden hat. Von der Kurzatmigkeit getrieben
verzetteln wir uns in Details. Felsenfest davon überzeugt,
eine gute Entscheidung gefällt zu haben, packen wir die
nächste Herausforderung tatkräftig an. Dem tatendurstigen
Menschen des 21. Jahrhunderts ist der Gedanke fast schon
fremd, sich in der Ruhe der Muße einen Überblick über die
Gesamtsituation zu verschaffen. Von diesem unreflektier-
ten Tatendrang lebt etwa ein Pyramidenspiel, das den nach
blinder Rendite Strebenden mit seinen überdurchschnittlichen Renditeversprechen anlockt, der sich überhaupt nicht

---

1   Aristoteles: „Nikomachische Ethik", 1177b.

24

darum kümmert, wie die versprochene Rendite erwirtschaft werden soll, Hauptsache die Rendite stimmt. Wenn dann das Kartenhaus zusammenbricht, ist die Ernüchterung groß. Gott und die Welt werden für das unvorhergesehene Platzen der Blase verantwortlich gemacht, obwohl das Unglück im Vorhinein hätte vorhergesehen werden können.

Indem uns die theoretische Vertiefung aus dem Klein-Klein des Alltags herausnimmt, hilft sie uns, das Muster hinter gewissen Dynamiken – den Wald – zu erkennen. Die Frage, ob an dem im Weg stehenden Baum rechts oder links vorbeigegangen werden soll, relativiert sich, wenn man erkennt, dass in jeder Himmelsrichtung der Horizont vom Wald eingenommen wird. In so einer Situation ist es daher angebracht, sich die Zeit zu nehmen, um sich einen Überblick über die Gesamtsituation zu verschaffen.

Die theoretische Auseinandersetzung beruhigt zudem den hektischen Alltag. Lösungen, wie sie im Geschäftsleben permanent eingefordert werden, sind nicht das unmittelbare Ziel der theoretischen Auseinandersetzung. Die tief greifende Erörterung erweitert unser Verständnis. Gerade weil sie den Druck nimmt, eine schnelle, möglichst gewinnbringende Entscheidung treffen zu müssen, eröffnet sie uns gänzlich neue Sichtweisen. Insbesondere hilft uns die theoretische Erörterung, Schein von Sein, Illusionen von der Wirklichkeit zu scheiden. Für den nachhaltigen Aufbau von materiellen wie immateriellen Werten ist diese Unterscheidung von Schein und Sein von überragender Bedeutung. Um eine auf Scheinwerten beruhende Blase erkennen zu können, muss man in der Lage sein, den Schein der Blase vom Sein der Realität zu unterscheiden.

Dieses Buch möchte dem Leser die theoretische Auseinandersetzung mit der Ökonomie der Wirtschaftskrise schmackhaft machen und zeigen, dass theoretische Ausführungen keineswegs langweilig und verstaubt sein müssen. Viele Bezüge zu historischen Wirtschaftskrisen lockern die Einführung in die theoretischen Hintergründe von Wirtschaftskrisen auf.

Einen todsicheren Anlagetipp oder eine maßgeschneiderte Anlagestrategie werden Sie auf den folgenden Seiten allerdings ebenso wenig finden wie eine detaillierte Prognose über das, was vermutlich bald über weite Teile der westlichen Welt hereinbrechen wird. Dieses Buch versteht sich nicht als einmaliger, für eine Situation maßgeschneiderter Ratgeber. Vielmehr soll der Leser ein Werk in den Händen halten, das Hilfe zur Selbsthilfe bietet und es dem werten Leser ermöglicht, eine dem persönlichen Umfeld angemessene Entscheidung zu treffen. Dabei soll die kurzfristige, eher passive Reaktion auf die bestehenden Verwerfungen mit einem nachhaltigen Zugang, der aktiv der Wiederholung der gegenwärtigen Wirtschafts- und Gesellschaftskrise entgegenwirkt, in Einklang gebracht werden.

Die Struktur dieses Buches orientiert sich daher an zwei Achsen: Die eine Achse bildet die Wechselbeziehungen zwischen gesellschaftlichen Institutionen und privaten Entscheidungen ab. Die andere Achse nimmt gegenwärtige Probleme auf und führt sie einer theoretischen Behandlung zu, um sie nach erfolgter Erörterung wieder dem Alltagsleben zurückzugeben. Das erste Kapitel setzt sich intensiv mit dem Phänomen des Geldes, der Inflation und der Teuerung auseinander. Das zweite Kapitel legt eingehend die theoretischen Hintergründe und Dynamiken der Wirtschaftskrise dar. Aufbauend auf den gewonnenen Erkenntnissen ist dem traumatischen Erlebnis von 1929 und der anschließenden Großen Depression ein eigenes Kapitel gewidmet. Im letzten Kapitel werden schließlich drei mögliche Zukunftsszenarien vorgestellt und die moralische Dimension der Wirtschaftskrise skizzenhaft umrissen.

Aus Wissen folgt Verantwortung. Wissen ist an und für sich neutral, es kann zum Guten wie zum Schlechten eingesetzt werden. Ein Atomphysiker kann an der Entwicklung der Atombombe oder der friedlichen Nutzung der Atomenergie mitwirken. Analog verhält es sich bei ökonomischem Wissen; es kann zur effizienteren Unterjochung der Bevölkerung eingesetzt werden oder zum Aufbau einer im umfassenden Sinne wohlhabenden Gesellschaft. Je größer die Verwerfungen in einer Gesellschaft sind, desto größer sind die Verlockungen, die Verwerfungen zur Anhäufung großer Reichtümer zu nutzen. Hauptsache, man bleibt selbst von den schlimmsten Auswüchsen der wirtschaftlichen Katastrophe verschont. Doch was nützen einem die angehäuften Millionen, wenn, wie in der Geschichte schon häufiger der Fall, die Gesellschaft von einer Krise in die nächste taumelt oder nach dem wirtschaftlichen Bauchfleck die politische Situation vollkommen aus dem Lot gerät?

Eine nachhaltige Wertsicherung wird nur dann gelingen, wenn man den dem Wissensvorsprung zu verdankenden Gewinn nicht ausschließlich für die eigenen Konsumbedürfnisse einsetzt und sich mit dem gescheffelten Vermögen vollends aus der Welt zurückzieht. Auf Habgier, Egoismus und Gewinnsucht lässt sich keine friedliche und wohlhabende Gesellschaft aufbauen. Dies darf, bei aller berechtigten Sorge um das eigene Vermögen, nicht vergessen werden.

1. Geld, Inflation, Teuerung – eine Begriffsklärung

1.1. Geld

Tagtäglich haben wir mit Geld zu tun und dennoch – oder vielleicht gerade deswegen – ist der Weg der Geldtheorie gepflastert mit zahlreichen Irrtümern und Fehlschlüssen. Diese haben schwerwiegende Folgen, weil das Geld als integraler Bestandteil einer ausdifferenzierten und arbeitsteiligen Wirtschaft von einer Hand zur nächsten zirkuliert und dadurch zwischenmenschliche Beziehungen wie persönliche Zielsetzungen maßgeblich prägt.

Eine gerechte und der Menschenwürde entsprechende Geldordnung trägt ihren Teil zur Festigung und engeren Verwebung des gesellschaftlichen Netzes bei. Denn obschon die Tugendhaftigkeit die Grundlage des friedlichen und gedeihlichen Miteinanders darstellt, unterstützt ein geordnetes Geldwesen den Wirtschaftsverkehr entscheidend, da es für Berechenbarkeit und Beständigkeit sorgt. Darüber hinaus ist es unerlässlich für den Vermögensaufbau, weil es die langfristige Planung sowie den Aufbau von Ersparnissen überhaupt erst ermöglicht.

Ein in Unordnung geratenes Geldsystem verursacht hingegen gravierende ökonomische und gesellschaftliche Verwerfungen. Es verspricht wirtschaftlichen Wohlstand und bringt doch nur den wirtschaftlichen Abstieg. Es lässt uns vom ewigen Wachstum träumen und entpuppt sich doch nur als veritabler Albtraum. Es scheint die gesellschaftlichen Bande zu stärken und schürt doch nur Konflikte.

Der fortwährenden Unterhöhlung des Geldwesens kommt in der ökonomischen Analyse der gegenwärtigen Wirtschaftskrise eine überragende Bedeutung zu. Daher soll zunächst das Phänomen Geld Schicht für Schicht freigelegt werden.

1.1.1. Der direkte Tausch in der geldlosen Naturalwirtschaft

Drei Funktionen werden dem Geld normalerweise zugeschrieben: die Tauschmittelfunktion, die Wertaufbewahrungsfunktion und die Wertmessfunktion. Unter diesen drei Funktionen ist die Tauschmittelfunktion als definitorisches Charakteristikum zu werten. Zur Herleitung dieser Einsicht betrachten wir zunächst den *direkten* Tausch Ware gegen Ware.

Zwei Bedingungen müssen gleichzeitig erfüllt sein, damit ein direkter Tauschakt realisiert wird: erstens, die *Gegenläufigkeit der Präferenzen*; Tauschpartner A zieht die von Tauschpartner B angebotene Ware der in seinem Besitz befindlichen Ware vor und umgekehrt. Zweitens, die *Gegenseitigkeit der Wünsche*; Tauschpartner A fragt in Qualität und Quantität genau jene Ware nach, die Tauschpartner B anbietet und umgekehrt. Es liegt auf der Hand, dass diese beiden Bedingungen nur selten erfüllt sind. Ein Bäcker, der einen Laib Brot für eine Flasche Rotwein eintauschen möchte, muss auf einen Weinbauern treffen, der einen Laib Brot im Austausch für eine Flasche Rotwein erwerben möchte. Dann und nur dann geht der Tausch über die Bühne.

Die unterschiedliche Teilbarkeit der Güter erschwert die direkten Tauschhandlungen zusätzlich. Bringt ein Bauer nämlich ein Stück Lebendvieh auf den Markt, aus dem sich nur schwerlich ein einziges Kotelett herausschneiden lässt, oder ist der Bäcker nicht willens oder fähig, dem Bauern jene Menge Brot anzubieten, die er für das gesamte Rind verlangt, kommt der Tausch nicht zustande. Die engen Grenzen des direkten Tausches hemmen die Arbeitsteilung und infolgedessen die Mehrung des materiellen Wohlstands über ein geringes Ausmaß hinaus.

1.1.2.   Vom direkten zum indirekten Tausch

Die Herausbildung eines *allgemein akzeptierten Tauschmittels* überwindet die wohlstandsbeschränkende Hürde des *direkten* Tausches. Im Zuge ihrer täglichen Beschaffungen bemerkten die Menschen, dass sich bestimmte Waren einer höheren Absatzfähigkeit erfreuen als andere. Gewisse Waren werden häufiger nachgefragt als andere. Weil diese Waren von relativ vielen Menschen nachgefragt werden, erweist es sich auf für jene Menschen, die keine direkte Verwendung für diese Waren haben, als vorteilhaft, diese Waren nachzufragen in dem Wissen, dass sie diese Waren mit vergleichsweise geringem Aufwand gegen andere Waren eintauschen können. Die absatzfähigere Ware ist also deshalb für die Marktakteure wertvoll, weil sie wissen, dass sie sie jederzeit gegen andere Waren eintauschen können. Selbst der überzeugte Antialkoholiker fragt den relativ absatzfähigen Wein nach, weil er über diesen Umweg schneller jene Ware erhält, die er eigentlich konsumieren möchte.

Im Laufe der Zeit bildete sich eine Ware heraus, die nahezu ausnahmslos von allen Marktteilnehmern als Hilfsmittel für die Erledigung ihrer Tauschakte akzeptiert wird. Für dieses *allgemein akzeptierte Tauschmittel* verwenden wir den Begriff *Geld*. Der *indirekte* Tausch unter Zuhilfenahme des Geldes erleichtert die Tauschakte ungemein. Der Bäcker muss nun nicht mehr nach einem Brot nachfragenden Weinbauern Ausschau halten, sondern bloß nach einem Käufer für sein Brot. In einem zweiten Schritt geht der Bäcker zum Bauern und kauft sich sein Stück Fleisch, unabhängig davon, welche Ware der Bauer selbst erwerben möchte. Kauf und Verkauf sind somit Sonderformen des Tausches. Der Verkäufer erwirbt Geld für seine Ware, während der Käufer Geld gegen eine Ware eintauscht.

Der Warencharakter des Geldes hat auch in einige Sprachen Eingang gefunden. Die Wurzel des lateinischen Wortes pecunia (= Geld) geht auf pecus (= das Vieh) zurück. Die indische Währungsbezeichnung Rupie leitet sich von rupa (= Viehherde) ab, und das altfriesische „sket" und das altslawische „skotu" bedeuten beide Vieh und Geld.[2]

Dieser Ansatz, der den Warencharakter des Geldes als wesentliche Eigenschaft herausstreicht, ist in der ökonomischen Theorie unter dem Begriff der *metallistischen Geld-*

---

2   Gaettens, Richard: „Inflationen", Richard Pflaum Verlag, München, 1955, S. 15.

theorie oder *Warengeldtheorie* bekannt. Einer der wichtigsten Vertreter dieses Ansatzes war der österreichische Ökonom Carl Menger, der auch als Begründer der weithin vergessenen *Wiener Schule der Ökonomie* (oder *Österreichische Schule der Nationalökonomie*) gilt. In seinen „Grundsätze der Volkswirthschaftslehre" (1871) betont Carl Menger mit Nachdruck die Herausbildung des Geldes im Marktprozess zum Vorteil aller Beteiligten:

„Das Geld ist kein Produkt des Übereinkommens der wirtschaftenden Menschen, oder gar das Produkt legislativer Akte. Das Geld ist keine Erfindung der Völker. Die einzelnen wirtschaftenden Individuen im Volke gelangten allerorten mit der steigenden Einsicht in ihre ökonomischen Interessen zugleich auch zu der nahe liegenden Erkenntnis, dass durch die Hingabe minder absatzfähiger Waren gegen solche von größerer Absatzfähigkeit ihre speziellen ökonomischen Zwecke um einen bedeutenden Schritt gefördert werden und so entstand das Geld an zahlreichen von einander unabhängigen Kulturzentren mit der fortschreitenden Entwicklung der Volkswirtschaft."[3]

Geld wird somit von den Menschen gefunden und nicht vom Herrscher, Parlament, Staat erfunden. In Neudeutsch ist Geld „bottom-up" und nicht „top-down". Im Gegensatz zu dem von der *Wiener Schule* vertretenen Ansatz, der später unter anderem von Ludwig von Mises und Friedrich A. von Hayek vertieft worden ist, steht die sogenannte *staatliche Theorie des Geldes*. In den Worten von Georg Fried-

---

3   Menger, Carl: „Grundsätze der Volkswirthschaftslehre", Braumüller, Wien, 1871, S. 260.

rich Knapp sieht dieser Ansatz das Geld als „Geschöpf der Rechtsordnung". Geld wäre demnach „top-down". Es könnte nach Belieben des Gesetzgebers und ohne nachteilige Folgen für die Gesellschaft in seiner Zusammensetzung verändert werden. Dieser Ansatz steckt maßgeblich hinter der fortwährenden Manipulierung des Geldes, deren negative Konsequenzen die Welt seit Jahrhunderten erleiden muss.

1.1.3.   Geld, das allgemein akzeptierte Tauschmittel

In einer Geldwirtschaft spricht man davon, Geld zu verdienen und es auszugeben, man zieht eine Bilanz über das finanzielle Gebaren eines Unternehmens, man beklagt sich über teure Preise und spart Geld an. Der Fokus auf das Geld erweckt den Eindruck, als wäre die Anhäufung von Geld der Endzweck unserer Handlungen. Hierzu ist das Geld als Tausch*mittel* aber denkbar ungeeignet. Es ist immer Mittel zum Zweck, eine Zwischenstation. Es ist durchaus möglich, dass wir im Augenblick des Gelderwerbs den Bestimmungszweck der erworbenen Geldmittel noch nicht im Auge haben und das Geld zwischenzeitlich in unserem Portemonnaie parken. Die Geldhaltung erweist uns im wirtschaftlichen Leben einen wichtigen Dienst. Sie versetzt uns in die Lage, einen unvorhergesehenen Kaufwunsch durch den Griff ins Portemonnaie zu realisieren. Die Erhöhung des Geldes zum Selbstzweck ist dagegen widersinnig, da sie nicht dem Wesen des Geldes als Tausch*mittel* entspricht, früher oder später ausgegeben zu werden. Die raffgierige Anhäufung von Geldmitteln läuft sich über kurz oder lang tot.

1.1.4. Der Geldwettbewerb

Nicht jede Ware eignet sich gleichermaßen als Geld. Bestimmte Eigenschaften wie die bessere Transportierfähigkeit, eine vorteilhafte Kaufkraft, die leichte Teilbarkeit, eine hohe Einheitlichkeit und eine lange Haltbarkeit erweisen sich für die Erfüllung der von einem Tauschmittel verlangten Aufgaben besonders zweckdienlich. Darum wurden in den jeweiligen Kulturkreisen, die zunächst isoliert voneinander bestanden, höchst unterschiedliche Waren zu Geld auserkoren. Und zwar jeweils jene Ware, die sich in den Augen der am Marktgeschehen partizipierenden Menschen am besten als Geld eignete: Kabeljau in Island, Federn in Mexiko, Tabak in Virginia, Zucker auf den Karibischen Inseln, Datteln in Oasen, Zigaretten in Gefängnissen sowie in vielen Regionen die Edelmetalle Gold und Silber sowie Kupfer.

Mit der zunehmenden Internationalisierung der Handelsströme traten sodann die zahlreichen Tauschmittel miteinander in einen Wettbewerb um die Gunst der Marktteilnehmer. Die über größere Distanzen und später weltweit miteinander in Verbindung stehenden Händler, Unternehmer und Konsumenten konnten unter den verschiedenen Tauschmitteln wählen und entschieden sich meist für Silber und Gold – Silber für die täglichen Ausgaben, Gold für größere (Handels-)Transaktionen.

Diese Entscheidung für die beiden Edelmetalle bedeutet jedoch nicht, dass Silber und Gold bis in alle Ewigkeit die Rolle des allgemein akzeptierten Tauschmittels einnehmen.

Weiterhin stehen sie mit allen anderen Waren im Wettbewerb um die Gunst der Marktteilnehmer, die auch auf andere Waren als Tauschmittel zurückgreifen können.

1.1.5. Geldzertifikate

Geld nennen wir also jene Ware, die als allgemein akzeptiertes Tauschmittel die Austauschbeziehungen der Menschen erleichtert, indem es den indirekten Tausch Ware – Geld – Ware ermöglicht. Zu einer weiteren Erleichterung der Tauschakte führte die Prägung des Geldes zu Münzen mit einem standardisierten Gewicht und Feingehalt. Mit ihrem Namen garantiert die Münzprägestätte, dass Schrot und Korn, d.h. Gewicht und Feingehalt der Münze, dem durch die Prägung angegebenen Wert entsprechen. Mit dem Prägestempel der Münze versehen konnte der Verkäufer sichergehen, dass in der erhaltenen Münze, z.B. einer Kölner Mark, tatsächlich 233,812 g Silber mit dem entsprechenden Feingehalt enthalten sind. Bei geprägten Münzen spricht man daher von *mit Geld verbundenen Geldzertifikaten*.[4] Ein Zertifikat (von lat. „cernere" = unterscheiden, erkennen, beschließen) garantiert die Qualität einer Münze, wodurch die Transaktionskosten des Zahlungsverkehrs deutlich gesenkt werden konnten.

Währungsbezeichnungen wie Dollar, Pfund und Mark standen deshalb ursprünglich für eine bestimmte Menge

---

4 Für eine ausführliche geldtheoretische Darlegung siehe Hülsmann, Jörg Guido: „Die Ethik der Geldproduktion", Manuscriptum Verlagsbuchhandlung, Waltrop und Leipzig, 2007; Mises, Ludwig von: „Theorie des Geldes und der Umlaufsmittel", 2., neu bearbeitete Auflage, Duncker & Humblot, München und Leipzig, 1924 [1912].

Gold oder Silber mit einem festgeschriebenen Feingehalt. So entsprachen etwa 20 USD einer Feinunze Gold (später waren es 35 USD), die mexikanische 50-Peso-Münze enthielt 37,5 g, die französische und schweizerische 20-Francs-Münze 5,8 g Feingold.

Im Vergleich zu Papier haben Silber- und Goldmünzen einen gewichtigen Nachteil. Sie sind vergleichsweise schwer und der Transport größerer Mengen verursacht daher beträchtliche Kosten und Mühen. Zur Kostenreduktion hat sich ein geniales und gleichzeitig gefährliches Instrument herausentwickelt, nämlich das *vom Geld getrennte Geldzertifikat*, besser bekannt unter dem Begriff der *Banknote*. Eine Banknote ist eine stets fällige, sichere Geldforderung an die Verwahrungsanstalt, z.B. eine Bank. Deswegen war früher auf den Banknoten ein rechtlich wichtiger Schriftzug vorzufinden. Auf der Banknote der „Österreichisch-Ungarischen Bank", der Nationalbank der ehemaligen Donaumonarchie, war beispielsweise zu lesen: „Die Österreich-Ungarische Bank zahlt gegen diese Banknote bei ihren Hauptanstalten in Wien und Budapest sofort auf Verlangen EINE KRONE in gesetzlichem Metallgelde."[5] Die mit einer Einlöseverpflichtung versehene Banknote, die „Papierkrone", agierte als Stellvertreter für die Goldmünze – die „Goldkrone" – im Wert von einer Krone. Eine Goldkrone stand wiederum für 30,46 g Feingold. In der Bilanz

---

5   S. www.oenb.at/de/img/1_krone_deutschoesterreich_2_tcm14-1878.jpg.

der geldemittierenden Bank ist die Ausgabe von Banknoten im Umfang von 100 Kronen wie folgt vermerkt:

Aktiva	Passiva
Gold: 100 Kronen	Banknote: 100 Kronen

Nur eine 100%ige Deckung ist rechtlich statthaft, da andernfalls mehr Geldzertifikate und damit rechtlich bindende Ansprüche auf die Auszahlung einer Metallmünze zirkulieren, als in den Tresoren hinterlegt sind. Die Ausgabe weiterer Banknoten ist daher nur möglich, wenn mehr Goldkronen bei der banknotenausgebenden Bank hinterlegt bzw. von ihr gemünzt werden.

1.1.6.   Geldmenge und Wohlstand

Hartnäckig hält sich der ökonomische Irrtum, wonach in Zeiten eines steigenden Warenangebots die Geldmenge „flexibel" sein müsse. Es wird unterstellt, dass das relativ rigide Geldangebot unter einem Warengeld das materielle Güterwachstum bremse. Deswegen müsse die Geldpolitik „flexibel" sein, d.h. auf ein prognostiziertes Wirtschaftswachstum mit einer expansiven Geldpolitik reagieren.

Nehmen wir an, die Warenmenge habe sich wie durch ein Wunder über Nacht verdoppelt. Ist die zusätzliche Ware tatsächlich nicht am Markt unterzubringen, nur weil die Geldmenge unverändert geblieben ist? Die Antwort ist nein. Wie bei jeder Ausweitung des Angebots antworten die Anbieter mit einer Reduktion des geforderten Verkaufspreises, und zwar bis zu jener Höhe, bei der sie ihre Ware an den Mann gebracht haben. In diesem Beispiel würden sich die Preise im Großen und Ganzen halbieren. Das allgemeine Preisniveau wäre also deutlich gesunken. Die Kaufkraft jeder einzelnen Währungseinheit, z.B. eines Euro, hätte sich verdoppelt.

Sofern die Kaufkraftmehrung von der Güterseite her bewirkt wird, ist die *Veränderung* des allgemeinen Preisniveaus ein Indiz für die Wohlstandsentwicklung. Bei einer annähernd gleichbleibenden Geldmenge und einer zunehmenden Gütermenge gibt das allgemeine Preisniveau nach. Die Kaufkraft jeder Geldeinheit nimmt zu und bringt den gestiegenen materiellen Wohlstand der Gesellschaft zum Ausdruck. Ein (starker) Anstieg des allgemeinen Preisniveaus deutet andererseits auf ein sinkendes Wohlstandsniveau hin, weil das reduzierte Güterangebot bei einer annähernd gleichbleibenden Geldmenge höhere Preise durchsetzen kann.

Nicht die Geldmenge muss also flexibel sein und von einer Behörde im Einklang mit der Veränderung der Güterproduktion angepasst werden. Vielmehr müssen die Geldpreise flexibel sein und auf das sich verändernde Angebot und die sich verändernde Nachfrage reagieren dürfen. Jede Gütermenge kann bei jeder Geldmenge verkauft werden, sofern die Geldpreise flexibel sind. Sollte infolge einer deutlichen Produktionsausweitung die Kaufkraft des Geldes zu hoch werden, hätte dies zur Folge, dass die bislang als Geld verwendete Ware demonetisiert und eine andere Ware, die die Rolle des Geldes besser auskleidet, fortan als Geld verwendet würde.

Eng verwandt mit der Forderung nach einem „flexiblen" Geld ist jenes gängige Missverständnis, das fälschlicherweise der Vorstellung anhängt, wonach die Veränderung der Geldmenge einen Einfluss auf den Wohlstand der Gesellschaft hat. Ein kleines Gedankenexperiment soll zur Widerlegung dieses Irrtums dienen.

Dieses Mal verdoppelt sich nicht die Gütermenge über Nacht, sondern die Geldmenge.[6] Jeder Bürger findet am nächsten Morgen in seinem Portemonnaie die doppelte Menge Geld vor. Ist er deswegen doppelt so reich? Die Antwort ist wiederum nein. Die produzierte Gütermenge hat sich durch die Ausweitung der Geldmenge nicht verändert; sie ist weder geschrumpft noch wie erhofft angestiegen. Vielmehr hat nur das allgemeine Preisniveau auf die Geldmengenausweitung reagiert. In unserem Beispiel verdoppeln sich die Preise.[7] Anders formuliert: Die Kaufkraft jeder einzelnen Währungseinheit hat sich halbiert. Ein Kilo Brot kostet am nächsten Morgen statt 1 € nunmehr 2 €. Der Versuch, über die Ausweitung der umlaufenden Geldmenge die nachhaltige Wohlstandsmehrung zu beschleunigen, fruchtet nicht. Hinter diesem Versuch, der Wohlstandsentwicklung über die künstliche Mehrung des Geldangebots nachzuhelfen, steckt, wie wir im weiteren Verlauf sehen werden, der Hauptgrund für die wiederkehrenden Wirtschaftskrisen.

---

6   Der Locus classicus dieses Gedankenexperimentes ist: Hume, David: „Of Interest", 1752.

7   In der Realität wirkt sich eine Verdoppelung der Geldmengen nicht gleichmäßig auf alle Preise aus. Die allgemeine Tendenz, die wir hier aufzeigen möchten, ist jedoch gegeben.

1.2. Inflation – die Ausweitung der ungedeckten Geldmenge

Die beiden Begriffe *Inflation* und *Teuerung* werden heute durchwegs synonym verwendet. Unter einer hohen Inflation zu leiden heißt, über den Anstieg der Konsumentenpreise zu jammern. Die synonyme Verwendung von Inflation und Teuerung hat uns sprachlich erblinden lassen. Ohne die Möglichkeit, den Prozess der ungedeckten Geldmengenausweitung von dessen unweigerlicher Folge, dem Anstieg des allgemeinen Preisniveaus, begrifflich zu unterscheiden, bleibt der breiten Öffentlichkeit der tatsächliche Grund für die fortwährende Geldentwertung verborgen.

Aus dem Unvermögen, unterschiedliche ökonomische Phänomene begrifflich voneinander klar und deutlich abzugrenzen, erwächst ein allgemeines Unverständnis über die ökonomischen Dynamiken. Dies betrifft nicht nur wirtschaftspolitische Maßnahmen, die aufgrund der begrifflichen Blindheit bei der Symptombekämpfung stecken bleiben. Dies wirkt sich selbstverständlich auch auf die persönliche Vermögenssicherung aus. Wer die Bedrohung nicht erkennt, weil sie begrifflich nicht erfassbar ist, wird von einem Börsenkrach, einer Hyperinflation oder einem Staatsbankrott überrascht.

1.2.1. Inflation definiert

Was aber ist Inflation, wenn es sich dabei nicht um den Anstieg der Konsumentenpreise handelt? Der Begriff *Inflation* stammt vom lateinischen Verb *inflare*, was so viel wie auf-blähen oder aufblasen bedeutet. Bei einer Inflation wird die *ungedeckte* Geldmenge ausgeweitet, die nicht mit der oben beschriebenen Ausweitung der *gedeckten* Geldmenge zu ver-wechseln ist. In „Die Ethik der Geldproduktion" weist Jörg Guido Hülsmann darauf hin, dass die inflationäre Geld-mengenausweitung private Eigentumsrechte verletzt und daher im Unterschied zur natürlichen Geldproduktion als die „erzwungene Art der Geldmengenausdehnung" zu cha-rakterisieren ist.

Zu Zeiten des Metallgeldes erfolgte die Inflationierung durch die Beimischung von unedleren Metallen. Der Fein-gehalt einer Münze nahm ab. Ein Paradebeispiel für eine Inflationierung ist der sukzessive Wertverfall des Dena-rius, der römischen Silbermünze. In einem Zeitraum von 300 Jahren sank der Feingehalt von knapp 97% unter Kai-ser Augustus auf rund 2% unter Kaiser Aurelian.[8] Hielt man unter Kaiser Augustus mit einem Denarius fast reines Silber in der Hand, blieb unter Kaiser Aurelian de facto nur noch der Name. Das restliche Silber hatten sich in der Zwischenzeit die Herrscher zur Finanzierung ihrer Krie-ge und des römischen „Brot und Spiele"-Wohlfahrtsstaates abgezweigt.

Der monetäre Sündenfall, der die Inflationierung des Geldes merklich erleichtert, ist schon früh passiert. Ur-sprünglich stand eine Währungsbezeichnung für eine Mün-

---

8   Gaettens, Richard: „Inflationen", Richard Pflaum Verlag, München, 1955, S. 35f.

ze mit einem bestimmten Gewicht und Feingehalt. 1 USD (US-Dollar) war die Abkürzung für 1/35 einer Feinunze Gold, das heißt 1/35 von 31,10 g Gold mit dem höchsten Feingehalt von 999/1000. Sobald jedoch dem Staat zugestanden wurde, die Zusammensetzung einer Geldeinheit nach Belieben festzulegen, wurden der Inflationierung Tür und Tor geöffnet. Ein Denarius bezeichnet nun nicht mehr eine bestimmte Menge Silber mit einem festgelegten Feingehalt. Vielmehr war alles das ein Denarius, was der Staat als Denarius festlegte. Mit der Einführung von vom Geld getrennten Geldzertifikaten vereinfachte sich der Mechanismus der Inflationierung entscheidend. Es ist technisch deutlich einfacher und wesentlich kostengünstiger, zusätzliche Geldzertifikate aus Papier auszugeben, als Metallmünzen zu verrufen, einzuschmelzen, mit geringwertigem Metall zu strecken, neue Münzen auszuprägen und diese wieder in Umlauf zu bringen.

Als noch eine Einlösepflicht für die umlaufenden Banknoten bestand, machte sich die Inflationierung der Banknoten in einem Aufschlag für die Banknoten bemerkbar. Dieser Aufschlag war Ausdruck der von der Inflationierung hervorgerufenen Entwertung. Ein historisches Beispiel ist die Periode des Silberagios in der Habsburger-Monarchie (1848–1878). Bei einer 100%igen Deckung der Banknoten, die rechtlich und moralisch geboten ist, wäre jeder Papiergulden durch einen Silbergulden gedeckt. Weil diese Deckung verlassen wurde, weil also mehr Papiergulden in Umlauf gebracht wurden, als Silbergulden zur Deckung hinterlegt worden waren[9], wurde bei der Einlösung des Papier- in den Silbergulden ein Agio (Aufschlag) verlangt. Auf dem Höhepunkt dieser Epoche, nach der Niederlage der österreichischen Truppen bei Solferino im Jahr 1859, kauften 153,20 Papiergulden 100 Silbergulden.[10] Der gesetzlich vorgeschriebenen und auf der Banknote rechtlich verbindlich aufgeführten Einlöseverpflichtung konnte nur zu zwei Dritteln entsprochen werden. Eine rechtliche Würdigung dieses Vorgangs käme zu dem Schluss, die Ausgabe von ungedeckten Banknoten als Betrug oder Veruntreuung zu werten. Die die Banknoten ausgebende Bank oder Person gibt schließlich vor, für jede in Umlauf gebrachte Banknote eine Metallmünze vorrätig zu haben.

Den endgültigen Todesstoß für das – nur noch in Restbeständen bestehende – Warengeld versetzte der Kollaps des Bretton-Woods-Systems 1971/1973. Bis dahin hatte die – häufig allerdings nur teilweise – bestehende Einlöseverpflichtung die Inflationierung nicht völlig unterbunden. Die „goldenen Handschellen" schränkten die Inflationierung aber zumindest ein und entlarvten die Inflationisten, sei es die Zentralbank, die Geschäftsbank oder den Privatmann

---

9   Der amerikanische Ökonom Murray N. Rothbard definiert die Inflation daher als „the process of issuing money beyond any increase in the stock of specie." Rothbard, Murray N.: „Man, Economy and State", 2. Auflage Scholar's Edition, Ludwig-von-Mises-Institute, Auburn, AL, USA, S. 990.

10   Menger, Carl: „Die Frage der Valutaregulierung in der Periode des Silberagios (1848–1878)", in: Menger, Carl: „Gesammelte Werke", Bd. 4 („Schriften über Geld- und Waehrungspolitik"), 2. Auflage, Tübingen 1970, S. 129.

als Rechtsbrecher, der ungedeckte Banknoten ausstellte. Das 1944 in der amerikanischen Kleinstadt Bretton Woods verabschiedete Währungssystem sah hingegen überhaupt nur noch für den US-Dollar eine direkte Einlöseverpflichtung vor, und zwar zum Kurs von 35 USD für eine Unze Feingold. Die militärischen Abenteuer in Korea und Vietnam sowie den schnell wachsenden Wohlfahrtsstaat amerikanischer Prägung – die „Great Society" von Präsident Lyndon B. Johnson (1963–1969) – finanzierten die USA in immer größerem Ausmaß mit der Ausgabe von ungedeckten Banknoten. 1971 betrug das Verhältnis zwischen Golddollar und Papierdollar schließlich nur mehr ca. 1:10.[11] Als Frankreich seine Dollar-Noten in Gold einlösen wollte, schloss Nixon am 15. August 1971 das Goldfenster. De facto erklärten die USA mit dieser Maßnahme den Staatsbankrott.

Das „Schließen des Goldfensters" brachte es mit sich, dass sich die (teil-)gedeckte Banknote zum ungedeckten *Papiergeld* – früher auch *Staatsnote* – wandelte, das nicht mehr mit einer Einlöseverpflichtung versehen war. Mit der einseitigen Aufkündigung der Einlöseverpflichtung enteigneten die Regierungen die Bevölkerung großflächig. Aus dem Inhaberpapier, das jederzeit gegen das hinterlegte Münzgeld eingelöst werden konnte und somit einen verbrieften Anspruch auf eine bestimmte Menge Gold darstellte, wurde ein ungedecktes Stück Papier. Die amerikanische

---

11 Salerno, Joseph T.: „International Monetary Systems", Lecture given at the „Mises Summer University 2003", Ludwig-von-Mises-Institute, Auburn, AL, USA, mises.org/mp3/MU2003/MU03-Salerno-5.mp3.

Zentralbank, das 1913 gegründete Federal Reserve System (FED), gibt das auf ihrer Webseite sogar unumwunden zu: „Die Geldscheine der Federal Reserve sind nicht einlösbar in Gold, Silber oder in irgendeine andere Ware und sind durch nichts gedeckt."[12] Das bei den Zentralbanken hinterlegte Gold verleibten sich die Zentralbanken ein und etwaige Verkaufserlöse des enteigneten Goldes fließen über die Gewinnausschüttung der Zentralbanken meist auf das Konto des Finanzministers. Seither ist ein Geldschein ein unbeschriebenes, bunt bedrucktes Blatt Papier, auf dem sich im Euroraum lediglich die Unterschrift des derzeitigen Präsidenten der Europäischen Zentralbank Jean-Claude Trichet findet.

Die Entbindung von der Einlöseverpflichtung ließ die verbliebenen Schutzdämme gegen die Inflationierung brechen. Zum einen, weil die Kosten der Geldproduktion nunmehr vernachlässigbar sind. Ein einziger Federstrich verwandelt einen 50-Euro-Schein in einen 500-Euro-Schein. Mit der zunehmenden Digitalisierung des Geldverkehrs sind die Kosten der Geldproduktion mittlerweile de facto null. Zum anderen, weil sich die Zentralbanken nicht mehr vor einem Abschmelzen ihrer Goldreserven fürchten müssen. Das Damoklesschwert der Zahlungsunfähigkeit und des damit verbundenen Reputationsverlusts schwebte früher beharrlich über den Zentralbanken, sobald sie mehr Bank-

---

12 www.treasury.gov/education/faq/currency/legal-tender.html#q2: „Federal Reserve notes are not redeemable in gold, silver or any other commodity, and receive no backing by anything."

noten ausgaben, als Warengeld in ihren Tresoren hinterlegt war. Mit dem Wegfall der Einlöseverpflichtung löste sich das Damoklesschwert in Luft auf. Jeder Bindung enthoben begannen die Zentralbanken in ungehörigem Ausmaß zu inflationieren. In der heutigen Eurozone explodierte die Geldmenge M1 seit Jänner 1980 von 444,0 Mrd. Euro auf 4138,0 Mrd. Euro im Februar 2009[13]. Das ist ein Anstieg von 929% in nicht einmal 30 Jahren und entspricht einer Entwertung von 89%! Zum Vergleich: Die Römer benötigten für die vollständige Entwertung ihres Denarius noch fast 300 Jahre.

1.2.2. Zahlkraftgesetze und Monopolisierung

Ein von der Inflationierung verwässertes Geld fürchtet die Konkurrenz wertbeständigerer Alternativen wie der Teufel das Weihwasser. Wer würde schon einen ungedeckten Geldschein einem gedeckten Geldschein vorziehen? Deswegen ist eine dauerhafte Inflationierung nur durch die gesetzliche Privilegierung durch Zahlkraftgesetze (engl. „legal tender laws") und die Monopolisierung der Geldproduktion denkbar. Das Papiergeld kennt man daher auch unter der englischen Bezeichnung *fiat money* (lat. „fiat" = „es werde"). Papiergeld oder auch Zwangsgeld wird der Gesellschaft im Unterschied zu einem Warengeld, das sich organisch aus den Tauschakten der Bevölkerung herausbildet, das also gefunden und nicht erfunden wird, aufgezwungen.

---

13   ECB: „Monetary Statistics", January 2008.

Die Furcht vor dem Wettbewerb macht klarerweise nicht vor den Staatsgrenzen halt. Dem Papiergeldsystem ist die Dynamik der weiteren Zentralisierung möglichst über alle Grenzen hinweg bis zu einem weltweiten Zwangsgeld, dem geldpolitischen Albtraum schlechthin, inhärent. Die Einführung des Euro ist speziell aus diesem Blickwinkel zu betrachten. Konnte vor der Einführung des Euro eine Privatperson seine Ersparnisse noch in wertstabilere Währungen wie die D-Mark retten, so steht diese Möglichkeit nun nicht mehr offen. Wie bei jeder Monopolisierung und Zentralisierung verschlechtert sich im Laufe der Zeit und mit der räumlichen Ausweitung des Monopolgebiets die Qualität eines Produktes. Geld stellt dabei keine Ausnahme dar.

Zur Verteidigung der zentralisierten und politischen Geldproduktion wird das Argument vorgebracht, die Produzenten eines Warengeldes, z.B. die Goldschürfer, könnten sich auf Kosten der Allgemeinheit bereichern. Gegen diese ungerechte Bereicherung wäre die Verstaatlichung der Geldproduktion ein geeignetes Mittel. Doch solange die private Geldproduktion keine Eigentumsrechte verletzt, solange sie also nicht inflationär betrieben wird, ist es nicht angebracht, von einer *Umverteilung* oder einer Bereicherung zu sprechen. Die Produzenten eines Warengeldes arbeiten wie alle anderen Unternehmer nur dann profitabel, wenn sie Produkte herstellen, für die die Abnehmer bereit sind, einen Preis zu bezahlen, der über den Herstellungskosten liegt. Kein Unternehmer und damit auch kein privater Produzent von Geld kann die Konsumenten zum Erwerb des neu geschürften Geldes zwingen. Produziert ein Unternehmer zu teuer, so stellt er in den Augen der Konsumenten aus hoch bewerteten Gütern gering bewertete Güter her und fährt einen Verlust ein. Über kurz oder lang scheidet dieser Unternehmer aus dem Markt aus. Die Ausweitung der gedeckten Geldmenge führt wie jede andere Veränderung des Angebots und der Nachfrage zu einer veränderten *Verteilung* der Güter. Von einer ungerechtfertigten *Umverteilung* ist in diesem Fall aber nicht zu sprechen.

Zudem ist zu berücksichtigen, dass die als Geld verwendete Ware vor ihrer Verwendung als Geld als herkömmliche Ware nachgefragt worden ist. Die *industrielle* Verwendung geht der *monetären* Verwendung einer Ware notwendig voraus, wie das von Ludwig von Mises in seiner „Theorie des Geldes und der Umlaufmittel" aufgestellte Regressionstheorem darlegt. So ist es durchaus denkbar, dass das neu geschürfte Silber oder Gold oder zumindest Teile davon der industriellen Verwendung zugeführt werden, worunter jede nicht monetäre Verwendung zu verstehen ist, also z.B. die Verwendung zusätzlichen Goldes in der Industrie oder zur Fertigung von Schmuckstücken. Ein zusätzliches Angebot von Gold und Silber, das nicht der Geldverwendung zugeführt wird, oder Gold- und Silbermünzen, die in der Betrachtung der Menschen nicht mehr als Tauschmittel benötigt werden, erhöhen das Güterangebot und damit den materiellen Wohlstand der Gesellschaft.

Die monetäre und industrielle Verwendung darf nicht gegeneinander ausgespielt werden. Die monetäre Verwendung von Gold und Silber erweist uns einen wichtigen Dienst: den der vereinfachten Tauschtransaktionen. Die monetäre Nachfrage der Menschen rührt aus dem Wunsch, indirekte Tauschakte unter Zuhilfenahme des Geldes zu realisieren.

Wenn eine Person Gold und Silber oder irgendeine andere Ware als Tauschmittel verwendet, dann geschieht dies deswegen, weil sie in diesem Augenblick die monetäre Verwendung höher bewertet als die industrielle Verwendung. Selbst für den Fall, dass ein Schmuckstück eingeschmolzen und zu einer Münze ausgeprägt wird, kann nicht davon gesprochen werden, dass der Gesellschaft materieller Wohlstand entzogen wird. Vielmehr weist diese Person der als Geld verwendeten Ware die monetäre Verwendung zu, weil dieser in diesem Moment ein höherer Wert beigemessen wird als der industriellen Verwendung.

1.2.3. Die gegenwärtige Inflationierung durch die Europäische Zentralbank

Nach diesen theoretischen Vorbereitungen wenden wir uns nun der Gegenwart zu und gehen der Frage nach, in welcher Höhe sich im Augenblick die Inflationierung bewegt. Diese Bestandsaufnahme ist für den weiteren Verlauf unserer Analyse äußerst bedeutsam. Zur Beantwortung dieser Frage betrachten wir das erste Dezennium (1. Juni 1998 – 31. Mai 2008) der Europäischen Zentralbank (EZB). Als Grundlage für unsere Berechnungen ziehen wir die wichtigsten Geldmengenaggregate – Banknotenumlauf, M1, M2, M3[14] – heran und legen uns nicht auf ein spezifisches Geldmengenaggregat fest, denn eine genaue theoretische Abgrenzung der Geldmenge ist in der gegenwärtigen geldpolitischen Landschaft kaum möglich.

Da Geld das allgemein akzeptierte Tauschmittel ist, müssen auch jene Kredittitel zur Geldmenge gezählt werden, die von der Zentralbank als „Deckung" für die Ausgabe zusätzlichen Geldes akzeptiert werden, obwohl Kredittitel grundsätzlich nicht zur Geldmenge zu rechnen sind. Denn bei einem Kreditvertrag geht die Eigentümerschaft über die vereinbarte Geldsumme an eine andere Person über. Zum Rückzahlungstermin muss der Schuldner die Kreditsumme zuzüglich der angefallenen Zinsen dem Gläubiger zurückzahlen und übergibt wiederum die Eigentümerschaft über die zurückzuzahlende Summe an den Gläubiger. Die Geldmenge hat sich nicht verändert und folglich sind Kreditvereinbarungen prinzipiell nicht inflationär.

Heute darf die Zentralbank, der monopolisierte Geldproduzent unserer Tage, allerdings nur Nicht-Geld in Form von Schuldtiteln, das sind Forderungen wie Staatsanleihen, als Aktiva kaufen und diesen Kauf mit neuem, ungedecktem Geld bezahlen. Aus dem Nichts wurde zusätzliches Geld in-

---

14 M1: Bargeldumlauf und täglich fällige Sichteinlagen.
M2: M1 + kurzfristige Spareinlagen (mit bis zu drei Monaten Kündigungsfrist) und kurzfristige Termineinlagen (mit bis zu zwei Jahren Laufzeit).
M3: M2 + marktfähige Finanzinstrumente, insbesondere Rückkaufvereinbarungen, Geldmarktfondsanteile und Schuldverschreibungen mit bis zu zwei Jahren Laufzeit (Quelle: http://www.oenb.at/de/glossar/glossar_alles.jsp).

flationär geschaffen. In der Bilanz der Zentralbank scheint die Inflationierung wie folgt auf:

Aktiva	Passiva
Gold: 100 Euro	Banknotenumlauf: 200 Euro
Forderungen (z.B. Staatsanleihen): 100 Euro	

Bei einem nicht inflationären Geld dürften die umlaufenden Banknoten nur mit jenen Aktiva hinterlegt sein, die auf den Banknoten verbrieft sind. Bei einem inflationären Geld verlängert sich die Aktivseite hingegen um den Posten „Forderungen".[15] Der um 100 Euro ausgeweitete Banknotenumlauf ist in diesem illustrativen Beispiel nur mehr zur Hälfte mit Gold gedeckt. Die andere Hälfte „decken" Forderungen, also zukünftige Zahlungsversprechen, wodurch sich der Charakter des Geldes grundlegend geändert hat: Aus einem Warengeld wurde ein Schuldgeld. Je mehr Schuldtitel die Zentralbank zum Ankauf freigibt, desto stärker kann die Geldmenge ausgeweitet werden. Ökonomisch entscheidend für die Abgrenzung der Geldmenge ist allerdings nicht der formale Beschluss, der bestimmte Schuldtitel für notenbankfähig erklärt, sondern die Erwartungshaltung der Bevölkerung. Sobald sie so agiert, als ob ein Schuldtitel notenbankfähig werden wird, sind diese Titel zur Geldmenge zu rechnen.

---

15 In der Zentralbankbilanz scheinen unter den Aktiva auch Devisen auf. Diese ausländischen Zahlungsmittel sind zum überwiegenden Teil ebenfalls durch Schuldtitel „gedeckt" und daher im Großen und Ganzen als ungedeckte Scheinwerte zu bewerten.

Zwar ist es theoretisch denkbar, dass Zahlungsversprechen als allgemein akzeptiertes Tauschmittel fungieren. Gegenüber einem Warengeld haben sie jedoch einen entscheidenden Nachteil: Forderungen ist das Risiko des Zahlungsausfalls eigen. Der Schuldner kann oder will eventuell die offene Forderung nicht begleichen. Ein Warengeld beruht dagegen auf bereits produzierten Waren, deren relativer Wert im Vergleich zu allen anderen Gütern zwar schwanken, aber so gut wie ausgeschlossen über Nacht vollständig an Wert verlieren kann. Deswegen ist davon auszugehen, dass ein Schuld- bzw. Kreditgeld im Geldwettbewerb in relativ kurzer Zeit von einem Warengeld verdrängt werden würde.

Zur Berechnung der Inflationierung werden erstens die Goldreserven der EZB und aller Zentralbanken der Euro-Länder, also des Europäischen Systems der Zentralbanken (ESZB), dessen Spitzeninstitut die EZB ist, und zweitens die umlaufende Geldmenge, die durch die Goldreserven gedeckt sein sollte, benötigt. Es wird also angenommen, dass die Einlöseverpflichtung für die Banknoten weiterhin besteht und nicht aufgehoben ist. Die Annahme der Wiedereinführung der Einlöseverpflichtung ist zugegeben denkbar unwahrscheinlich. Falls die EZB sich entschließen würde, ernsthaft die Inflation zu bekämpfen, wäre die Einführung des Goldstandards auf der Basis der derzeitigen Goldreserven jedoch eine Möglichkeit. Die mit der Umstellung auf ein Papiergeld vollzogene Enteignung der Bevölkerung würde zumindest teilweise rückgängig gemacht werden.

1. Die Geldmengenentwicklung: Abbildung 1 dokumentiert den Bestand des jeweiligen Geldmengenaggregats zum 1. Juni 1998 bzw. zum 31. Mai 2008.

Abbildung 1: „Entwicklung der Geldmenge – absolut und in % pro Jahr"

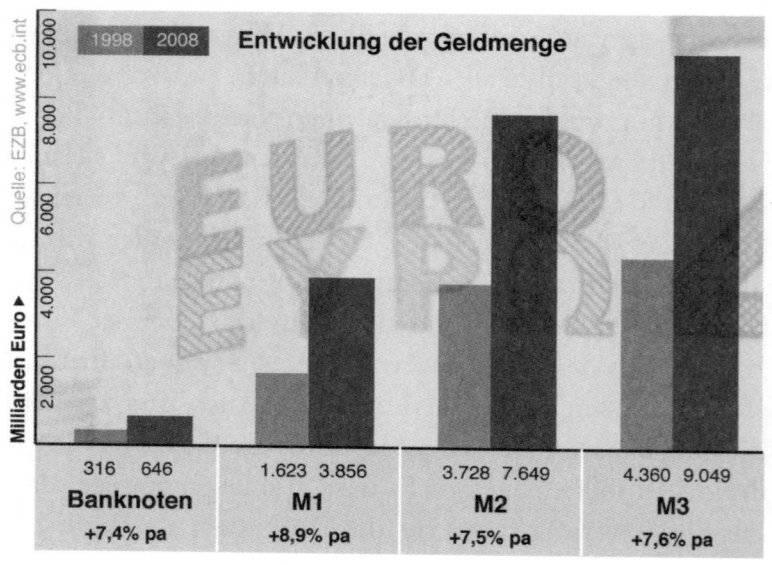

Sämtliche Geldmengenaggregate haben sich im Verlauf des ersten Jahrzehntes des Euro zumindest verdoppelt. Die Wachstumsraten unterscheiden sich nicht allzu stark und reichen von 7,4% bis maximal 8,9%. Klar ersichtlich ist, dass die EZB das Ziel der zweiten Säule ihrer Geldpolitik – ein M3-Wachstum von höchstens 4,5% pro Jahr – nicht annähernd erreicht hat.

2. Die Goldreserven: Abbildung 2 präsentiert die Gold-reserven der EZB und der zum Euroraum gehörenden Zentralbanken[16]:

Abbildung 2: „Gold und Goldforderungen in Millionen Feinunzen"

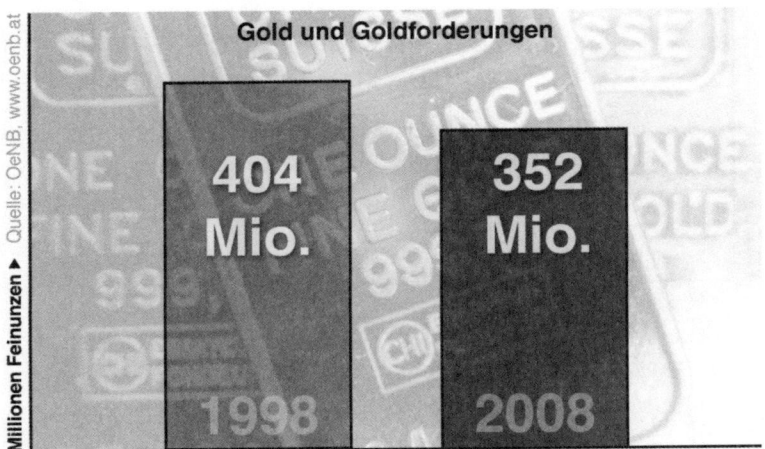

Trotz der Aufnahme Griechenlands in die Eurozone im Jahr 2001 sank der Goldbestand von 404 Millionen Fein-unzen Gold[17] um 12,8% auf 352 Millionen Feinunzen Gold.

Diese beiden Entwicklungen führt Abbildung 3 zusam-men. Der über den Säulen aufscheinende Eurobetrag gibt an, wie viele Euro durch eine Feinunze Zentralbankgold ge-deckt sind:

---

16 Quelle: Tabelle „Goldreserven": http://www.oenb.at/isaweb/report.do?report=10.2.

17 Dezember 1998.

Abbildung 3: „Euro pro Feinunze Gold"

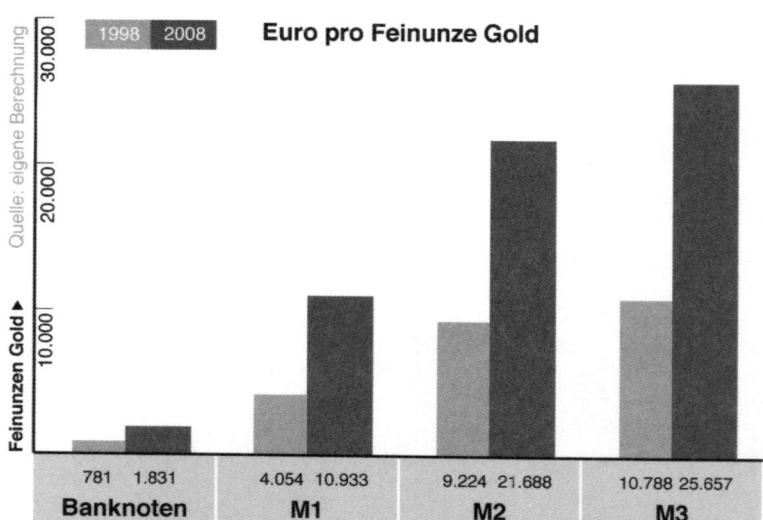

Zum Zeitpunkt der Gründung der EZB im Juni 1998 waren 781 Papier-Euro durch eine Feinunze Gold gedeckt. Zehn Jahre später kamen bereits 1831 Euro auf eine Feinunze Zentralbankgold. Dies entspricht einer Entwertung von sage und schreibe 8,9% pro Jahr. Für M1 und M2 beträgt der jährliche Kaufkraftverlust 10,4% bzw. 8,9%. Nimmt man das weiteste Geldmengenaggregat M3 als Referenzwert, so sehen die absoluten Zahlen noch düsterer aus: 10 788 Euro wären 1998 gegen eine Unze Gold eingelöst worden, während es im Juni 2008 bereits mehr als doppelt so viele waren, nämlich 25 657 Euro. Das bedeutet eine jährliche Entwertung von 9,1%.

Abbildung 4 bringt den tatsächlichen Kaufkraftverlust des Euro in den zehn Jahren seines Bestehens quer über alle Preise ans Tageslicht:

Abbildung 4: „Verlust der Kaufkraft"

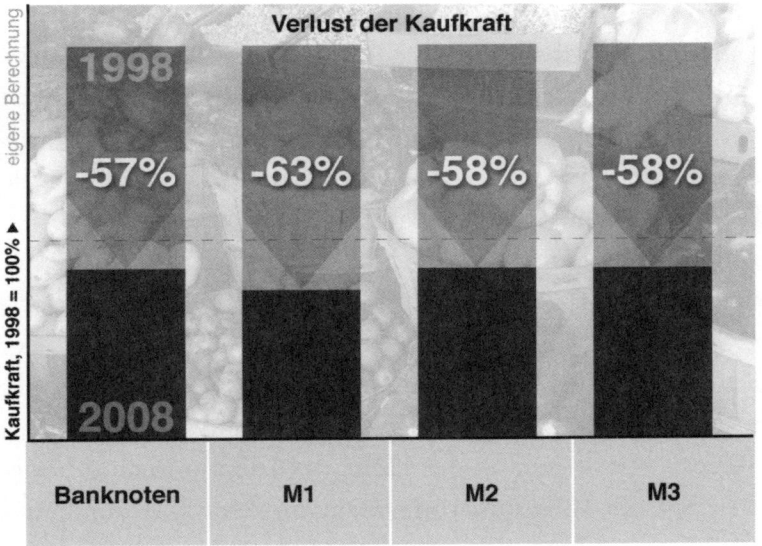

Unabhängig von der Wahl des Geldmengenaggregats sank im Beobachtungszeitraum die Kaufkraft des Euro um mehr als 50%. Für Deutschland übersetzen sich diese Zahlen dahin gehend, dass die Europreise im ersten Jahrzehnt der europäischen Währungsunion nominell das Niveau überschritten haben, das bei der Gründung der EZB in D-Mark bestanden hatte. Und der über viele Jahrzehnte hinweg als sicherer Hafen geltende Schweizer Franken hat im letzten

Jahrzehnt viel von seinem Glanz verloren. Die Schweizer Geldpolitik war im selben Zeitraum sogar noch katastrophaler. Zwar legte das Geldmengenaggregat M1 im Jahresmittel um „nur" 3,3% zu. Gleichzeitig schwanden die Goldreserven allerdings um rund 60%. Daraus ergibt sich eine durchschnittliche Jahresinflation von stattlichen 12,8%.[18]

Als unmittelbare Folge der fortwährenden Inflationierung ist es heute für jedermann notwendig, sich aktiv mit der Veranlagung seiner eigenen Ersparnisse zu beschäftigen. Halten wir uns vor Augen, dass die Inflationierung die Geldhaltung und die Ersparnisbildung bestraft. Bei einer Inflationsrate von 10% pro Jahr erleidet jede gesparte oder im Portemonnaie gehaltene Geldeinheit einen Kaufkraftverlust in derselben Höhe. Nach sieben Jahren beträgt der Kaufkraftverlust bereits knapp 50%. Zur Vermeidung eines realen Kaufkraftverlustes ist demnach eine Rendite *nach* Steuern mindestens in der Höhe der Inflationierung nötig. So trägt die Inflationierung nicht unwesentlich zur heftig kritisierten „Ökonomisierung" des Lebens bei. Gänzlich anders verhält es sich in einem nicht inflationären Umfeld, in dem das Geld nicht permanent an Kaufkraft verliert. Wer Geld für die Altersvorsorge oder den Hausbau ansparen möchte, kann das Geld unter dem Kopfpolster aufbewahren und Jahre später ohne großen Kaufkraftverlust, möglicherweise sogar mit einem Kaufkraftzuwachs hervorholen.

---

18 Eigene Berechnungen. Die Daten stammen von der Schweizerischen Nationalbank, www.snb.ch.

1.2.4. Die Rolle der Geschäftsbanken

Der weitaus größere Anteil an der Schöpfung von ungedecktem Geld ist indes auf die Geschäftsbanken zurückzuführen. Ihnen ist es gesetzlich gestattet, für täglich fällige Sichteinlagen nur einen geringen Prozentsatz der Einlage als Barreserve zu halten und den weitaus größeren Teil als Kredit zu vergeben. Diese Form des inflationären Geschäftsbankwesens nennt man daher Teilreserve-Bankensystem. Es erlaubt den Banken, Buch- oder Giralgeld zu schöpfen.

Zur systematischen Herausarbeitung der ökonomischen Auswirkungen eines Teilreserve-Bankensystems muss zunächst präzise zwischen zwei Funktionen einer Geschäftsbank unterschieden werden: einerseits dem Hinterlegungs- oder Verwahrungsgeschäft, anderseits dem Vermittlungsgeschäft.

1.2.4.1. Die Sichteinlage

Eine Sichteinlage wie ein Giro- oder Kontokorrentkonto zeichnet sich dadurch aus, dass der Kontoinhaber jederzeit und ohne Kündigungsfrist die Einlage abheben kann. Rechtlich gesehen handelt es sich bei einem Einlagegeschäft um ein Hinterlegungs- oder Verwahrungsgeschäft (lat. „depositum"). Der Kunde ist der Deponent (Kontoinhaber/Hinterleger) und die Bank agiert als Depositar (Verwahrer), der die der Bank zur Verwahrung übergebenen Geldbeträge verwahrt und für diese Dienstleistung wie für jeden anderen entgeltlichen Verwahrungsvertrag, z.B. die Gepäckaufbewahrung am Bahnhof, eine Gebühr verlangt.

Ein Gebrauch oder Verbrauch der hinterlegten Sache ist dem Depositar nicht gestattet. Zinsen fallen keine an, weil der Einleger *nicht* für einen gewissen Zeitraum auf die Verfügungsgewalt über seine Einlage verzichtet. Zu jedem Zeitpunkt möchte er auf das hinterlegte Geld zurückgreifen können. In der Bankbilanz wird die Sichteinlage wie folgt verbucht:[19]

Aktiva	Passiva
Barreserve: 100 Euro	Verbindlichkeit gegenüber Kunden/Deponent: 100 Euro

Die Sichteinlage unterscheidet sich zur Bargeldhaltung im Portemonnaie nur dahin gehend, dass der Deponent das Verlustrisiko gänzlich ausschalten und das Diebstahlrisiko einem Dritten übergeben möchte.

1.2.4.2. Die Spareinlage

Streng zu unterscheiden vom Verwahrungsgeschäft ist das Spargeschäft, bei dem die Bank als Mittler („Intermediär") zwischen dem Sparer/Kreditgeber und dem Kreditnehmer auftritt. Ein Spargeschäft erkennt man daran, dass der Sparer einen bestimmten Zeitraum auf die Verfügungsgewalt über seine Spareinlage verzichtet und für diesen Verzicht entlohnt wird. Ein Sparkonto ist daher zinstragend. Die

---

19 Ein depositum dürfte in der Bilanz streng rechtlich genommen nicht aufscheinen, da der Verwahrer nicht Besitzer der hinterlegten Sache ist. Die gängige Praxis, Sichteinlagen in Bankbilanzen auszuweisen, lädt die Banken geradezu ein, sich rechtlich als Besitzer zu wähnen.

Spareinlage ist somit ein entgeltliches Darlehensgeschäft (lat. „mutuum"). Die sprachlich falsche, aber schon antike juristische Erklärung des Wortes „mutuum" aus „ex meo tuum fit" („Mein wird dein-Vertrag") zeigt die Funktion dieses Geschäfts an. Bei einer Spareinlage geht das Eigentum über den vereinbarten Zeitraum an die Bank über. Sie darf das Geld gebrauchen und verbrauchen. Geschuldet wird nicht ein- und dasselbe Gut wie bei einem „depositum", sondern ebenso viel derselben Güte (lat. „tantundem eiusdem generis", kurz „tantundem"), ein Gut in gleicher Art und Güte.[20]

Mit der Annahme einer Spareinlage nimmt also die Bank ein Darlehen beim Sparer in der Erwartung auf, den erhaltenen Geldbetrag zu höheren Zinsen an einen Kreditnehmer zu verleihen. Die Bank vermittelt zwischen Sparern und Kreditnehmern, die die Bank für ihre Dienstleistung durch leicht niedrigere Sparzinsen und leicht höhere Kreditzinsen entlohnen. Die Zinsdifferenz zwischen Aktivgeschäft (Kreditvergabe) und Passivgeschäft (Spareinlage) bestimmt die Höhe des unternehmerischen Profits einer Geschäftsbank, gemindert um mögliche Zahlungsausfälle im Aktivgeschäft. In der Bankbilanz werden die Spareinlage und die darauf folgende Kreditvergabe wie folgt verbucht:

---

20 Für eine vertiefende Auseinandersetzung siehe de Soto, Jésus Huerta: „Money, Bank Credit and the Economic Cycle", Ludwig-von-Mises-Institute, Auburn, AL, USA, 2006, speziell Kapitel 1 und 2.

Aktiva	Passiva
Barreserve: 100 Euro	Verbindlichkeit gegenüber Kunden/Sparer: 100 Euro
Forderung an Kreditnehmer: 100 Euro	Verbindlichkeit gegenüber Kunden/Kreditnehmer: 100 Euro

Die Solvenz der Bank ist gesichert, weil die Verbindlichkeit gegenüber dem Sparer während der vereinbarten Einlagefrist nicht schlagend werden kann. Hinsichtlich der Fristenkongruenz, worunter die Übereinstimmung der Fristen der Verbindlichkeiten und Forderungen zu verstehen ist, gilt, dass der von der Bank an den Kreditnehmer vergebene Kredit keine längere Laufzeit aufweisen darf als die vereinbarte Laufzeit der Spareinlage. Die goldene Regel für die Banken in ihrer Tätigkeit als Kreditvermittler lautet daher:

„…, *dass zwischen den Aktivgeschäften und den Passivgeschäften ein organischer Zusammenhang hergestellt werde. Der Kredit, den die Bank erteilt, soll in Maß und Art jenem Kredit entsprechen, den sie selbst in Anspruch nimmt. Genauer ausgedrückt: ‚Es darf der Termin für die fälligen Zahlungsverbindlichkeiten der Bank nicht diesseits des Termines für die Realisierung entsprechender Forderungen fallen.‘ Nur dann kann sie die Gefahr der Insolvenz vermeiden.“*[21]

Unter keinen Umständen kann also der Sparer während der vereinbarten Einlagefrist auf seine Geldmittel zugreifen,

---

21 Mises, Ludwig von: „Theorie des Geldes und der Umlaufsmittel", Duncker & Humblot, München und Leipzig, 2. neu bearbeitete Auflage, 1924, S. 266.

denn diese stehen dem Kreditnehmer über diesen Zeitraum exklusiv zur Verfügung. Die Bankbilanz hat sich verlängert, die Geldmenge bleibt jedoch konstant. Erst nach Ablauf der Bindungsfrist steht die Spareinlage zuzüglich der angefallenen Zinsen wieder dem Sparer exklusiv zur Verfügung.

Die Bank kann nur dann weitere Kredite vergeben, wenn die Summe der Spareinlagen zunimmt; entweder weil die Sparer bei einer gleichbleibenden Sparneigung verstärkt die Vermittlungsdienste der Geschäftsbank in Anspruch nehmen – sei es, weil die Ersparnisse nicht mehr für eigene Zwecke eingesetzt werden oder weil die Suche nach einem Kreditnehmer außerhalb des Bankensystems als zu aufwendig angesehen wird – oder weil die Menschen infolge der höheren Sparneigung über mehr reale Ersparnisse verfügen.

Hält sich die Bank im Geschäftsverkehr an diese einfachen rechtlichen Vorgaben, ist ihre Solvenz abgesehen vom gewöhnlichen Unternehmerrisiko nicht systematisch gefährdet.

1.2.4.3. Der Zirkulationskredit

Warum bezahlen die Banken heute dennoch Zinsen auf Sichteinlagen? Dies ist nur deshalb möglich, weil das Teilreserve-Bankensystem es den Banken gestattet, nur einen Teil der Sichteinlage als Sicherheit zu hinterlegen. Bei einem Mindestreservesatz von 10% müssen bei einer Einlage von 100 Geldeinheiten nur 10 Geldeinheiten als Sicherheit zurückgehalten werden. Die übrigen 90 Geldeinheiten dürfen als Kredit vergeben werden.

Dieser Form der Kreditvergabe geht kein Eingang einer Spareinlage voraus. Es handelt sich um die Schöpfung eines Kredites – „ex nihilo", „aus dem Nichts" in der unverblümten Diktion des Ökonomen Joseph A. Schumpeter. In seiner „Theorie der wirtschaftlichen Entwicklung" erteilte er den sogenannten Zirkulationskrediten die wirtschaftswissenschaftliche Absolution. Den Bankier deutete er nicht als „Zwischenhändler", sondern als „Produzent" des Geldes, der den Unternehmern genügend Kredite – Schumpeter spricht irreführend von „Kaufkraft" – zur Verfügung zu stellen habe.

Wesentlich realitätsnäher erfasste dagegen Ludwig von Mises den Sachverhalt. Zur präzisen Unterscheidung verwendet von Mises in der bereits erwähnten „Theorie des Geldes und der Umlaufsmittel" die Begrifflichkeiten des Sach- und Zirkulationskredits. Für den nicht inflationären Kredit, der auf realen Ersparnissen oder anders ausgedrückt auf nicht konsumierter Produktion beruht, die für das Erreichen höherwertiger zukünftiger Ziele eingesetzt wird, verwendet er den Begriff des *Sachkredits*. Dieser entspricht rechtlich gesehen dem Darlehensvertrag/mutuum. Als *Zirkulationskredit* bezeichnet er hingegen jene Kredite, denen keine realen Ersparnisse zugrunde liegen. Der Zirkulationskredit deutet bloß auf reale Ersparnisse hin. Anspruch und Realität klaffen bei ihm auseinander. Er ist ein Scheinwert, er versetzt die Gesellschaft in die Illusion, dass reale Ersparnisse gebildet worden seien. Und die Gesellschaft lässt sich von diesen Scheinwerten blenden.

Dieser Kreditschöpfungsvorgang „aus dem Nichts" verlängert die Bilanz der Geschäftsbank und scheint in ihr wie folgt auf:

Aktiva	Passiva
Barreserve: 100 Euro	Verbindlichkeit gegenüber Kunden/Deponent: 100 Euro
Forderung an Kunden: 90 Euro	Verbindlichkeit gegenüber Kunden/Kreditnehmer: 90 Euro

Der Deponent hat 100 Euro bei der Bank auf seinem Girokonto hinterlegt. Die Bank hält die Mindestreserve von 10% zurück und leiht 90 Euro als Zirkulationskredit dem Kreditnehmer. Dieser erhält auf seinem Konto ein Sichtguthaben in der Höhe von 90 Euro gutgeschrieben. Durch diesen Vorgang wurde Buch- und Girogeld im Umfang von 90 Euro inflationär geschöpft. Insgesamt zirkulieren nun 190 Euro in Form von Kontoführungsguthaben in der Wirtschaft, weil beide, der Deponent und der Kreditnehmer, so agieren, als ob sie über Geldmittel in der Höhe von 100 Euro bzw. 90 Euro verfügen.

Schöpft der Kreditnehmer den ihm zugestandenen Kreditrahmen voll aus und hebt das Geld von seinem Konto ab, so verändert sich die Bankbilanz folgendermaßen:

Aktiva	Passiva
Barreserve: 10 Euro	Verbindlichkeit gegenüber Kunden/Deponent: 100 Euro
Forderung an Kunden: 90 Euro	Verbindlichkeit gegenüber Kunden/Kreditnehmer: 0 Euro

Wenn nun der Deponent mehr als 10 Euro abheben möchte, fliegt der Schwindel bzw. das unsaubere Geschäftsgebaren auf. In den Tresoren der Geschäftsbank befindet sich nur mehr eine Barreserve in der Höhe von 10 Euro, obwohl die Bank noch offene Verbindlichkeiten im Umfang von 100 Euro hat. Die Bank ist zahlungsunfähig.

Sobald also einige Anleger Wind von den zu geringen Aktiva der Geschäftsbank bekommen, stürmen sie die Bank. Schließlich reichen die hinterlegten Goldmünzen nur für eine begrenzte Anzahl der Einleger und Kreditnehmer aus. Wer zuletzt kommt, den beißen die sprichwörtlichen Hunde. Für diesen Aufdeckungsprozess wird meist der englische Ausdruck des *Bank-Run* verwendet. Dieser ist unausweichlich, sobald die Geschäftsbanken ungedeckte Zirkulationskredite vergeben.

Eine zusätzliche Bedrohung für die Solvenz der Bank erwächst aus der systematischen *Laufzeitinkongruenz* (engl. „maturity mismatch"). Wie wir später sehen werden, führt die von der Ausgabe von Zirkulationskrediten hervorgerufene Zinssenkung dazu, dass das Aktivgeschäft vornehmlich in langfristige Projekte fließt, die ob der künstlichen Zinssenkung profitabel erscheinen, während das Passivgeschäft nur kurzfristige – Spareinlagen – bis überhaupt keine Bindungsfristen – Sichteinlagen – aufweist. Wenn das Volumen des Einlagengeschäfts schwindet, droht der Geschäftsbank binnen Kurzem die Insolvenz, weil die Aktiva meist langfristig gebunden und illiquid sind. Sie können nicht in kurzer Zeit zur Bedienung der hochliquiden Passiva aufgelöst werden oder nur unter Hinnahme hoher Kursverluste. Falls die Bank die nötigen zusätzlichen Einlagen nur dadurch erlangt, dass sie im Passivgeschäft einen höheren Zinssatz anbietet, als sie im Aktivgeschäft lukriert, beginnt sie Verluste einzufahren, die die Überlebensfähigkeit der Bank ebenfalls ernsthaft gefährden.

Der zum *Bank-Run* führende Vertrauensverlust hat somit einen durch und durch realen Hintergrund. Es zirkulieren schlicht mehr Passiva in Form von Geldscheinen oder Kontoführungsguthaben als auf der Aktivseite Gold- bzw. Barreserven zur Verfügung stehen. Beschwichtigungsversuche vonseiten der Politik und der Banken, die den Zusammenbruch von Banken zu vermeiden versuchen, schieben den *Bank-Run* bestenfalls hinaus. Die psychologischen Deutungsversuche des Vertrauensverlustes gehen bloß gegen die Symptome vor. Ein Spiel auf Zeit, das durch Aufschieben nicht zu gewinnen ist. Mit der Ausgabe von Zirkulationskrediten ist das Schicksal der Geschäftsbank besiegelt. Der Kollaps der Bank ist keine Frage des Ob, sondern nur mehr des Wann.

1.2.4.4. *Der Geldmengenmultiplikator*

Der Geldschöpfungsprozess der Banken gelangt nicht nach der erstmaligen Vergabe eines Zirkulationskredites an sein Ende. Wenn der Kreditnehmer die 90 Geldeinheiten abhebt und bei einer anderen Bank einlegt, wird diese Bank, nach Rückstellung der Mindestreserve, ebenfalls in die Lage versetzt, Zirkulationskredite zu vergeben. Bei einem Mindestreservesatz von 10% können 81 Geldeinheiten sodann als zusätzlicher Zirkulationskredit ausgegeben werden. In den Bilanzen der beiden Banken A und B schlägt sich dieser Geschäftsvorgang wie folgt nieder:

Bank A	
Aktiva	Passiva
Barreserve: 10 Euro	Verbindlichkeit gegenüber Kunden/Deponent: 100 Euro
Forderung an Kunden: 90 Euro	Verbindlichkeit gegenüber Kunden/Kreditnehmer: 0 Euro

Bank B	
Aktiva	Passiva
Barreserve: 90 Euro	Verbindlichkeit gegenüber Kunden/Deponent: 90 Euro
Forderung an Kunden: 81 Euro	Verbindlichkeit gegenüber Kunden/Kreditnehmer: 81 Euro

Die Geldmenge ist auf 271 Geldeinheiten, die Summe beider Bilanzsummen, angewachsen. Die Obergrenze des Geldschöpfungsprozesses hängt direkt vom Mindestreservesatz ab. Der sogenannte *Geldmengenmultiplikator* entspricht dem Kehrwert des Mindestreservesatzes. Bei einem Mindestreservesatz von 10% ist somit eine Ausdehnung bis zum Zehnfachen der gesamten Sichteinlagen möglich.

Im Umkehrschluss bedeutet das: Wenn 10% der Kontoführungsguthaben abgehoben werden, ist das Geschäftsbankensystem insolvent. 90% der Kunden erhalten dann kein Geld mehr. Das Luftschloss der Scheinwerte löst sich auf. Gegenwärtig liegt der von der EZB festgelegte Mindestreservesatz bei 2% (mittel- und langfristige Einlagen) oder gar bei 0% (täglich fällige und kurzfristige Einlagen), d.h. die Geldmenge kann um das 50-Fache bis ins theoretisch Unendliche anwachsen.

Diese Form des Bankgeschäfts bringt die gesamte Gesellschaft in den Schuldturm, weil die Rückzahlung der ungedeckten Zirkulationskredite immer schwieriger wird. Die gesellschaftliche Überschuldung ist ökonomisch-technisch auf die Gewährung von Zirkulationskrediten zurückzuführen. Private, Unternehmen und der Staat können sich weit über die ihren realen Ressourcen entsprechende Höchstverschuldungsgrenze hinaus verschulden. Der Krug der schleichenden Verschuldung geht so lange zum Brunnen, bis die Kreditnehmer unter der finanziellen Last ihrer Schulden zusammenbrechen und die Rückzahlung ihrer Schulden einstellen. In der Folge geraten die Banken in finanzielle Schieflage, weil infolge der Abwertung der Aktiva die ohnehin geringe Eigenkapitalquote der Banken noch weiter abrutscht.

1.2.5. Die Monetisierung der Schulden

Mit der Zentralbank im Rücken, die sich als *Kreditgeber letzter Instanz* (engl. „lender of last resort") versteht, kann die Geschäftsbank die drohende Insolvenz für den Fall aufschieben, dass die Zentralbank der Geschäftsbank eine Forderung abkauft. Die Geschäftsbank tritt die Forderung an die Zentralbank ab, die mit den neuen Aktiva die Passivseite, d.h. die Bargeldmenge ausweiten kann. Die Barreserve der Geschäftsbank wird mit dem zusätzlichen, inflationär geschaffenen Zentralbankgeld aufgefüllt. Die Geschäftsbank ist wieder liquid und kann die Auflösung von Sichtguthaben mit Bargeld bedienen.

Selbstverständlich verschwindet mit dem Ankauf der Forderung durch die Zentralbank – oder durch die in der öffentlichen Diskussion immer wieder ins Spiel gebrachte *Bad Bank* – nicht das Ausfallsrisiko aus der Welt. Es wird nur einer anderen Institution umgehängt. Kurzzeitig wurde dem Geschäftsbankensystem zwar in der Tat geholfen, der Preis für diese Rettungsaktion ist jedoch hoch. Mit der Monetisierung von Schuldtiteln wurde ein Präzedenzfall geschaffen. Der Versuchung, die systemische Bankenkrise mit der Ausgabe von ungedecktem Papiergeld zu kaschieren, wurde nachgegeben. Weil aber der Kern des Problems ein systemischer ist, werden die Zentralbanken bzw. die *Bad Bank* immer häufiger Feuerwehr spielen müssen. Aus den Schläuchen der Zentralbanken spritzt kein Wasser. Vielmehr wird mit Benzin so lange versucht, die sich ausbreitenden Brandherde zu bekämpfen, bis die Währung vollkommen zerrüttet ist.

Des Weiteren sind die Beteuerungen der Zentralbanker, die Zentralbank würde die Staatsschulden nicht monetisieren, nicht wirklich glaubwürdig. Zum einen erfolgt die Monetisierung der Staatsschulden heute vor allem *indirekt* über die Geschäftsbanken, die den Zentralbanken die Staatsanleihen und andere notenbankfähige Schuldtitel gegen die Ausgabe von neuem, inflationär geschaffenem Geld im Zuge der Offenmarktpolitik „endgültig" oder „auf Zeit" überlassen. Zum anderen mag die *direkte* Staatsfinanzierung gesetzlich unterbunden sein, wie in Artikel 123 Absatz 1 des Maastricht-Vertrags festgelegt ist. Doch schon Absatz 2 relativiert dieses Verbot erheblich, weil Kreditinstitute im öffentlichen Eigentum explizit vom Finanzierungsverbot ausgenommen sind. Ökonomisch ist es außerdem belanglos, auf welchem Wege die Monetisierung erfolgt, solange sie möglich ist. Zudem ist das Verbot der Direktfinanzierung des Staates durch die EZB politisch löchrig wie ein Schweizer Käse. Im Zweifelsfall wird eine Zentralbank den Staat genauso wenig bankrott gehen lassen wie der Staat seine Zentralbank.

1.2.6. Das Zusammenspiel von Zentralbank und Geschäftsbanken

Da Banken mit dem Verleihen von Geld gut verdienen, haben sie einen großen Anreiz, nur Teilreserven zu halten. Erlaubt der Gesetzgeber diese Geschäftspraktik, sei es aus Wohlwollen den Banken gegenüber, aus politischen Beweggründen oder aus einer ideologisch verblendeten Sicht auf die Welt, führt der Wettbewerb zwischen den Banken zu einer sukzessiven Reduktion der Mindestreserven. Jene Banken, die auf Teilreserve operieren, können ihren Kunden günstigere Konditionen anbieten als jene Banken, die eine vergleichsweise hohe Deckung bis zur Volldeckung in ihrer Bilanz vorsehen.

Ohne eine Zentralbank sind diesem Wettlauf nach unten noch einige ökonomische Schranken gesetzt. Zur Absicherung der eigenen Solvenz halten sich die Banken gegenseitig in Schach, weil jede Bank gegen die andere Bank Forderungen aus dem Kreditgeschäft hält und die Insolvenz einer Schuldnerbank die Solvenz des eigenen Instituts gefährdet. Sobald jedoch eine Zentralbank im Krisenfall als „Kreditgeber letzter Instanz" einspringt oder der Staat mit Subventionen den drohenden Konkurs abwendet, fällt dieser Kontrolleffekt weg. Die Geschäftsbanken können von nun an gesetzlich unbehelligt und ökonomisch unbesorgt ungedecktes Buchgeld schöpfen.

In der ökonomischen Theorie kennt man diese Problematik unter dem Begriff des *moral hazard*. Ist es einem Akteur gestattet, die negativen Folgen seines Handelns auf andere Akteure ohne deren Zustimmung abzuwälzen, so führt die damit einhergehende Verzerrung der Anreizstruktur unweigerlich zu einem vermehrten Auftreten des ungewünschten Verhaltens. Die Institutionalisierung eines *Kreditgebers letzter Instanz* verwandelt das unternehmerische Einzelrisiko in ein gesamtwirtschaftliches Systemrisiko.

Es war demnach ein verhängnisvoller historischer Fehler, gegen die betrügerische Geschäftspolitik einzelner Geschäftsbanken, die aus blinder Profitgier gegen die 100%ige Deckung verstießen, mit der Monopolisierung, Zentralisierung und Verstaatlichung des Bankwesens vorzugehen. Nicht nur ist „Wettbewerb das genialste Entmachtungsinstrument der Weltgeschichte", wie der deutsche Jurist Franz

Böhm zutreffend bemerkte. Die Rahmenbedingungen des Wettbewerbs erlauben es den Konsumenten und Investoren außerdem, betriebswirtschaftlich wie rechtlich zweifelhaftes Verhalten umgehend zu ahnden. Die Zentralbank als *Kreditgeber letzter Instanz* begünstigt hingegen die schrittweise Kartellisierung des Bankwesens sowie dessen zunehmende Verknüpfung mit der Politik zum beiderseitigen Vorteil und die Inflationierung.

Mit Nachdruck stellen sich die Zentralbanken in der Öffentlichkeit als „Hüterinnen der Stabilität" dar. Bei genaurem Hinsehen erweist sich dieses Selbstbildnis als veritables Trugbild. Die Zentralbanken institutionalisieren die Instabilität, weil sie die de facto bankrotten Geschäftsbanken mit immer neuen Geldmitteln am Leben erhalten. Sie sind der Schlussstein in der Kuppel der gegenwärtigen Finanzarchitektur, der die Kuppel eine Zeit lang vor dem Zusammenbruch bewahrt. Ohne diesen Stein wäre das Gebäude, das auf Sand gebaut ist, schon lange zusammengebrochen.

Insofern ist es relativ müßig, darüber zu diskutieren, ob die Profiteure dieses Systems die privaten Geschäftsbanken oder die dem Staat zuzuordnenden Zentralbanken sind. Sie stützen sich gegenseitig, und eine graduelle Reform, die der einen Institution das inflationäre Werkzeug entzieht und der anderen überträgt, löst das fundamentale Problem des Finanzsystems genauso wenig wie die Verstaatlichung von ins Trudeln geratenen Geschäftsbanken. Dieses Hin- und Hergeschiebe bekämpft nur die Symptome und wagt es nicht, an die Wurzeln des Übels vorzudringen.

1.2.7. Faule Kredite, giftige Kredite und Sub-Prime-Kredite

In der öffentlichen Debatte firmieren die Zirkulationskredite unter anderen Namen wie „faule Kredite", „giftige Kredite", „Sub-Prime-Kredite" und ähnlichen Begriffen. Der Eindruck, wonach die Kredite erst im Laufe der Zeit durch unerklärliche Faktoren „faul" oder „giftig" werden, erweist sich als falsch. Sie sind als Zirkulationskredite ihrem Wesen nach von Geburt an „faul".

Wiederholt erweist sich die Politik als wichtigster Fürsprecher für die Ausweitung des Angebots an Zirkulationskrediten. So war es in den USA die Clinton-Regierung, die 1999 die mittlerweile verstaatlichte und im New Deal gegründete Hypothekenbank „Fannie Mae" aus politischen Gründen dazu drängte, Hypotheken an Minderheiten zu günstigeren Konditionen zu vergeben.[22] Das erklärte politische Ziel war es, den unterdurchschnittlichen Anteil der Minderheiten unter den Hauseigentümern mit den Mitteln zinsbegünstigter Hypothekendarlehen zu erhöhen. Die kurzfristig agierende Politik entschied sich gegen den mühsamen und steinigen Weg der realen Ersparnisbildung. Die für diesen Einstellungswandel hin zu einer auf langfristige Ziele orientierten Lebensführung nötige Zeit wollte man nicht aufbringen. Stattdessen wählte die Clinton-Regierung

---

22 New York Times: „Fannie Mae Eases Credit To Aid Mortgage Lending", 30. September 1999, query.nytimes.com/gst/fullpage.html?res=9C0DE7DB153 EF933A0575AC0A96F958260&sec=&spon=&pagewanted=print.

ein denkbar untaugliches Mittel: die gezielte Ausgabe von Zirkulationskrediten an die Minderheiten.

Nicht ohne Grund haben speziell einkommensschwache Bevölkerungsschichten vor diesem politisch motivierten Verschuldungsprogramm keinen Kredit erhalten. Ihre Bonität war zu schlecht, und die Kreditgeber ziehen – wenig überraschend – tendenziell einen Kreditnehmer mit guter Bonität einem Kreditnehmer mit schlechter Bonität vor. Ein Kreditgeschäft ist schließlich kein Geschenk. Wer keinen Kredit erhält, dessen Zahlungsfähigkeit wird vom Kreditnehmer als nicht ausreichend eingeschätzt. Das Eigeninteresse des Kreditgebers bringt ihn dazu, jenen Menschen keinen Kredit zu gewähren, die mit der Rückzahlung aller Wahrscheinlichkeit nach überfordert wären.

Mit der Ausgabe von Zirkulationskrediten glaubte man, diese als ungerecht empfundene Ungleichheit überwinden zu können. Zu dem amtlich verordneten günstigeren Zins könnten sich nun, so lautete die Argumentation, auch die Einkommensschwachen verschulden und sich den Traum vom Eigenheim erfüllen. Kurzfristig, und die meisten Politiker denken nur mehr in kurzfristigen Wahlzyklen, *schien* dieser Traum aufzugehen. Die Zirkulationskredite ermöglichten den bisher vom Kreditmarkt ausgeschlossenen Bevölkerungsgruppen den kreditfinanzierten Ankauf des Hauses. Eine Welle der Euphorie fegte durchs Land, die Regierung sonnte sich in diesem Erfolg. Doch am Horizont braute sich bereits jenes Gewitter zusammen, das am Ende der zweiten Amtszeit von George W. Bush die USA erreichte.

Die Preise begannen ob der Inflationierung der Geldmenge zu steigen und der Druck auf die Zinsen nahm zu. Eine leichte Zinserhöhung trieb die mit den ungedeckten Zirkulationskrediten verführten Bevölkerungsschichten endgültig in die Schuldenfalle. Sie wurden durch die Politik des „billigen Kredites" ins Verderben gestürzt. Am Schluss haben sie, die ohnehin materiell schlecht ausgestattet sind, Haus und Hof verloren. Auf dem – ständig wachsenden – Schuldenberg bleiben sie jedoch sitzen. Die verantwortlichen Politiker sind längst aus Amt und Würden, und die Banken, die dem Zirkulationskreditgeschäft nie abgeneigt waren, haben an derartigen „Förderprogrammen" gut verdient.

1.2.8. Die Inflationssteuer

Die inflationäre Ausweitung der Geldmenge hat sich seit jeher unter den Herrschenden und Regierenden großer Beliebtheit erfreut. Diese Form der Geldmengenausweitung beschert den inflationären Geldproduzenten eine höchst willkommene Steuereinnahme. Kostet die Produktion eines 100-Euro-Scheins 5 Euro, streicht der inflationäre Geldproduzent einen illegitimen Profit von 95 Euro ein. Diese Form der Besteuerung wird auch als *Seigniorage* bezeichnet und besteuert die Geldhaltung. Die Ausweitung der ungedeckten Geldmenge entwertet die Kaufkraft aller anderen auf Geld lautenden Aktiva, ohne dass sich die Geldhalter gegen diese Entwertung rechtlich zur Wehr setzen können.

Eine Anekdote aus dem 14. Jahrhundert belegt den Steuercharakter der Inflation, wie uns Richard Gaettens in seiner grandiosen Geschichte der Geldentwertungen mit dem Titel *Inflationen*[23] berichtet. In jener Zeit wurden die Münzen regelmäßig verrufen, d.h. von der Münze auf Befehl des Königs eingezogen, mit einem geringeren Edelmetallgehalt versehen und derart entwertet wieder in Umlauf gebracht. Die permanenten Münzverschlechterungen riefen den Unmut der Bevölkerung hervor. So entschloss sich Herzog Rudolf IV. der Stifter (1339–1365), auf diese Einnahmequelle zu verzichten. Als Gegenleistung verlangte er die Einführung des sogenannten Ungelds, einer Getränkesteuer in der Höhe von 10%, um die laufenden Ausgaben des Hofstaates zu decken.

Einige Jahrhunderte später, am Vorabend der militärischen Auseinandersetzung zwischen Preußen und dem Habsburgerreich im Jahr 1866, kommentierte Josef Neuwirth die Finanzpolitik der Habsburgermonarchie mit einer für die heutige Zeit verblüffenden Offenheit: „Man brauchte Geld, man fand keines, also machte man Geld. Österreichs Kalifornien lag wieder einmal in der Papierfabrik von Schlöglmühl!"[24] Über Steuererhöhungen und eine Ausweitung der Staatsverschuldung konnte oder wollte man die erforderlichen Mittel nicht auftreiben. Und notorisch leer war die Staatskassa sowieso. Also druckte man sich das Geld selbst. Die Bankakte von 1862, die für jede Emission über 200 Mio. Gulden eine 100%ige Deckung in gemünztem Silber, in Silberbarren oder in Gold vorschrieb, wur-

---

23 Gaettens, Richard: „Inflationen", Richard Pflaum Verlag, München, 1955.
24 Neuwirth, Joseph: „Bank und Valuta in Österreich-Ungarn 1862–1873", I. Bd., Duncker & Humblot, Leipzig, 1873, S. 118.

de suspendiert. Die Banknoten wurden zu Staatsnoten mit Annahmezwang erklärt. Diese Suspendierung ging zulasten der Bürger, die ihren Anspruch auf Einlösung in Gold oder Silber verloren, und zugunsten des Staatshaushaltes, der sich mit dieser Maßnahme zu sanieren suchte.

Selbst Alan Greenspan, in dessen Amtszeit als Präsident des FED die Inflationierung eine neue Dimension erreichte, warnte noch 1966 nachdrücklich vor den Gefahren der Inflation für das Vermögen und damit die Freiheit der Bürger:

„Ohne Goldstandard gibt es keine Möglichkeit, Ersparnisse vor der Enteignung durch Inflation zu schützen. Es gibt dann kein sicheres Wertaufbewahrungsmittel mehr. Wenn es das gäbe, müsste die Regierung seinen Besitz für illegal erklären, wie es ja im Falle von Gold [in den USA] auch gemacht wurde.“[25]

Die Inflationssteuer ist eine unredliche Form der Besteuerung, weil sie meist unbemerkt von der Öffentlichkeit ihr Unwesen treibt und die unausweichlichen Folgen der Inflationierung, den allgemeinen Anstieg des Preisniveaus, anderen Bevölkerungsschichten geschickt in die Schuhe schiebt. Deswegen erfreut sie sich bei jenen Politikern, die nicht das Allgemeinwohl, sondern ihr eigenes Wohl und das ihrer Klientel im Auge haben, größter Beliebtheit.

---

25 Alan Greenspan (1966): „Gold and Economic Freedom“. Zunächst erschienen in Ayn Rands Newsletter „The Objectivist“, danach in: Rand, Ayn: „Capitalism: The Unknown Ideal“, Signet, New York, NY, USA, 1967. Dt. Übersetzung: www.miprox.de/Wirtschaft_allgemein/GREENSPANS_ Rede-Gold_und_wirtschaftliche_Freiheit.html.

1.2.9. Inflationsbedingte Umverteilung

Da die Inflationierung eine Verletzung von Eigentumsrechten darstellt, löst sie eine systematische Umverteilung aus. Denn die neu geschöpfte, ungedeckte Geldmenge erreicht die Mitglieder der Gesellschaft weder zum selben Zeitpunkt, noch wird die neue Geldmenge anteilsmäßig aufgeteilt. Das Bild vom Helikopter, der über die Lande schwebt und Papiergeld abwirft, entspricht nicht der Realität. Vielmehr treten das neue Papiergeld und die Zirkulationskredite an den Produktionsstätten in den Geldkreislauf ein und sickern erst allmählich durch die gesamte Gesellschaft.

In der Ökonomie ist dieser Sickereffekt als *Cantillon-Effekt* bekannt, benannt nach dem irischstämmigen Ökonomen Richard Cantillon. Durch die Ausweitung der ungedeckten Geldmenge kommt es zu einer *Um*verteilung des Vermögens, die jedoch nicht mit einer Veränderung der Vermögensverteilung bei einer Veränderung der Geldmenge eines Warengeldes verwechselt werden darf. Bei Letzterer erwarten beide Tauschpartner, durch den Kauf bzw. Verkauf der Ware zu profitieren, weil zwei tatsächlich existierende Werte den Eigentümer wechseln. Bei der Inflationierung der Geldmenge täuscht der Käufer hingegen den objektiven Tauschwert des Geldes vor; der Verkäufer hält mit dem Verkaufspreis eine geringere Kaufkraft in den Händen, als er ursprünglich erwartet hatte.

Der Anstieg der Realeinkommen der Erstbezieher ist im Falle der inflationären Geldmengenausweitung deswegen unverdient und ungerecht, weil er nicht die höhere Produktivität des Unternehmens reflektiert, sondern allein auf die relative Positionierung innerhalb der Bezieherkette im schlechthin ungerechten Inflationierungsprozess zurückzuführen ist. Da die Inflationierung als umverteilendes Nullsummenspiel zu charakterisieren ist, geht der Anstieg der Realeinkommen der Erstbezieher notwendig auf Kosten des Einkommens der genannten Letztbezieher. Die Letztbezieher sehen sich mit steigenden Preisen konfrontiert, während die Nominaleinkommen dieser Bevölkerungsgruppe noch nicht nachgezogen sind. Das Realeinkommen sinkt. Typischerweise zählen Rentenbezieher zu dieser Gruppe. Mit Fortdauer der Inflationierung driften daher die Einkommen und Vermögen immer weiter auseinander, insbesondere dann, wenn kein Austausch zwischen den beiden Bevölkerungshälften der Erst- und Letztbezieher vonstatten geht.

Diesen Vorgang verglich Friedrich A. von Hayek mit einem dickflüssigen Honig, der sich beim Ausgießen ungleichmäßig verteilt und an der Stelle des Auftreffens einen kleinen Hügel, symbolhaft für die steigenden Löhne und Preise, bildet. Im *Cantillon-Effekt* findet sich die Erklärung für den überdurchschnittlichen Anstieg der Gehälter, Preise und Mieten in den Finanzmetropolen und Hauptstädten der Welt. Das sind jene Orte, wo das von den Zentral- und Geschäftsbanken neu geschöpfte Papiergeld bzw. die Zirkulationskredite erstmals in die Realwirtschaft eintreten. An vorderster Stelle stehen unter den Geschäftsbanken jene privilegierten Institute, mit denen die Zentralbank den Handel mit Staatsanleihen am Primärmarkt betreibt. In den USA umfasst die Liste an „Primary Dealers" derzeit 16 Geldinstitute, unter ihnen alle namhaften amerikanischen und europäischen Großbanken.[26] Im Euroraum ist der Kreis der zugelassenen Geschäftspartner deutlich weiter gezogen.[27]

Wie jede andere Umverteilungsmaßnahme beschwört die Inflationierung systematisch gesellschaftliche Konflikte hervor. Je weiter vorne man in der Bezieherkette des neu geschöpften, ungedeckten Papiergeldes steht, desto größer ist der Vermögenszuwachs; je weiter hinten man sich befindet, desto größer ist der reale Vermögensverlust. Ein Gerangel um die vorderen Plätze bricht aus, die Ellbogengesellschaft ist ein gesellschaftlicher Ausdruck eines inflationären Geldsystems.

Selbst John M. Keynes, dessen „Allgemeine Theorie der Beschäftigung, des Zinses und des Geldes" (1936) gewiss zu den einflussreichsten Fürsprechern des Inflationismus im 20. Jahrhundert zu rechnen ist, blieb in dem 1920 verfassten „Die wirtschaftlichen Folgen des Friedensvertrages" die konfliktschürende Wirkung der Inflation nicht verborgen:

„Durch fortgesetzte Inflation können sich Regierungen insgeheim und unbeachtet einen wesentlichen Teil des Vermögens ihrer Untertanen aneignen. Auf diese Weise konfiszieren sie nicht nur, sondern sie tun es

---

26 Primary Dealers List: www.ny.frb.org/markets/pridealers_current.html.
27 Für die Zulassungskriterien siehe EZB: „Durchführung der Geldpolitik im Euro-Währungsgebiet", November 2008, S. 13ff.

auch willkürlich, und während viele arm werden, werden einige in der Tat reich. Der Anblick dieser willkürlichen Verschiebung des Reichtums vernichtet nicht nur die Sicherheit, sondern auch das Vertrauen auf die Gerechtigkeit der bestehenden Verteilung des Vermögens. [28]

Keynes' scharfe Beobachtung, wonach in inflationären Zeiten „die Reichtumsbildung zum Spiel und zur Lotterie wird" [29], ist ein weiterer Unwert des Inflationismus. Ähnliches berichtet uns Karl Kramar aus der Zeit des Silberagios, einer der ersten Phasen einer substanziellen Inflationierung, nachdem 1848 die Einlöseverpflichtung beschränkt wurde und die Inflationierung einen neuen Schub erhielt:

„Es entsteht eine wilde Spekulation in Kolonialwaren, in Rohstoffen, namentlich in Schafwolle, in Raps- und Rüböl; in Kammgarn spekulierten nicht nur die Händler, sondern auch Private – der Seidenhandel wird ein Hasardspiel genannt. Das Charakteristische jeder Papiergeldwirtschaft, dass sie jedem Geschäft den Charakter des Spiels aufdrückt, findet sich jetzt schon in dem Geschäftsleben Österreichs. Und welch unbilliges Spiel, diese Valutaschwankungen, wo jeder mitspielen muss und wo die Schwächsten verlieren müssen. [30]

Doch nicht nur der Vermögensaufbau degeneriert zu einem Glücksspiel. In einem fortgeschrittenen Stadium der Inflationierung wird das Leben an sich nur mehr als Spiel

---

28   Keynes, John M.: „Die wirtschaftlichen Folgen des Friedensvertrages", Duncker & Humblot, München, 1920, S. 192.

29   Ebd. S. 192.

30   Kramar, Karl: „Das Papiergeld in Österreich seit 1848", Duncker & Humblot, Leipzig 1886, S. 116.

betrachtet.[31] Das Leben wird irreal, die Menschen verlieren die Bodenhaftung und leben in selbst gebauten Luftschlössern; nicht nur in wirtschaftlichen Belangen, sondern in allen Facetten der menschlichen Existenz.

1.2.10. Die gesellschaftlichen Folgewirkungen der Inflation

Der Inflationierungsprozess unterminiert schleichend die für den materiellen wie immateriellen Wohlstandsaufbau unumgänglichen Sekundärtugenden der Sparsamkeit, Aufrichtigkeit und Eigenverantwortlichkeit. Schulden zu machen und Unternehmungen „vorzufinanzieren" – ein Euphemismus für Schulden aufnehmen – gehört in Zeiten der Inflation zum guten Ton, das Geld scheint förmlich auf der Straße zu liegen. Während sich die Gesellschaft im Überoptimismus der inflationären Scheinwerte sonnt, korrodiert im Hintergrund das gesellschaftliche Gerüst; gerade auch deswegen, weil den Inflationsgewinnern zunehmend eine moralische und unternehmerische Vorbildfunktion zugestanden wird, obwohl sie maßgeblich von der privilegierten Stellung als Erstbezieher profitiert haben und ihr unternehmerischer und politischer Erfolg deswegen zu einem Gutteil nicht auf einem realistischen Fundament beruht. Glücksritter und Eintagsfliegen prägen seit jeher die Ahnengalerie der in einer Inflation nach oben geschwappten „Vorbilder".

---

31 „Das Leben ist ein Spiel" – www.daslebenisteinspiel.com – so der zeitgeistige Werbeslogan des Online-Sportwettenanbieters „bet-at-home.com".

Je länger die Inflationierung betrieben wird, desto nachhaltiger sind die – negativen – Auswirkungen auf das Verhalten der Menschen. Die Politik hat sich daran gewöhnt, politische Probleme durch die Ausweitung der Staatsausgaben und damit unmittelbar durch das Anwerfen der Notenpresse zu lösen. Im Kleinen erfolgt die Konfliktlösung durch den Gang zum Bankomaten, der Notenpresse des kleinen Manns. Da wie dort schwindet die Einsicht, dass man nicht mehr Geld ausgeben als einnehmen kann.

Die veränderte Lebenseinstellung findet auch in der Sprache ihren Niederschlag. Geld wird nicht mehr in der Orientierung auf den Nächsten hin „ver-dient", sondern „man macht Geld an der Börse". Das Geldverdienen rückt in den Mittelpunkt, es ist nicht mehr Mittel, sondern Ziel des menschlichen Handelns. Das inflationistische Zurverfügungstellen von immer größeren Bergen an Geldmitteln lenkt in der Tat die Aufmerksamkeit der Gesellschaft auf die Mittel. Für den brillanten Essayisten G.K. Chesterton ist diese Verwechslung von Mittel und Ziel ein untrügliches Zeichen für den Niedergang einer Gesellschaft.

Immer und überall nivelliert die Inflation die kulturellen Errungenschaften; sie beraubt das Geld seiner Kaufkraft, sie setzt an die Stelle des harmonischen Zusammenwirkens der Menschen den Konflikt, sie ersetzt das Streben um Vervollkommnung durch ein immer weiter absinkendes Mittelmaß, sie ermöglicht die exzessive Verschuldung auf Kosten der nächsten Generation, sie zeichnet maßgeblich für die zunehmende „komfortable Stallfütterung" des zum „gehorsamen Haustier" (Wilhelm Röpke) degradierten Menschen im Wohlfahrtsstaat verantwortlich, sie ist der natürliche Feind der kleinräumigen politischen Strukturen, sie ist der ewige Kriegsfinancier, und die der Inflation zuzurechnende Beschleunigung des Alltags versetzt die Gesellschaft in einen Zustand des fortwährenden Hinterherhechelns hinter kurzfristigen Trends und „neuesten" Erkenntnissen, die morgen schon wieder überholt sind. Erneut fasst John M. Keynes die desaströsen und unausweichlichen Konsequenzen einer inflationären Geldpolitik unmissverständlich zusammen:

„Es gibt kein feineres und kein sicheres Mittel, die bestehenden Grundlagen der Gesellschaft umzustürzen, als die Vernichtung der Währung. Dieser Vorgang stellt alle geheimen Kräfte der Wirtschaftsgesetze in den Dienst der Zerstörung, und zwar in einer Weise, die nicht einer unter Millionen richtig zu erkennen imstande ist."[32]

Und in höchster literarischer Vollendung schildert uns Stefan Zweig in seiner Autobiografie „Die Welt von Gestern" die von einer Hyperinflationierung ausgelöste Stimmung im Österreich und Deutschland der Zwischenkriegszeit:

„Welch eine wilde, anarchische, unwahrscheinliche Zeit, jene Jahre, da mit dem schwindenden Wert des Geldes alle andern Werte in Österreich und Deutschland ins Rutschen kamen! Eine Epoche begeisterter Ekstase und wüster Schwindelei, eine einmalige Mischung von Ungeduld und

---

32 Keynes, John M.: „Die wirtschaftlichen Folgen des Friedensvertrages", Duncker & Humblot, München, 1920, S. 192.

Fanatismus. Alles, was extravagant und unkontrollierbar war, erlebte goldene Zeiten: Theosophie, Okkultismus, Spiritismus, Somnambulismus, Anthroposophie, Handleserei, Graphologie, indische Yoghilehren und paracelsischer Mystizismus. Alles, was äußerste Spannungen über die bisher bekannten hinausversprach, jede Form des Rauschgifts, Morphium, Kokain und Heroin, fand reißenden Absatz, in den Theaterstücken bildeten Inzest und Vatermord, in der Politik Kommunismus oder Faschismus die einzig erwünschte extreme Thematik; unbedingt verfemt hingegen war jede Form der Normalität und der Mäßigung.[33]

Die Lebensführung breiter Bevölkerungsschichten hat sich in dieser Periode der galoppierenden Geldentwertung, die von kurzer Dauer und hoher Intensität war, von der Realität ebenso sehr abgekoppelt wie die umlaufende Papierkrone von der harten Goldkrone. Der Wechselkurs zwischen der Papierkrone und der Goldkrone betrug – nach erfolgreicher (!) – Stabilisierung 14.000:1, obschon er bei 1:1 liegen sollte.

Die der Inflation geschuldeten Verzerrungen sind nicht auf die Wirtschaft beschränkt, weil die kurzfristige Lebenseinstellung nahezu jeden Lebensbereich durchdringt. „Der Zustand des Geldwesens eines Volkes ist ein Symptom aller seiner Zustände." Diesem Bonmot von Alois Schumpeter ist vorbehaltlos zuzustimmen. Gut und gern können wir auch von einer Kultur des Geldes sprechen. Ein ungedecktes und permanent an Wert verlierendes Papiergeld findet seine Entsprechung in papierenen, gleichsam wertlosen zwischen-

---

33 Zweig, Stefan: „Die Welt von Gestern. Erinnerungen eines Europäers", Fischer (Tb.), 1970 (1942), S. 219.

menschlichen Beziehungen. Ein wertbeständiges Warengeld findet *mutatis mutandis* seine Entsprechung in dauerhaften, auf die Zukunft ausgerichteten Beziehungen.

1.2.11. Die Teuerung

Wie bereits erwähnt wird heute unter Inflation nicht die Ausweitung der ungedeckten Geldmenge verstanden, sondern die Folge dieses Prozesses, der Anstieg des allgemeinen Preisniveaus. Diese sprachliche Verwirrung hat schwerwiegende Folgen, da sie uns daran hindert, *Grund* und *Folge* begrifflich zu scheiden. In der weiteren Folge scheitern wir daran, uns gegen die Inflation adäquat zu schützen; sei es in der privaten Vermögensvorsorge oder in der rechtlichen Unterbindung der Inflation aus gesellschaftspolitischen Überlegungen.

Deswegen sei an dieser Stelle nochmals betont: Der *Grund* für den Anstieg des allgemeinen Preisniveaus ist die Inflation, die *Folge* der Inflationierung ist die Teuerung. Die Inflation ist ein *monetäres* Phänomen, die Teuerung ein *Preis*phänomen.

Es soll nicht verschwiegen werden, dass ein Anstieg des allgemeinen Preisniveaus nicht auch andere Ursachen haben kann. Eine Möglichkeit wäre der signifikante Zustrom von Gold und Silber aus dem Ausland oder die Entdeckung neuer Minen, wie es im Spanien des 16. und 17. Jahrhunderts der Fall gewesen ist. Gleichwohl handelte es sich dabei um eine nicht inflationäre Ausweitung der gedeckten Geldmenge. Ebenso erhöht ein Rückgang der Produktionskapazitäten die Preise auf breiter Flur, weil weniger Güter einer unveränderten Geldmenge gegenüberstehen. Derartige Veränderungen der Kaufkraft des Geldes sind unvermeidbar. Die der Inflationierung geschuldeten Kaufkrafteinbußen sind hingegen vermeidbar. Zudem führt eine nicht inflationäre Teuerung nicht zu den beiden, der Inflation eigenen Effekten – erstens zur inflationistischen Umverteilung und zweitens zum Konjunkturzyklus.

1.2.12. Die Preistreiber

Sobald als Folge der Inflationierung die Konsumentenpreise anziehen, beginnt in der Öffentlichkeit eine umtriebige Suche nach den Verursachern der Teuerung. Sprachlich erblindet spürt jedoch kaum jemand der Inflation nach. Doch weil irgendjemand hinter dem Preisauftrieb stehen muss, kommen normalerweise die Unternehmer zum Handkuss. Der Vorwurf: Der starke Anstieg bestimmter Preise würde alle anderen Preise mitziehen. Hauptangeklagte sind vorwiegend die üblichen Verdächtigen: die Energie-, Lebensmittel und Immobilienpreise.

Die wirtschaftspolitische Implikation dieser ökonomischen Betrachtungsweise, die, wie wir gleich sehen werden, falsch ist, ist höchst problematisch. Denn als probates Mittel zur Teuerungsbekämpfung drängt sich die Einführung gesetzlicher Höchstpreise auf. Wenn es gelänge, den Preisanstieg der Preistreiber zu begrenzen, würde der Preisauftrieb aller anderen Preise ebenso gestoppt werden. Diese Politik der Teuerungsbekämpfung wurde zum Beispiel im

Nationalsozialismus betrieben, indem ein umfassendes Netz aus Höchstpreisen implementiert wurde. Wie nicht anders zu erwarten schwand binnen kurzer Zeit wie bei jedem gesetzlichen Höchstpreis über dem Marktpreis das Warenangebot, weil die Anbieter zum vorgeschriebenen Höchstpreis die Waren nicht verkaufen möchten. Am Ende dieser totalitären Teuerungsbekämpfungspolitik verschwand das Geld vollends von der Bildfläche und die dezentrale Geldwirtschaft musste der totalitären Zuteilungswirtschaft weichen.

Es ist nicht auszuschließen, dass dieser für die Freiheit und den Wohlstand verheerende Weg wieder eingeschlagen wird. Deswegen soll die Vorstellung von der Preistreiber-Teuerung mit einem einfachen Beispiel widerlegt werden.

Nehmen wir an, dass in einer Gesellschaft bloß zwei Güter – Äpfel und Birnen – produziert werden. Das Angebot an Äpfeln und Birnen bleibt für unser Gedankenexperiment konstant. Die Präferenzen der Menschen ändern sich dagegen. So nimmt die Nachfrage nach Äpfeln zu, während die Nachfrage nach Birnen zurückgeht. Als unmittelbare Folge der veränderten Konsumentenpräferenzen verteuern sich die Äpfel aufgrund der gestiegenen Nachfrage. Gleichzeitig drückt die gesunkene Nachfrage nach Birnen auf den Birnenpreis. Dies liegt schlicht und einfach daran, dass das Mehr an Geld, das nunmehr für Äpfel ausgegeben wird, nicht für den Kauf von Birnen aufgebracht werden kann. Somit führt bei einer annähernd gleichbleibenden Geldmenge der Preisanstieg eines Gutes notwendigerweise zu einem Absinken aller anderen Preise. Die Kaufkraft des Geldes erleidet keinen *allgemeinen* Verlust.

Gänzlich anders ist die Lage in Zeiten der Inflationierung. In diesem Szenario steigen die Preise durch die Bank. Nehmen wir wie schon an anderer Stelle an, die Geldmenge verdoppelt sich über Nacht. Jeder Bürger unserer kleinen Gesellschaft besitzt plötzlich doppelt so viel Geld in seinem Portemonnaie als am Tag zuvor. Infolgedessen werden die Preise für Äpfel und Birnen gleichermaßen in die Höhe schießen, weil deutlich mehr Geld derselben Menge Güter gegenübersteht; die Kaufkraft jeder Geldeinheit halbiert sich.

Im ersten Fall haben sich die Äpfel *relativ* zu den Birnen verteuert und bringen damit die relative Knappheit der Äpfel im Vergleich zu den Birnen zum Ausdruck. Denn die Höhe des Geldpreises gibt Auskunft über die relative Knappheit einer Ware in Bezug auf die Konsumwünsche der Menschen; je teurer eine Ware ist, desto knapper ist sie, je billiger eine Ware ist, desto reichhaltiger ist sie vorhanden. Im zweiten Fall ist bislang bloß die Kaufkraft des Geldes *relativ* zu beiden Waren gefallen. Das Preisverhältnis zwischen Äpfeln und Birnen ist von der Ausweitung der Geldmenge unberührt geblieben.

Als letzten Schritt wollen wir die beiden Phänomene miteinander verbinden. Damit erhalten wir ein realistisches Abbild von den Abläufen in der Wirklichkeit, wo die Präferenzen der Menschen nach Gütern genauso schwanken wie die zirkulierende Geldmenge.

Wenn also gleichzeitig die Geldmenge anschwillt und sich die Nachfrage von einem Gut zu einem anderen Gut verschiebt, dann führt dies erstens zu einem *allgemeinen* Preisanstieg, d.h. Äpfel *und* Birnen werden teurer. Zweitens steigen die Preise der Güter nicht gleichmäßig an. In unserem Beispiel wird der Preisanstieg bei den Äpfeln deutlich stärker ausfallen, weil die gestiegene Nachfrage nach Äpfeln im Vergleich zu den Birnen dem güterspezifischen Preisauftrieb einen zusätzlichen Impuls verleiht.

Angesichts der beobachteten Preisentwicklung drängt sich nach außen hin der Eindruck auf, wonach die einen Preise die anderen Preise treiben. Weil der Birnenbauer für den Erwerb der Äpfel mehr bezahlen muss, ist er seinerseits gezwungen, die Birnenpreise anzuheben. In der öffentlichen Wahrnehmung wird der Apfelbauer als „Preistreiber" in Verruf gebracht.

Die entscheidende ökonomische Frage ist jedoch nicht, warum der Birnenbauer höhere Preise verlangt. Schließlich möchte jeder Verkäufer einen möglichst hohen Preis für sein Warenangebot erzielen. Vielmehr stellt sich die Frage, warum der Birnenbauer trotz gesunkener Nachfrage überhaupt in die Lage gekommen ist, höhere Preise zu realisieren, die er in Zeiten einer annähernd konstanten Geldmenge nicht hätte durchsetzen können.

Dies ist nur dann möglich, wenn die Geldmenge merklich zugelegt hat. Auf Dauer ist dies ohne inflationäre Aufblähung der Geldmenge aber nicht möglich. Der Anheizer der Teuerung ist somit die Inflation, die *sowohl* die Äpfel- *als auch* die Birnenpreise und damit das allgemeine Preisniveau in die Höhe zieht. Die Kausalität läuft also von der Inflation zu *allen* Preisen und nicht von den Äpfelpreisen zu den Birnenpreisen. Somit sind diejenigen die Preistreiber, die an den Schalthebeln der Notenpresse sitzen.

Den Frust über die von der Inflationierung hervorgerufenen realen Wohlstandseinbußen bekommen die Unternehmer zu spüren, die von den Konsumenten wie von den Politikern für den angeblichen Preiswucher zur Verantwortung gezogen werden. Wie in einem schlechten Film müssen die Unternehmer für die Preissteigerungen den Kopf hinhalten. Die moralische Entrüstung über die Preispolitik des Unternehmers rührt aus der Unterschätzung und möglicherweise vollständigen Ausblendung der preisaufblähenden Wirkung der Inflationierung. Angesichts der Verwechslung von Ursache und Wirkung trifft der – verständliche – Zorn über den Kaufkraftverlust die Falschen.

Weil an der Entwicklung Unbeteiligte zu Sündenböcken gestempelt werden, ist die Fehlleitung des Zorns auf jeden Fall moralisch verwerflich. Sie ist auch ökonomisch kontraproduktiv, weil sie nicht dazu beiträgt, das Problem an der Wurzel zu packen. Stattdessen übt man sich in Symptombekämpfung.

Die inflationsgetriebene Teuerung zeigt sich für den Konsumenten auf dreierlei Art: erstens im Anstieg der Verkaufspreise bei gleichbleibender Verpackungsgröße, zweitens im Schrumpfen der Verpackungsgrößen bei gleichbleibendem Preis und drittens in der Minderung der Produktqualität, sei es die sprichwörtliche dünne Suppe oder auch die Auslagerung von Dienstleistungen an den Kunden, Stichwort Selbstbedienung.

1.2.13. Deflation und Vergünstigung

Nachdem das Begriffspaar Inflation und Teuerung geklärt ist, bedarf auch noch der Begriff der Deflation einer Klärung. Die Deflation ist das Gegenstück zur Inflation und bezeichnet daher den *Rückgang der ungedeckten Geldmenge.* Ohne vorhergehende Inflation ist eine Deflation nicht denkbar. Die Deflation löst die von der Inflation geschaffenen Scheinwerte wieder auf und führt die Gesellschaft auf den Boden der Realität zurück. Nicht zu verwechseln ist die Deflation mit dem Rückgang des allgemeinen Preisniveaus, dem Gegenstück der Teuerung. Die Gegensatzpaare lauten somit:

Inflation – Deflation: Anstieg bzw. Rückgang der ungedeckten Geldmenge. Inflation und Deflation sind monetäre Phänomene.

Teuerung – Vergünstigung: Anstieg bzw. Rückgang des allgemeinen Preisniveaus. Teuerung und Vergünstigung sind Preisphänomene.

Von mancher Seite wird der Rückgang des allgemeinen Preisniveaus als für die wirtschaftliche Entwicklung bedrohlich angesehen.[34] Sinkende Preise würden die Wirt-

---

34 In einem Lehrvideo der EZB für den schulischen Gebrauch (www.ecb.int/ ecb/educational/pricestab/html/index.de.html) kämpft die EZB gegen das Inflationsmonster und gegen das Deflationsmonster, obwohl sich der Kampf eigentlich gegen das Teuerungs- und das Vergünstigungsmonster richtet. Dieser ökonomisch nicht gerechtfertigte Zweifrontenkampf verschafft der

schaft in einen Abwärtsstrudel stürzen. Ausgangspunkt dieser Überlegungen ist die Vorstellung, wonach Unternehmen bei sinkenden Preisen in die roten Zahlen schlittern, deswegen die Beschäftigung reduzieren müssen, wodurch wiederum die Nachfrage nach ihren Gütern zurückgeht, die Unternehmen auf ihren Waren sitzen bleiben, die Preise weiter nachgeben und so weiter. Zur Abwendung des Falles ins Bodenlose müsse daher die Zentralbank über eine leicht inflationistische Geldpolitik die Gewinnmargen der Unternehmen fortwährend im positiven Bereich halten und in Zeiten einer drohenden Vergünstigung die Wirtschaft mit zusätzlichen Geldmitteln versorgen.

Zwei Hauptfehler liegen dieser Argumentation zugrunde. Einerseits ist hier die falsche Vorstellung zu nennen, dass die reale, gesamtwirtschaftliche Nachfrage plötzlich einbrechen könnte. Drei Veränderungen in der Nachfrage sind denkbar. Erstens: Die Nachfrage innerhalb der Konsumgüter ändert sich. Weil die Nachfrage nach Birnen zugelegt hat, werden weniger Äpfel nachgefragt. Die Gesamtnachfrage bleibt unverändert. Zweitens: Aufgrund einer gestiegenen investiven Sparleistung verschiebt sich die Nachfrage von den Konsumgütern zu den Kapitalgütern. Einige Branchen verlieren an Umsatz und geben Beschäftigung ab, während andere Branchen ein Umsatzwachstum verzeichnen und ihre Beschäftigung ausweiten. Die Gesamtnachfrage bleibt jedoch unverändert. Drittens: Die Geldhaltung nimmt zu,

---

EZB auf ewig eine Beschäftigung, weil sie die erratischen Preisbewegungen durch ihre inflationäre Geldpolitik selbst hervorruft.

weswegen das allgemeine Preisniveau zurückgeht. Auf die Unternehmensprofite im Allgemeinen hat dies keinen Einfluss, weil derartige unvermeidbare Veränderungen einen Teil des Unternehmerrisikos ausmachen. Einige Unternehmer antizipieren diese Veränderung richtig und erhöhen dadurch ihren Profit, andere Unternehmen schätzen die Entwicklung falsch ein und erleiden einen Verlust. Die reale Gesamtnachfrage bleibt aber ebenfalls unverändert. Einen Sonderfall stellt die Vergünstigung infolge einer Deflation dar. Die deflationsbedingte Vergünstigung ist dabei der unvermeidbare Anpassungsprozess, dem eine Inflationierung notwendig vorausgeht. Die Deflation bereinigt den inflationären Geldüberhang.

Andererseits hat die Entwicklung der Geldmenge für den Unternehmer nur insofern eine Bedeutung, als er sie in seine Kalkulation mit einbeziehen muss. Sie beeinflusst zwar die Profitmarge, bestimmt sie aber nicht wesentlich. Für den betriebswirtschaftlichen Erfolg sind die *relativen* Preisunterschiede zwischen Einkaufs- und Verkaufspreis von Bedeutung und nicht das *absolute* Preisniveau. Erwartet der Unternehmer, dass eine Ware morgen für höchstens zehn Geldeinheiten an den Mann zu bringen ist, dann müssen die Herstellungskosten diesen Betrag unterschreiten. Sinkt der erwartete Verkaufspreis, weil sich die produktspezifische Nachfrage vermindert, die Geldhaltung zunimmt oder ein zusätzlicher Anbieter in den Markt eintritt, so muss der Unternehmer seine Kostenstruktur dementsprechend anpassen.

Wie tief die Furcht vor der Vergünstigung sitzt, zeigt eine Rede von Ben Bernanke aus dem Jahre 2002 mit dem Titel „Deflation: Making Sure ‚It' Doesn't Happen Here" (Deflation[35]: Sicherstellen, dass „sie" hier nicht passiert). Der damalige Gouverneur im „Federal Reserve Board" versicherte dem versammelten Publikum des „National Economists Club", dass die für die wirtschaftliche Misere in Japan verantwortlich gemachte Vergünstigung in den USA nicht passieren werde:

„Die amerikanische Regierung besitzt eine Technologie, die Notenpresse (oder, heute, ihre elektronische Entsprechung), die es ihr erlaubt, so viele US-Dollar zu produzieren, wie sie wünscht, zu buchstäblich keinen Kosten. Indem die umlaufende Menge an US-Dollar erhöht wird, oder durch die glaubwürdige Androhung dies zu tun, kann die amerikanische Regierung die Kaufkraft des Dollar reduzieren, was gleichbedeutend mit einem Anstieg des allgemeinen Preisniveaus ist. Wir schließen daher, dass in einem Papiergeldsystem eine entschlossene Regierung immer höhere Ausgaben tätigen und daher eine positive Inflation[36] erzeugen kann."[37]

Eine Stabilitätspolitik, die sinkende Preise durch die Inflationierung bekämpft, ist daher im Grunde genommen eine Instabilitätspolitik. Sie bekämpft die *unvermeidbaren*

---

35 In unserer Terminologie: Vergünstigung.
36 In unserer Terminologie: Teuerung.
37 Bernanke, Ben S.: „Deflation: Making Sure ‚It' Doesn't Happen Here", Remarks before the National Economists Club", 21. November 2002. www.federalreserve.gov/boardDocs/speeches/2002/20021121/default.htm. Übersetzung des Autors.

Veränderungen in der Kaufkraft des Geldes, die auf eine Grundgegebenheit der menschlichen Existenz, das menschliche Handeln, zurückzuführen sind. Diese Veränderungen vermeiden zu wollen, hieße, dem Menschen das Handeln zu verbieten. Gleichzeitig setzt die gegen die Vergünstigung gerichtete Geldpolitik *vermeidbare* Schwankungen in der Kaufkraft des Geldes in die Welt, die der betriebswirtschaftlichen Kalkulation zusätzliche wohlstandsmindernde Risiken auferlegt.

1.2.14. Die Hyperinflation – das Ende des Papiergeldes

Der Prozess der Geldmengenausweitung lässt sich nicht bis in alle Ewigkeit fortsetzen. Sobald die Bevölkerung bemerkt, dass nicht mehr einzelne Preise aufgrund von Nachfrageverschiebungen steigen oder fallen, sondern dass die Kaufkraft des Geldes beständig schwindet, setzt die Flucht aus dem Geld in die Sachwerte ein. Jeder möchte so schnell wie nur irgendwie möglich sein Geld los werden, wohl wissend, dass jedwede weitere Verzögerung des Kaufes die Kaufkraft des gehaltenen Geldes noch weiter mindert. Diesen Prozess der „Flucht in die Sachwerte" bezeichnet man als *Hyperinflation*[38]. Sie schließt den inflationären Prozess ab.

---

38 Dieser Begriff ist ein wenig irreführend, da er nicht die Phase einer extrem hohen Ausweitung der ungedeckten Geldmenge bezeichnet, sondern jene letzte Phase der Inflationierung, in der das Geld seine Geldfunktion verliert. Die heute geläufige Definition der Hyperinflation stammt von Philipp D. Cagan. Er definiert eine Hyperinflation als jenen Zustand, in dem die monatliche Teuerungsrate mindestens 50% erreicht. Nach unserer Unterscheidung von Inflation und Teuerung wäre es genauer, dies als Hyperteuerung zu

Es ist keine bestimmte Inflationsrate, die die Menschen zur Flucht in die Sachwerte anregt, sondern allein die subjektive Erwartungshaltung. Deswegen liegt es im Interesse der von der Inflation Profitierenden und Abhängigen, die Bevölkerung mit der Veröffentlichung möglichst geringer Teuerungsraten zu täuschen. Die Verunglimpfung der „gefühlten Inflation" und die beständige Manipulation des Warenkorbs finden in der Furcht vor der Flucht in die Sachwerte ihre Begründung. Wenn niemand mehr das Geld benutzt, versiegt für die Erstbezieher der aus der Inflationierung genährte leistungsfreie Einkommensstrom. Ebenso verlieren die politischen Eliten, die sich die Zustimmung der Bevölkerung mit einer verantwortungslosen Politik der Verschuldung erkaufen, die Möglichkeit, ihre Macht mit weiteren ungedeckten Geldgeschenken abzusichern. Das Spiel ist aus.

Allein im letzten Jahrhundert zerstörte das Papiergeld häufiger als gedacht die Lebensgrundlage von Gesellschaften. Die schlimmste Hyperinflation war die Pengö-Hyperinflation in Ungarn 1946[39], die aktuellste ist die in Simbabwe[40], die bekannteste ist jene Deutschlands im Jahr 1923. Der Hauptgrund für die Zerstörung der Papiermark lag in der kriegsbedingten Staatsverschuldung des Deutschen Reiches.

---

bezeichnen, obschon sich die Flucht aus dem Geld in die Sachwerte in stark steigenden Konsumgüterpreisen manifestiert.

39 Die Preise verdoppelten sich damals im Schnitt alle 15 Stunden (Quelle: Hanke, Steve H. and Kwok, Alex K. F.: „On the Measurement of Zimbabwe's Hyperinflation", *Cato Journal*, Vol. 29, No 2 (Spring/Summer 2009), S. 353–364.

40 Im Juli 2008 betrug die Teuerungsrate 12% pro Tag (Quelle: ebenda).

Zur Finanzierung des Ersten Weltkrieges setzten die Staaten in den ersten Kriegstagen reihenweise den – unvollkommenen – Goldstandard außer Kraft und gaben ungedeckte Kriegsanleihen aus. Ohne diese Form der Kriegsfinanzierung wäre der Erste Weltkrieg aller Wahrscheinlichkeit nach erst gar nicht zu einem Weltkrieg ausgeartet, da die meisten Krieg führenden Staaten nach rund einem halben Jahr Bankrott gewesen wären.

Als die Kriegsanleihen fällig waren, war Deutschland de facto bankrott. Mit dem Anwerfen der Notenpresse wurde zumindest noch der Anschein der Rückzahlung gewahrt. Die Anleihen konnten zum Nominalwert getilgt werden. Die reale Kaufkraft der Papiermark – nomen est omen – sank durch diese Maßnahme allerdings gegen null. Mit den Banknoten wurde sogar geheizt, wodurch sich die Entkoppelung der hyperinflationären Papiermark von der Golddeckung in seiner ganzen Dramatik zeigte. Niemand würde Banknoten, die als Repräsentant für Metallmünzen fungieren, verheizen, weil er damit Gold im Ofen verbrennen würde. Die Gläubiger des Staates sahen sich um ihre Ersparnisse betrogen und speziell der Mittelstand geriet finanziell unter die Räder. Mit Sicherheit hat die Hyperinflation der Zwischenkriegszeit den Boden für die spätere politische Radikalisierung aufbereitet.

Zum Abschluss noch einige weitere Beispiele für Hyperinflationen. Wie unsere Ausführungen belegen, handelt es sich um keinen historischen Zufall, sondern um eine ökonomische Notwendigkeit, dass in allen Beispielen das Abweichen von der Warendeckung in der vollständigen Zerrüttung des Geldes mündete. Denn dies ist, wie Voltaire mit den ihm zugeschriebenen prägnanten Worten schonungslos offenlegt, das unausweichliche Los jedes Papiergelds: *„Papiergeld kehrt früher oder später zu seinem inneren Wert zurück – Null."*

1. Die waghalsige Spekulation von John Law mit der „Compagnie de la Louisiane ou d'Occident" aus dem Jahr 1716 endete bereits 1720 mit dem totalen Zusammenbruch des durch nichts gedeckten Papiergelds „Livre". Aus dieser Zeit stammt der Begriff des „Millionärs", der zuvor aufgrund der geringen umlaufenden Geldmenge nicht benötigt wurde. Die Millionäre fanden sich allerdings genauso schnell wieder auf dem harten Boden der Realität, wie sie in den (Schein-)Olymp des monetären Reichtums aufgestiegen waren.

2. Die „Continental Currency" aus der Zeit des amerikanischen Bürgerkrieges, ausgegeben 1775, war schon 1781 wertlos. Wer 1790 noch welche besaß, konnte sie nur noch zu 1/40 ihres ursprünglichen Wertes gegen neue Dollar eintauschen. Nur rund 3% der „Continental Currency" wurden eingetauscht.

3. Das Papiergeld aus der Zeit der französischen Revolution – die sogenannten Assignaten, ausgegeben von 1790 bis 1796 – besaß im Jahr 1797 nur noch 1/600 ihres ursprünglichen Wertes. Im gleichen Jahr wurden die Assignaten schließlich für ungültig erklärt.

4. Die Papiermark aus der Weimarer Republik wurde von 1919 bis 1924 ausgegeben, zum Schluss hatte sie noch ein Billionstel ihres ursprünglichen Wertes. Der Wechselkurs Papiermark – US-Dollar verschlechterte sich von 4,2:1 (1914) über 420:1 (1922) auf 4.200.000.000.000 (4,2 Billionen):1. Auf dem Höhepunkt der Geldentwertung verlor die Papiermark innerhalb von acht Tagen 90% ihres Wertes.

5. Im 20. Jahrhundert wurden unter anderem Argentinien, Brasilien, Ungarn, Österreich, Peru, Russland, Serbien, Angola und Simbabwe Opfer einer Hyperinflation.

Die Erfahrung der letzten beiden Jahrhunderte zeigt eindeutig, dass die Verstaatlichung und Monopolisierung der Geldproduktion nahezu ausnahmslos und meist in kürzester Zeit eine inflationäre Ausweitung der Geldmenge zur Folge hatte. Es ist daher kein Zufall, dass das 20. Jahrhundert das Jahrhundert der Zentralbanken, der schleichenden Geldentwertung, der Hyperinflationen, der Überschuldung von Ländern, Unternehmen und Bürgern sowie zweier Weltkriege und unzähliger anderer Konflikte war.

1.2.15. Warum Inflation?

Wenn die Inflation für die Gesellschaft als Gesamtes keinerlei Vorteile bringt, warum sucht sie dann seit der Entstehung des Geldes die Menschheit heim? Die folgenden Gründe können als Erklärung angegeben werden:

1. Das Stopfen von Budgetlöchern mit der Inflationssteuer
2. Die reale Abwertung der (Staats-)Schulden durch die systematische Entwertung des Geldes
3. Die doppelte Geldillusion
4. Direkte Nachfrage nach Inflation durch die Wähler.

1.2.15.1. Das Stopfen von Budgetlöchern

Zu den Inflationsgewinnern der letzten Jahrzehnte zählt neben den auf Teilreservehaltung operierenden Geschäftsbanken speziell der über beide Ohren verschuldete Hochsteuerstaat. Weil sich die direkten und indirekten Steuern kaum noch steigern lassen, greift der Staat wie schon in früheren Zeiten auf die Inflationssteuer zurück. In einem Artikel in der *New York Times* im Jahr 1982 weist Friedrich A. von Hayek nachdrücklich auf die Staatsverschuldung als wichtigsten Motor für die Inflationierung hin:

„Die einzige Möglichkeit ein Budgetdefizit zu finanzieren, ist durch Inflation. Man kann diese Summe nicht durch echte [d.h. durch reale Werte gedeckte] Schuldenaufnahme aufbringen. [...] Ein großes Budgetdefizit ist ein sicherer Weg zu Inflation."[41]

Die negativen Konsequenzen der Inflationierung machen sich nicht unmittelbar bemerkbar. Für den in vier- bis sechsjährigen Wahlzyklen denkenden Politiker erweist sich diese Verzögerung als Glücksfall. Er kann heute Wahlzuckerl ver-

---

41 Hayek, Friedrich A. von: „A Nobel Winner Assesses Reagan", New York Times, 1. Dezember 1982.

geben und die Inflationierung des Geldes wenn schon nicht offen goutieren, dann zumindest wohlwollend hinnehmen. Die nächste Regierung, der er womöglich nicht mehr angehört, muss dann die unausweichlichen Folgen der Geldmanipulation ausbaden. Diese wird ihrerseits versuchen, den Kelch an die nächste Regierung weiterzugeben.

Die künstliche Aufblähung der Unternehmensgewinne durch die Inflation bringt zusätzliche Steuereinnahmen, ebenso der nominelle Anstieg der Löhne und Gehälter, speziell in Ländern mit einem progressiven Lohn- und Einkommenssteuersystem. Die sogenannte „kalte Progression" schlägt unbarmherzig zu. Zudem fließt der Zentralbankgewinn in den Haushalt. Die Ausgabenlast des Staates reduziert sich, weil die heute geläufige Inflationierung über den Kreditmarkt die Zinsen künstlich absenkt. Der Zinsendienst des Staates fällt dadurch geringer aus, als es ohne Inflationierung der Fall wäre.

1.2.15.2. Die reale Abwertung der (Staats-)Schulden durch die systematische Entwertung des Geldes

Der große Gewinner der Inflationierung ist der größte Schuldner. Dies war und ist der Staat. Daher liegt die Monopolisierung, Zentralisierung und Inflationierung des Geldes im ureigensten Interesse des Staates. Am Beispiel der Staatsanleihe soll gezeigt werden, wie die Inflationierung die reale Schuldenlast jedes Schuldners auf Kosten des Gläubigers mindert.

Zum Zeitpunkt t, der Auflage und Zeichnung der Anleihe, erhält der Schuldner real und nominell einen Geldbetrag von 100 Geldeinheiten zu einem jährlichen Zinssatz von 10%. Da die Schulden nominell geschuldet werden, schuldet der Schuldner dem Gläubiger zum Zeitpunkt der Rückzahlung zuzüglich der Zinsen 110 Geldeinheiten. Ohne Inflationierung muss der Schuldner real mehr Güter an den Gläubiger bezahlen (Darlehenssumme zuzüglich Zinsen), als er aufgenommen hatte. Wird in der Zwischenzeit die Geldmenge allerdings erhöht, so kaufen die nominell zurückgezahlten 110 Geldeinheiten real weniger Güter. Der Schuldner konnte seine reale Schuldenlast auf Kosten des Gläubigers mindern.

Der Dumme ist der Gläubiger, d.h. jeder, der direkt oder indirekt, z.B. in Lebensversicherungen, Staatsanleihen hält, speziell dann, wenn er, wie im nächsten Punkt vertieft, Inflation und Teuerung verwechselt. Zudem sieht sich der Staat in der günstigen Lage, dass der Gläubiger das „gesetzliche Zahlungsmittel" als schuldbefreiendes Zahlungsmittel akzeptieren *muss*. Dies stellt einen großen Anreiz dar, sich exzessiv zu verschulden, weil der Staat immer seine Schulden durch die Ausgabe zusätzlichen Papiergeldes gesetzeskonform tilgen kann.

Die Dimension der Minderung der realen Schuldenlast ist gewaltig. Bei einer jährlichen Inflationsrate von 10% und einer Verschuldung von konservativ geschätzten 222,6% des BIP[42] oder knapp 650 Mrd. Euro erspart sich

---

42 Deeg, Veronika und Hagist, Christian: „The Fiscal Outlook in Austria – An Evaluation with Generational Accounts", Forschungszentrum Generationenverträge der Albert-Ludwig-Universität Freiburg, Diskussionsbeitrag No. 24,

die Republik Österreich dank der Inflationierung Jahr für Jahr rund 65 Mrd. Euro auf Kosten ihrer Gläubiger. Diese Summe entspricht in etwa den gesamten Jahreseinnahmen des Bundeshaushalts. Ohne Inflationierung wären Österreich sowie die meisten anderen Industriestaaten längst bankrott.

1.2.15.3. Die doppelte Geldillusion

Der Fokus auf die nominelle Einkommenshöhe und nicht auf die reale Kaufkraft des Geldes trägt ihr Scherflein zur allgemeinen Widerstandslosigkeit gegen die Inflationierung bei. In der ökonomischen Theorie ist die Verwechslung von nomineller und realer Einkommenshöhe unter dem Begriff der „Geldillusion" bekannt.

Was genau ist darunter zu verstehen? Das Nominaleinkommen bezeichnet das in Geldeinheiten ausgedrückte Einkommen einer Person, also beispielsweise 100 Euro. Das Realeinkommen bezeichnet hingegen die Kaufkraft des Einkommens, also wie viele Waren das Einkommen kauft.

Februar 2008. Dieser Betrag entspricht der gesamten Staatsverschuldung der Republik Österreich. Er setzt sich aus den expliziten Schulden und den impliziten Schulden zusammen. Die expliziten Schulden werden nach den Vorgaben der Maastricht-Kriterien berechnet. Die impliziten Schulden beziehen die von der Regierung auf der gegenwärtigen Gesetzeslage bestehenden Anwartschaften in den Sozialversicherungssystemen mit ein. Der implizite Schuldenstand enthält dadurch auch die zukünftigen Zahlungsverpflichtungen des Staates und bildet die tatsächliche Schuldenlast deutlich genauer ab. Für Deutschland berechnen die beiden Autoren eine implizite Gesamtverschuldung von 408,5% des BIP.

Langfristig hängt das Realeinkommen einer Gesellschaft von ihrer Sparneigung ab; je höher die heutige Sparneigung ist, desto höher ist der zukünftige Wohlstand. Je höher der gegenwärtige Konsum ist, desto niedriger ist der zukünftige Konsum. Die nominelle Einkommensentwicklung spielt für die reale Wohlstandsentwicklung keine Rolle. Es ist sogar möglich, dass das Nominaleinkommen sinkt und zugleich das Realeinkommen steigt, und zwar dann, wenn das Geldmengenwachstum eine geringere Rate aufweist als das Produktivitätswachstum. Setzt sich allerdings die Vorstellung durch, wonach ein höheres Nominaleinkommen automatisch ein höheres Realeinkommen bedeutet, unterliegt man der Geldillusion. Man trachtet nach einer möglichst starken Erhöhung der Nominaleinkommen und nimmt dafür die Inflationierung, wenn auch ungewollt, in Kauf.

Wie tief die Geldillusion in unser Denken eingedrungen ist, zeigt beispielhaft das Verhalten der Gewerkschafter in Zeiten der sich beschleunigenden Teuerung. Normalerweise wird eine kräftige Erhöhung der Nominaleinkommen zur Abgeltung der Teuerung gefordert. Wesentlich vernünftiger wäre es hingegen, die Beendigung der Inflationierung zu verlangen, um die beständige Kaufkrafterosion der Löhne und Gehälter zu überwinden. Eine solche Forderung war bislang aber nicht zu vernehmen.

Doch wie leicht lässt man sich von der Geldillusion blenden. Auf den ersten Blick verzeichnete der Sold eines römischen Legionärs in den 200 Jahren von Kaiser Augustus bis Kaiser Septimus Severus einen beeindruckenden Anstieg von 225 Denare auf 500 Denare.[43] Ein *nomineller* Lohnanstieg um 120% oder 2,8% pro Jahr. Im selben Zeitraum schwand der Silbergehalt des Denarius jedoch um fast 50%. 225 Denare zur Zeit Kaiser Augustus enthielten genauso viel Silber wie rund 435 Denare unter Kaiser Septimus Severus. *Real* fiel der Lohnanstieg mit lediglich 15% deutlich bescheidener aus. Die Inflation hatte fast die gesamte *nominelle* Erhöhung aufgefressen.

Auch die Vermögenswerte gilt es vor dem Kaufkraftverlust zu schützen. Die weitverbreitete Verwechslung von Inflation und Teuerung bringt eine spezielle Form der Geldillusion hervor. Da gemeinhin die Teuerungsrate, die in den Medien vielfach fälschlich als „Inflationsrate" bezeichnet wird, als Maßstab der Entwertung herangezogen wird, setzt man den realen Kaufkraftverlust zu niedrig an. Bei einer aktuellen Teuerung von knapp 3,2% gemessen am *Harmonisierten Verbraucherpreisindex* (HVPI) für die Eurozone (Jahresdurchschnitt 2008) und einer Inflation von 10,4% gemessen an den obigen Berechnungen für das Geldmengenaggregat M1 wird die Entwertung um satte 7,2 Prozentpunkte unterschätzt. Folglich wähnt man sich wohlhabender, als man tatsächlich ist.

Über die Jahre gesehen kommt es zu einer beträchtlichen Fehleinschätzung der eigenen realen Vermögensverhältnisse, wie Tabelle 1 zeigt.

---

43 Gaettens, Richard: „Inflationen", Richard Pflaum Verlag, München, 1955, S. 35f.

Tabelle 1: „Kaufkraftüberschätzung infolge der doppelten Geldillusion"

	HVPI 3,2%	Inflation 10,4%
Werthalbierung alle	22,5 Jahre	6,9 Jahre
Wertverlust nach 10 Jahren	~27%	~63%
Wertverlust nach 20 Jahren	~47%	~86%
Wertverlust nach 30 Jahren	~61%	~95%

Die zweite Spalte weist den vermuteten Wertverlust bei einer Teuerungsrate von 3,2% über zehn, 20 und 30 Jahre aus. Unter Heranziehung der Teuerungsrate als Maßstab des realen Wertverlustes geht man daher davon aus, dass nach 30 Jahren noch eine Kaufkraft von rund 39% vorhanden ist. Das heißt, um im Jahr 2039 eine Kaufkraft von 39 € zu haben, müssen heute – unverzinste – 100 € zur Seite gelegt werden. Tatsächlich verbleibt bei einer jährlichen Inflationierung von 10,4% im Jahr 2039 aber eine Kaufkraft von nur 5 Euro. Das zukünftige reale Vermögen, das beispielsweise für den Ruhestand angespart wird, wird somit um das Achtfache überschätzt. Je größer der Unterschied zwischen Inflation und Teuerung ist, desto dramatischer ist die Fehleinschätzung des realen Vermögens.

Ein Bilderbuchbeispiel für die Verwechslung von Teuerung und Inflation ist die „inflationsindexierte Bundesanleihe". Im Unterschied zu einer gewöhnlichen Anleihe, deren Zinskupon von vornherein für die gesamte Laufzeit der Anleihe fixiert ist, orientiert sich bei der inflationsgeschützten Anleihe der Kupon zusätzlich an der Teuerungsrate. Beträgt die Teuerung 3%, erhöht sich der Kupon um 3%, liegt die Teuerung bei 5%, steigt die Nominalverzinsung um 5%. Damit, so die vorherrschende Meinung, könne sich der Anleger gegen das Risiko steigender Inflation schützen. Doch derartige Anleihen schützen den Anleger nicht, wie die Bezeichnung fälschlicherweise vorgibt gegen die Inflation, sondern „nur" gegen die Teuerung. Deswegen sollte diese Anleihe in „teuerungsindexierte Anleihe" umgetauft werden.

Im Zuge der Bankenkrise hat der Staat großzügig die Einlagesicherung für sämtliche Einlagen bei Geschäftsbanken ausgeweitet. Die drohende Insolvenz der Geschäftsbank ist, wie bereits dargelegt, systemischer Natur und die direkte Folge des Teilreserve-Bankensystems. Bei einem Mindestreservesatz von 10% und einem von den Geschäftsbanken voll ausgenützten Zirkulationskreditpotenzial beträgt die Lücke zwischen der Barreserve und den Einlagen 1:10. Diese Lücke kann entweder durch eine deflationäre Auflösung der Zirkulationskredite und damit einhergehend der Bankenpassiva, d.h. der Kundeneinlagen, erfolgen. Oder der Staat garantiert die Sicherheit der Einlagen. Allerdings verspricht er damit nur die *nominelle* Absicherung, d.h. jeder erhält garantiert sein Kontoführungsguthaben ausbezahlt. Hierzu muss die Lücke durch das Drucken von zusätzlichem Geld gefüllt werden. Die *reale* Kaufkraft der Einlagen vermindert sich dadurch um bis zu 90%.

1.2.15.3.1. Die Teuerungsrate

Dem Konzept der Teuerungsrate soll noch ein wenig näher auf den Zahn gefühlt werden. Ähnlich wie das Bruttoinlandsprodukt (BIP) und andere volkswirtschaftliche Kennzahlen zeugt die der Teuerungsrate entgegengebrachte Aufmerksamkeit vom Vorherrschen des planwirtschaftlichen Denkens in weiten Teilen der Politik und der Ökonomie. Mit einer freien Marktwirtschaft, in der die Menschen auf der Grundlage allgemeingültiger Rechtsprinzipien miteinander Geschäfte tätigen, hat die epidemische Datenklauberei durch die Behörden wenig zu tun.

Die Teuerungsrate weist schwere theoretische Mängel auf, die wir hier nur streifen können. Erstens enthält der zur Berechnung zugrunde gelegte Warenkorb nur Konsumgüter. In einer arbeitsteiligen, kapitalintensiven Gesellschaft machen die Konsumgüter aber nur einen geringen Teil aller am Markt gehandelten Güter und Dienstleistungen aus. Die Preise der vorgelagerten Kapitalgüter sowie die Aktienkurse als Preis für Unternehmensanteile fließen in den Warenkorb nicht ein. Diese Erkenntnis ist umso bedeutsamer, wenn man bedenkt, dass die Konsumgüterpreise im Inflationierungsprozess erst als letzte Preise zu steigen beginnen.

Die unausweichliche Zeitverzögerung zwischen der Inflationierung und der Teuerung bringt es mit sich, dass die Zentralbanken die direkte Verbindung zwischen der Inflationierung und der Teuerung leugnen können. Liegt die Inflationsrate über der Teuerungsrate, wird darauf verwiesen, dass die Inflationierung sich nicht zur Gänze auf die Preise niederschlägt. Liegt hingegen die Teuerungsrate über der Inflationsrate, wird die Schuld an der Preistreiberei den Unternehmen in die Schuhe geschoben.

Zweitens konsumiert jeder Mensch einen anderen Warenkorb. Für die planwirtschaftliche Berechnung mag die Vorstellung des *homme moyen*, des statistisch verwertbaren Durchschnittsmenschen, verlockend sein. Mit der Realität, in der höchst unterschiedliche Personen agieren, hat dies allerdings nichts zu tun. Die Ökonomie, und nicht nur sie, muss den einzelnen Menschen als handelnden Akteur auffassen und seine, ihm spezifischen Ziele zur Kenntnis nehmen. Die Annahme eines durchschnittlichen Warenkorbs ist somit keine statthafte Vereinfachung, sondern ein unstatthafter Reduktionismus.

Weil der Warenkorb willkürlich zusammengestellt wird, treten in letzter Zeit verschiedenste Interessenvertreter auf und fordern als Grundlage für die „Inflationsanpassung" (eigentlich: Teuerungsanpassung) einen interessengruppenspezifischen Warenkorb. Die Kritik setzt durchaus richtig an, greift allerdings viel zu kurz. Ein Studenten- oder Pensionistenwarenkorb ist ebenso willkürlich wie ein Wiener oder ein Berliner Warenkorb. Dem Vorwurf der Willkürlichkeit entzieht sich bloß jener personen- und zeitbezogene Warenkorb, der tatsächlich eingekauft worden ist. Als planwirtschaftliche Kenn- und Planungsgröße verliert er damit aber an Bedeutung.

Aufgrund der theoretischen Unhaltbarkeit des Konzepts einer Teuerungsrate ist der beständigen Veränderung der Berechnungsmethode zur Kaschierung der Folgen der Inflationierung Tür und Tor geöffnet. (Noch) buhlen die politischen Parteien in ihren Wahlkämpfen mit niedrigen Teuerungsraten um die Gunst der Wähler und freuen sich, wenn ein geringer Anstieg der Teuerung das Budget entlastet, weil diverse Transferleistungen um einen niedrigen Prozentsatz angehoben werden. Die Teuerungsrate wird allerdings regelmäßig einer Revision unterzogen, bei der Produkte mit einer überdurchschnittlichen Preiserhöhung entweder untergewichtet werden oder vollständig aus dem Warenkorb entfernt und durch Produkte mit einer günstigeren Preisentwicklung ersetzt werden. Dies dämpft die amtlich ausgewiesene Teuerung.

Mit der sogenannten *hedonischen Preisberechnung* (engl. „hedonic pricing") fand in den letzten Jahren ein neues Konzept in die Statistik Eingang. Mithilfe dieser Berechnungsmethode – statistischer Trick wäre eine treffendere Bezeichnung – werden die Produktivitätsgewinne aus den Preissteigerungen herausgerechnet. Diese Vorgehensweise wird damit begründet, dass die bessere technologische Ausstattung preistreibende Wirkung hätte und deswegen die Preissteigerung höher ausfällt als ohne diese technologische Verbesserung. Ein Computer des Jahres 2008, so die Argumentation, hat eine höhere Prozessorleistung als das Vorjahresmodell und kostet *deswegen* mehr als das Vorjahresmodell. Um die beiden Modelle miteinander vergleichen zu können, wird die Leistungssteigerung aus dem Preis des 2008-Modells herausgerechnet. Infolgedessen sinkt der in die Berechnung der Teuerungsrate eingehende Preis. Der Preisauftrieb fällt geringer aus, obwohl zum berechneten Preis der Kunde keinen Computer erhält. Für die USA wurde ermittelt, dass die veränderte Berechnungsmethode die Teuerungsrate im Vergleich zu 1993 um rund 3–4% reduziert.[44]

Eine psychologische Wirkung ist schließlich der mittlerweile im 5-Jahres-Rhythmus vorzunehmenden Reindexierung zuzuschreiben. Im Zuge der Reindexierung wird der Basiswert der Teuerungsrate auf 100 festgesetzt, und auf diesen Basiswert werden die Teuerungsraten der kommenden fünf Jahre bezogen. Im März 2009 steht der Indexwert des österreichischen Verbraucherpreisindex auf der Basis 2005=100 beispielsweise bei 107,2, was nichts anderes bedeutet, als dass der Preis des Warenkorbes seit Jänner 2005 um insgesamt 7,2% zugelegt hat. Über längere Zeiträume verschleiert die permanente Reindexierung den Kaufkraftverlust des Geldes, wie Tabelle 2 zusammenfasst[45]:

Tabelle 2: „Reindexierung"

	Basis 2005=100	Basis 2000=100	Basis 1996=100	Basis 1986=100	Basis 1976=100	Basis 1966=100
Indexwert - März 2009	107,2	118,6	124,8	163,2	253,6	445,1

Die fortschreitende Entwertung des Geldes in den letzten vier Jahrzehnten kommt hier klar und deutlich zum Vorschein. Für den Warenkorb des Jahres 1966, der damals für 100 Geldeinheiten zu erstehen war, müssten heute bereits 445,1 Geldeinheiten hingeblättert werden.

---

44 Quelle: Shadow Government Statistics: www.shadowstats.com.

45 Quelle: http://www.statistik.at/web_de/statistiken/preise/verbraucherpreis-index_vpi_hvpi/022832.html.

1.2.15.4. Die direkte Nachfrage nach Inflation durch die Wähler

Zu einfach gestrickt ist jene Interpretation der Wirtschaftsgeschichte, die hinter den geldpolitischen Vorgängen der letzten 200 Jahre *nur* eine systematische Ausbeutung der Bürger durch den Staat und der mit ihm eng verknüpften Großbanken und Großindustrien wittert. Nicht von der Hand zu weisen ist nämlich die direkte Nachfrage nach einer inflationären Politik. Eine Partei, die für eine Beendigung der Inflationierung eintreten würde, müsste redlicherweise darlegen, dass diese Maßnahme kurzfristig tief greifende wirtschaftliche, gesellschaftliche und persönliche Konsequenzen mit sich bringen würde. Die Wohlfahrtsstaatsillusion würde wie eine Seifenblase platzen und das Kartenhaus an inflationären Scheinwerten würde in sich zusammenfallen. Der offene Staatsbankrott und der Zusammenbruch der Sozialversicherungssysteme wären unvermeidbar. Die aus ideologischen und wahltaktischen Gründen geführten Angriffskriege wären unfinanzierbar. Die illusionäre Kreditfinanzierung der Unternehmen und Haushalte käme zum Erliegen. Das „Konsumparadies", das Konsum ohne Gegenleistung verspricht, würde als gewaltiges Trugbild enttarnt werden. Jede Partei, die in ihrem Wahlprogramm den Wählern diese – letztlich doch unausweichliche – Schocktherapie anbieten würde, hätte – Hand aufs Herz – kaum eine Chance, gewählt zu werden, denn große Teile der Bevölkerung sind von der Droge „Inflation" abhängig geworden.

1.2.16. Wohlfahrtsstaat, aggressive Außenpolitik und Tyrannis

Das 20. Jahrhundert war das Jahrhundert des unfreien und inflationistischen Geldes, das mehr noch als in jedem anderen Jahrhundert zum Spielball der politisch Mächtigen degenerierte. Nichts deutet im beginnenden 21. Jahrhundert auf eine grundsätzliche Veränderung der Lage hin. Die Regierungen und Bevölkerungen sind abhängig vom süßen Gift der Inflation, das schleichend das moralische, rechtliche und wirtschaftliche Fundament einer friedliebenden und wohlhabenden Gesellschaft zerstört.

Seine Verwunderung über die passive Hinnahme der fortwährenden Geldmanipulation brachte Friedrich A. von Hayek in seinem bedeutenden Werk „Entnationalisierung des Geldes" zum Ausdruck: „Wenn man die Geschichte des Geldes studiert, kann man nicht umhin, sich darüber zu wundern, dass die Menschen den Regierungen so lange Zeit eine Macht anvertraut haben, die sie über 2000 Jahre hinweg in der Regel dazu gebrauchten, sie [die Untertanen] auszunützen und zu betrügen."[46] Der intellektuelle Widerstand gegen die Politik des billigen Geldes ist seither fast gänzlich verschwunden und auch die Bevölkerung nimmt das mit der Inflationierung verbundene Joch der politischen Unterdrückung und der wirtschaftlichen Verarmung überraschend ruhig hin. Dabei sollte die Geschichte dem auf-

---

46 Hayek, Friedrich A. von: „Entnationalisierung des Geldes. Schriften zur Währungspolitik und Währungsordnung", Mohr, Tübingen, 1977, S. 14.

merksamen Bürger Warnung genug sein, sich nicht mit der Inflationierung so einfach abzufinden.

Das Wissen um die Finanzierung der Staatsschulden durch die Zentralbank ermöglicht es dem Staat, sich über Gebühr zu verschulden. Aus einer historischen Perspektive wurde das Mittel der inflationistischen Steuereintreibung insbesondere zur Kriegsfinanzierung angewendet. Nach nahezu jedem Krieg waren die Steuerbelastung und die Macht des Staates über seine Bürger umfangreicher und tief greifender als vor dem Kriegsbeginn. Nur in wenigen Ausnahmefällen konnte der Ratscheneffekt[47] überwunden und die Abgaben- und Regulierungslast markant zurückgedrängt werden.

Die Inflationierung und die aggressive Außenpolitik sind, wie Ernest Hemingway treffend analysierte, ihrerseits Ausdruck einer weit umfassenderen moralischen und politischen Krise: „Das erste Allheilmittel für eine schlecht verwaltete Nation ist die Inflationierung der Währung; das zweite ist der Krieg. Beide bringen kurzfristigen Wohlstand; beide bringen endgültigen Ruin. Beide sind Zufluchtstätten von politischen und ökonomischen Opportunisten."[48]

Heute ist als drittes Allheilmittel noch der Wohlfahrtsstaat zu nennen. Im Englischen ist die Wortkombination

---

47 Auch Sperrklinkeneffekt. Robert Higgs und Anthony de Jasary bezeichnen mit diesem Begriff die scheinbar irreversible Dynamik, wonach der Staat in jeder Krise den Zugriff auf die Bürger ausweitet und ein einmal erreichtes Niveau nicht mehr auf den Status quo ante zurückgedreht werden muss.

48 Hemingway, Ernest: „Notes on the Next War: A Serious Topical Letter", Esquire, September 1935.

„welfare/warfare-state" ein beliebtes Wortspiel, das die enge Verbindung von Wohlfahrtsstaat und aggressiver Außenpolitik aufzeigt. Wenn der Staat erst einmal die Macht hat, seine Bürger wie Sandkörner beliebig zu versetzen, und sobald die Bürger durch den Wohlfahrtsstaat in ihrer materiellen Existenz vom Staat abhängig sind, so ist es einem Politiker mit sinistren Zielen ein Leichtes, die Bürger für seine verwerflichen Ziele zu missbrauchen. Schon im 14. Jahrhundert warnte der französische Bischof Nikolaus Oresmius eindringlich vor den politischen Gefahren der Inflation:

„Wenn wiederum der Fürst das Recht hat, eine einfache Münzveränderung vorzunehmen und etwas Gewinn daraus zu ziehen, darf er auch das Recht haben, eine größere Veränderung vorzunehmen und einen größeren Gewinn zu machen; und dies mehr als einmal zu machen und nochmals einen noch größeren Gewinn zu ziehen. […] Und es ist wahrscheinlich, dass er oder seine Erben fortführen, dieses zu tun, sobald es erlaubt ist, entweder aus eigenem Antrieb oder auf Empfehlung ihrer Berater, weil die menschliche Natur dazu tendiert und neigt, Reichtümer anzuhäufen, wenn es mit Leichtigkeit getan werden kann. Und so würde der Fürst schließlich in der Lage sein, fast sämtliche Gelder oder Reichtümer seiner Untertanen an sich zu ziehen und sie zu versklaven. Und dies wäre tyrannisch, tatsächlich eine wahrhaftige und absolute Tyrannei, wie es uns von den Philosophen und von der Geschichte der Antike eindringlich vorgehalten wird."[49]

---

[49] Oresme, „Treatise", Kap. XV, S. 24f., zitiert in: Hülsmann, Jörg Guido: „Die Ethik der Geldproduktion", Manuscriptum Verlagsbuchhandlung, Waltrop und Leipzig, 2007, S. 177.

Das Dreigestirn Inflation, Wohlfahrtsstaat und aggressive Außenpolitik bedingen einander und schaukeln sich gegenseitig hoch. Es mischt sich zu einem giftigen Cocktail zusammen, der die Menschen von Wohlstand und Frieden träumen lässt, aber in Wirklichkeit Armut und Zwang bringt.

2. Theorie der wirtschaftlichen Verwerfungen

An das konjunkturelle Auf und Ab, diese beständige Achterbahnfahrt der Wirtschaft, haben wir uns schon derart gewöhnt, dass uns eine krisenfreie Wirtschaftsentwicklung mittlerweile unvorstellbar scheint. Gespannte Stille herrscht, wenn die Wirtschaftsforscher als Auguren der Gegenwart ihre neueste Wirtschaftsprognose nach einem fachkundigen Blick in die Glaskugel der Ökonomie, einem sich aus unzähligen Gleichungen zusammensetzenden ökonometrischen Modell, veröffentlichen. Bewegt sich das Konjunkturbarometer nach oben, macht sich Erleichterung breit. Deutet es jedoch nach unten, treibt es allen Sorgenfalten ins Gesicht. Daher sieht es die Politik als eine ihrer bestimmenden Aufgaben an, in Zeiten einer sich abkühlenden Konjunktur die Entfachung eines neuen Booms herbeizuführen. Die Zentralbank sieht ihre Rolle ebenfalls darin, mit ihrer Zinspolitik die Konjunkturentwicklung tonangebend zu orchestrieren. In Zeiten der drohenden Überhitzung bremst sie mit Zinserhöhungen, in Zeiten der Abkühlung senkt sie dagegen die Zinsen.

Dieses fast unwidersprochene Dogma des unausweichlichen Auf und Ab soll im Folgenden ernsthaft infrage gesellt werden und so soll zunächst der Grund für die konjunkturelle Wellenbewegung aufgespürt werden. Denn unsere Interpretation der uns umgebenden Phänomene bleibt nicht folgenlos. Wer davon ausgeht, dass die wirtschaftliche Entwicklung notwendigerweise in konjunkturellen Wellenbewegungen vor sich gehen muss, wird sich gegen das Aufkommen der, wie sich zeigen wird, wohlstandsmindernden und vermeidbaren Konjunkturwellen nicht aufbäumen, sondern erträgt sie mehr oder weniger gleichmütig, selbst wenn diese Entwicklung vermeidbar und einem persönlich wie der gesamten Gesellschaft zum Nachteil gereicht. Und wer die unleugbar krisenanfällige Wirtschaftsordnung der Gegenwart einer grundlegenden Reform unterziehen will, bedarf erst recht einer profunden Fehleranalyse. Sonst gelangt man zum Schluss vom Regen in die Traufe oder sogar noch schlimmer, man geht selbst ernannten Propheten auf den Leim, die mit utopischen Gesellschaftsentwürfen zwar das Paradies auf Erden versprechen, es aber zur Hölle auf Erden machen.

In dieser Erörterung werden Etiketten wie „Kapitalismus" oder „Sozialismus" bewusst vermieden, da sie eher in die Irre führen als das Verständnis über die ökonomischen Zusammenhänge schärfen und unnötige politische Gräben aufreißen. Dadurch steht meist nicht die Sache im Mittelpunkt der öffentliche Debatte, sondern parteitaktische Überlegungen.

Unser Blick soll deswegen nicht an Etiketten haften bleiben oder von ihnen getrübt werden. Wir möchten versuchen, in die Tiefe des Phänomens vorzudringen. Zu diesem Zweck greifen wir auf die geldtheoretischen Einsichten des 1. Kapitels zurück und stützen uns auf jenen Zugang, der von den Vertretern der „Wiener Schule der Ökonomie", speziell von Ludwig von Mises[50], Friedrich A. von Hayek[51] und Jörg Guido Hülsmann[52], ausgearbeitet worden ist.

2.1. Grundfragen einer Konjunkturtheorie

Als Erstes muss die Frage geklärt werden, ob Wirtschaftskrisen von exogenen Faktoren verursacht werden, das heißt von Faktoren, die nicht Gegenstand menschlichen Handelns sind. Oder sind die Krisen das Resultat der Beschaffenheit gewisser Institutionen, wie z.B. das Geldwesen, und damit vom Menschen veränderbar?

Wären die Wirtschaftskrisen exogen verursacht, so würde sich die Suche nach der Ursache der Wirtschaftskrise darauf beschränken, den Einzelnen vor den negativen Auswirkungen der Krise zu schützen. Wer sich das Wissen um die exogenen Einflüsse erarbeitet hat, würde nicht auf dem falschen Fuß erwischt werden und würde aus der Krise gestärkt hervorgehen. Andererseits müsste ein Großteil der Gesellschaft

---

50 Mises, Ludwig von: „Theorie des Geldes und der Umlaufsmittel", 2. neu bearbeitete Auflage, Duncker & Humblot, München und Leipzig, 1924 [1912]. Mises, Ludwig von: „Geldwertstabilisierung und Konjunkturpolitik", Gustav Fischer Verlag, Jena, 1928. Mises, Ludwig von: „Nationalökonomie. Theorie des menschlichen Handelns und Wirtschaftens", Editions Union, Genf, 1940.

51 Hayek, Friedrich A. von: „Geldtheorie und Konjunkturtheorie", Hölder-Pichler-Tempski, Wien, Wien, 1929. Hayek, Friedrich A. von: „Preise und Produktion", Springer, Wien, 1931.

52 Hülsmann, Jörg Guido: „Toward a General Theory of Error Cycles", *The Quarterly Journal of Austrian Economics*, vol. 1, no. 4, Winter 1998, S. 1–23.

mit unausweichlicher Notwendigkeit in den sauren Apfel beißen. Schließlich war es ein durchgehendes Merkmal aller bisherigen Wirtschaftskrisen, dass unzählige Unternehmen Bankrott gingen, Arbeitnehmer ihren Arbeitsplatz verloren und sich die Ersparnisse großteils in Luft auflösten.

Zwei schwerwiegende Probleme tauchen bei diesem Erklärungsversuch auf. Erstens wäre die Wiederholung von Wirtschaftskrisen nicht zu erklären. Derartige Krisen zeichnen sich insbesondere durch eine Häufung von Unternehmenskonkursen aus. Der amerikanische Ökonom Murray N. Rothbard, ein Schüler von Ludwig von Mises, kennzeichnet die Krise als jene Phase, in der die Unternehmenskonkurse von der „natürlichen Rate" abweichen. Unterstellt man dem Unternehmer gieriges Profitstreben – Keynes spricht herabblickend von den „animalischen Instinkten" (engl. „animal spirits"), so wäre die schnellstmögliche Aufdeckung der ökonomischen, gesellschaftlichen und meteorologischen Ursachen des betriebswirtschaftlichen Scheiterns durch die Unternehmer und Kapitalgeber die zu erwartende Verhaltensweise. Kein Unternehmer strebt schließlich absichtlich den Konkurs an.

Sobald das Wissen um Ursache und Wirkung breiten Bevölkerungsschichten bekannt wäre, wäre es kein Problem, sich auf die negative Wirtschaftsentwicklung vorzubereiten. Diese Vorbereitung würde aber gerade das Eintreten einer abrupten Krise verhindern, weil niemand vom Hereinbrechen einer wirtschaftlichen Abkühlung überrascht wäre und schon im Vorfeld seine Produktionskapazitäten auf die veränderten Marktbedingungen eingestellt hätte. Statt einer unerwarteten und überfallartigen Krise würde sich die Produktionsstruktur vorausschauend und geschmeidig an die veränderten Rahmenbedingungen anpassen.

Zudem würde man berechtigterweise erwarten, dass mit fortschreitender wirtschaftlicher Entwicklung die Krisenhäufigkeit abnimmt. Während eine bäuerliche Gesellschaft den Launen des Wetters schutzlos ausgeliefert ist, weil schlechtes Wetter unmittelbar den Ertrag der Ernte schmälert, trifft dies auf eine industrialisierte Gesellschaft immer weniger zu. Die industrielle Fertigung ist äußeren Wettereinflüssen deutlich weniger ausgesetzt. Auf der einen Seite, weil extreme Wetterphänomene immer besser prognostiziert werden können. Auf der anderen Seite, weil Gebrauch und Produktion von Gütern und Dienstleistungen in einem Industrieland Schritt für Schritt vom Wetter unabhängig werden. Entgegen dieser Erwartung wurden aber gerade die seit dem frühen 19. Jahrhundert immer stärker industrialisierten Länder von Wirtschaftskrisen gebeutelt.

Viele Kritiker sehen diese historischen Belege als empirische Bestätigung für die inhärente Krisenanfälligkeit einer freien Wirtschaft und verlangen zur Eindämmung nach unterschiedlichsten Staatseingriffen. Unter allen in den letzten 200 Jahren diskutierten Vorschlägen sticht einer hervor, der heute von kaum jemandem hinterfragt wird: die Interventionen einer Zentralbank. Ihr wird die Fähigkeit zugeschrieben, durch eine überlegte Zinspolitik die Konjunkturwellen so weit wie nur irgendwie möglich zu glätten. Ein formidabler Fehlschluss, wie sich zeigen wird.

Zwei Phänomene muss eine Konjunkturtheorie erklären können. Erstens: Warum begehen die meisten Unternehmer denselben Fehler hinsichtlich der Einschätzung der wirtschaftlichen Entwicklung, und das noch dazu zur selben Zeit? Vereinzelte Bankrotte sind unvermeidbar, weil diese auf – letztlich unumgängliche – individuelle Einschätzungsfehler zurückzuführen sind. Irren ist mit allen seinen Konsequenzen menschlich. Dass jedoch die meisten Unternehmer sich irren, und das noch zur selben Zeit, ist durchaus außergewöhnlich.

Und zweitens: Warum wiederholen sich die Fehler immer wieder. Der Mensch zeichnet sich eben nicht nur dadurch aus, Fehler zu begehen, sondern auch dadurch, aus seinen Fehlern zu lernen. Die menschliche Lernfähigkeit scheint also in den letzten Jahrzehnten abgenommen zu haben, wie die seit dem 19. Jahrhundert wiederkehrenden Wirtschaftskrisen zeigen. Haben wir etwa verlernt zu lernen?

2.2. Theorie der krisenfreien wirtschaftlichen Entwicklung

Bevor über die Verwerfungen gesprochen werden kann, muss zunächst dargelegt werden, wie, falls überhaupt, eine krisenfreie wirtschaftliche Entwicklung möglich wäre. Vorbereitend dazu setzen wir uns zunächst mit der sogenannten *Zeitpräferenz* auseinander, einem ökonomischen Konzept, das Mainstream-Ökonomen nahezu unbekannt ist.

2.2.1.   Die Zeitpräferenz

Den Geduldigkeitsgrad eines Menschen erfasst in der ökonomischen Theorie das Konzept der *Zeitpräferenz*. Die Zeitpräferenz eines Menschen bildet seine relative Wertschätzung von heutigem Konsum im Vergleich zu zukünftigem Konsum ab. Menschen mit einer hohen Zeitpräferenz betonen die Gegenwart und beziehen die langfristigen Folgen ihres Handelns nicht in die Wertung der Handlungsalternativen ein. Menschen mit einer niedrigen Zeitpräferenz berücksichtigen hingegen die langfristigen Konsequenzen ihrer Handlungen. Sie agieren umsichtig und vorausschauend.

Ein Alltagsbeispiel soll dieses Konzept veranschaulichen. Das Verhalten von Herrn Mayer zeichnet sich durch eine hohe Zeitpräferenz aus. Er stopft sich den Magen tagtäglich so voll, wie es nur geht. Er ist zu keinerlei Verzicht bereit, zu gut mundet ihm, dem Gourmand, das Essen. Ob diese Völlerei langfristig zu gesundheitlichen Problemen führt, ist ihm schlichtweg egal. Herr Müller, der als bekennender Gourmet gutem Essen nicht abgeneigt ist, denkt jedoch an die Folgen des übermäßigen Konsums und begnügt sich bewusst mit zuträglichen Portionen. Seine Zeitpräferenz ist niedriger.

Anders ausgedrückt: Menschen mit einer hohen Zeitpräferenz verlangen eine hohe Ausgleichszahlung für ihren kurzfristigen Konsumverzicht, während Menschen mit einer niedrigen Zeitpräferenz eine vergleichsweise geringe Kompensation einfordern. Menschen mit einer hohen Zeitpräferenz verzichten beispielsweise nur dann auf den sofortigen Verzehr von 100 Heidelbeeren, wenn sie am Ende des Jahres 110 Heidelbeeren erhalten, die 100 ursprünglichen Stück plus zehn Stück als Prämie für den temporären Konsumverzicht. Menschen mit einer niedrigen Zeitpräferenz würden hingegen bereits für eine Kompensation von fünf Heidelbeeren den Konsum um ein Jahr verschieben.

Die relative Höhe dieser Kompensationszahlung entspricht einem häufig missverstandenen ökonomischen Phänomen, dem Zins. Im ersten Fall beträgt somit der Zinssatz 10% pro Jahr, im zweiten Fall 5%. Der Geldzins als Ausdruck der für den temporären Konsumverzicht verlangten Kompensation ist somit das monetäre Spiegelbild der individuellen Zeitpräferenzrate.

Die individuelle Zeitpräferenz wird dem Menschen nicht von außen aufgezwungen. Sie gibt vielmehr Zeugnis über die innere Haltung des Menschen. Das soll nicht bedeuten, dass die institutionellen Rahmenbedingungen oder das Verhalten Dritter überhaupt keinen Einfluss auf die persönliche Zeitpräferenz nehmen. In Gesellschaft von Menschen mit einer hohen Zeitpräferenz, die dem kurzfristigen Konsum erliegen, ist es mit Sicherheit schwieriger, sich diesen Anreizen zu widersetzen als in Gesellschaft von Menschen, deren Verhalten auf eine niedrige Zeitpräferenz schließen lässt. Aber selbst wenn der Handlungsspielraum eingeengt ist, kann jeder Einzelne innerhalb dieses Rahmens kurz- oder langfristiger agieren. Diese Freiheit kann niemandem genommen werden.

2.2.2. Zeitpräferenz und nachhaltiges Wachstum

Unermüdlich verkünden die Medien, Politiker und Ökonomen, die Wirtschaft werde allen voran durch die Ausweitung des Konsums angekurbelt. Diese Botschaft klingt eindeutig zu gut, um wahr zu sein. Sie besagt nichts anderes, als dass die Ausweitung des zukünftigen Konsums nur möglich wäre, wenn heute (noch) mehr konsumiert würde.

Selbst die gebetsmühlenartige Wiederholung verleiht diesem Ammenmärchen keinen Wahrheitsgehalt. Der ökonomische Zusammenhang zwischen Konsum, Sparen und materieller Wohlstandsentwicklung soll an einem einfachen, aber nicht simplistischen Beispiel festgemacht werden.

Nehmen wir an, Robinson Crusoe ernährt sich tagtäglich von zehn Äpfeln, die er von einem nahe gelegenen Baum pflückt. Mehr Äpfel vermag er pro Tag nicht zu ernten. Sein tägliches Konsumniveau bleibt daher konstant bei zehn Äpfeln – ohne die Möglichkeit, mehr zu produzieren. Das Pflücken hält ihn so sehr auf Trab, dass er keine Zeit für andere Tätigkeiten aufzubringen vermag. Wie ist es dennoch möglich, dass Robinson aus dieser „Armutsfalle" ausbricht? Die Option, mehr zu konsumieren, fällt weg, da er bereits seine gesamte Produktion verzehrt.

Bleibt noch die andere Alternative, das Sparen. Tag für Tag legt Robinson einen Apfel zur Seite und reduziert so seinen Konsum auf neun Äpfel. Dieser Verzicht auf den heutigen Konsum ermöglicht es ihm nach neun Tagen, einen Tag nicht mit Apfelpflücken zu verbringen. Legt er sich auf die faule Haut, konsumiert er an Tag 10 Freizeit, wird er nach diesem Tag wieder nicht mehr als zehn Äpfel pflücken können. In diesem Fall spricht man vom *hortenden* oder *einfachen Sparen*. Ein Teil der Produktion wird zurückgelegt und zu einem späteren Zeitpunkt konsumtiv, d.h. zur Erreichung zeitnaher Ziele verwendet.

Den „gewonnenen" Tag kann er aber auch anders nutzen, indem er etwa eine Leiter anfertigt, um so schneller auf den Baum klettern zu können. Dank der Leiter erhöht sich seine Pflückleistung von zehn auf 15 Äpfel pro Tag. Die ökonomische Terminologie bezeichnet die Leiter als Kapitalgut. Im Unterschied zum Konsumgut dient die Leiter nicht der direkten und unmittelbaren Bedürfnisbefriedigung. Robinson baute die Leiter nicht, um sich an ihr zu erfreuen. Er investierte einen Tag Arbeit in den Bau der Leiter in dem Kalkül, nach der Fertigstellung der Leiter mehr Äpfel im selben Zeitraum pflücken zu können. Der österreichische Ökonom Eugen von Böhm-Bawerk spricht von der „Mehrergiebigkeit der Produktionsumwege". Über den Umweg der Leiter, die als Kapitalgut also nur ein Mittel zum Zweck ist, erhöht sich die Produktivität. Robinson hat *investiv gespart*.

Mit dem temporären Verzicht auf den Konsum von einem Apfel pro Tag hat Robinson – und diesem Umstand kommt entscheidende Bedeutung zu – sein Verhalten grundlegend geändert. Er lebt nicht mehr von der Hand in den Mund, sondern plant langfristiger. Es ist seine persönliche Einstellung, seine Zeitpräferenz, die den Hunger erträglich macht oder eben nicht. Je niedriger seine Zeitpräferenz ist, desto eher ist er bereit, das vom Hunger verursachte Unwohlsein zu ertragen. Oder allgemein formuliert: Menschen mit einer niedrigen Zeitpräferenz verzichten bewusst auf die sofortige Befriedigung ihrer Konsumwünsche wie Unterhaltung, Durst, Hunger, um zu einem späteren Zeitpunkt ein quantitativ oder qualitativ höherwertiges Konsumniveau zu erreichen.

Den Zusammenhang zwischen Zeitpräferenz, Zins und Kapitalstock stellt Abbildung 5 dar:

Abbildung 5: „Zeitpräferenz, Zins und Kapitalstock"

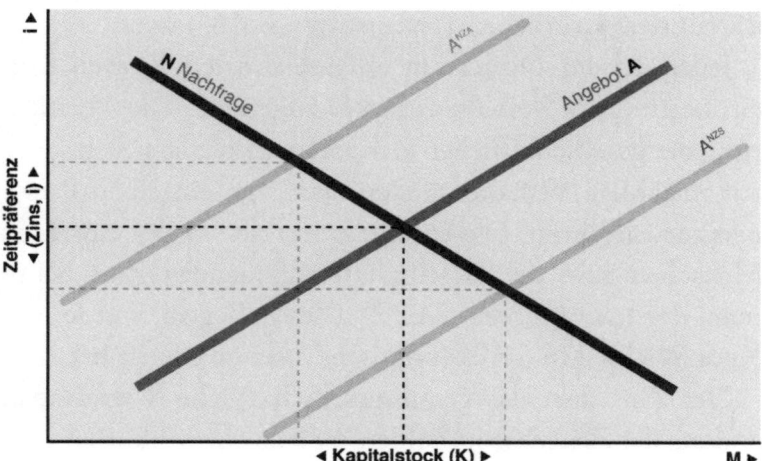

Die individuelle Zeitpräferenz bestimmt ursächlich die Höhe des Zinses und des Kapitalstocks. Ein Absinken der Zeitpräferenz vermindert den Zins und erhöht den Kapitalstock, worunter alle in einer Gesellschaft gebildeten Kapitalgüter zu verstehen sind. Ein steigender Kapitalstock symbolisiert folglich die zunehmende Zukunftsorientierung einer Person. In der grafischen Darstellung findet diese Verhaltensänderung ihre Entsprechung in der sich nach rechts unten bewegenden Angebotslinie „A^{NZS}", die die natürliche Zinssenkung („NZS") repräsentiert. Analog resultiert der Anstieg der Zeitpräferenz in der Reduktion des Kapitalstocks und der Erhöhung des Zinses. Ein sinkender Kapitalstock verkörpert die zunehmende Gegenwartsorientierung des Menschen bzw. der Gesellschaft. In der Grafik verschiebt sich die Angebotskurve nach links oben „A^{NZA}", die für den natürlichen Zinsanstieg („NZA") steht.

Jeder der im Diagramm aufgezeichneten Kurven liegt ein bestimmtes Verhaltensmuster zugrunde. Die Veränderung der gesellschaftlichen Zeitpräferenzrate lässt sich somit auf unzählige Verhaltensänderungen von einzelnen Personen zurückführen. Diesen, die Zeitpräferenz des einzelnen Menschen bzw. der Gesellschaft abbildenden Zins nennt man den *„natürlichen Zins"*.[53] Dieser Begriff wurde von Knut Wicksell in die ökonomische Theorie eingeführt.

Der Zins fasst das gesamtgesellschaftliche Wertesystem entlang der Zeitachse in Zahlen. Er ist nicht willkürlich und kann nicht ohne Folgewirkung vom Gesetzgeber verändert werden. Kein noch so mächtiger Herrscher kann Wachstum und schon gar nicht das kausal zugrunde liegende Absin-

---

[53] „Natürlich" bedeutet so viel wie „der sich aus den freiwilligen Tauschakten der Menschen bildende Zins". Der Gegensatz zum „natürlichen Zins" ist der staatlich festgelegte, interventionistische Zinssatz, der sich über die Präferenzen der Bevölkerung hinwegsetzt.

ken der Zeitpräferenz von oben verordnen. Es resultiert aus einer auf die Zukunft ausgerichteten Lebenseinstellung der Gesellschaft, wie folgende Worte von Eugen von Böhm-Bawerk aus seinem bedeutenden Werk „Kapital und Kapitalzins" zusammenfassend darlegen:

„Nach Nahrung zu schreien, wenn ihn schon hungert, das trifft auch der Säugling. Die Zukunft aber müssen wir uns erst vorstellen. [...] Solche doppelte Vorstellungsarbeit für eine einigermaßen entfernte Zukunft klar und treu zu leisten, ist nun der Säugling gar nicht, das Kind und der Barbar nur ganz ungenügend im Stande. Die Zivilisation lehrt uns auch in dieser schwierigen Kunst Schritt für Schritt vorwärts kommen. [...] Kindern und Wilden [...] wiegt der kleinste Genuss, wenn er nur im Momente gepflückt werden kann, die größten und nachhaltigsten künftigen Vorteile auf. Wie mancher Indianerstamm hat in sinnloser Genusssucht für ein paar Fässer ‚Feuerwasser' das Land seiner Väter, die Quelle seines Unterhalts, den Bleichgesichtern verkauft!"[54]

2.2.3. Kennzeichen des nachhaltigen Wachstums

Die folgenden gesellschaftlichen Phänomene deuten auf eine relativ niedrige Zeitpräferenz hin:

1. Gesellschaftliche Betonung auf:
   - Zielfokussierung
   - Schaffung von materiellen wie immateriellen Werten
   - Schrittweises Problemlösen

---

54 Böhm-Bawerk, Eugen: „Kapital und Kapitalzins. Zweite Abteilung: Positive Theorie des Kapitales", 3. Auflage, Verlag der Wagnerschen Universitäts-Buchhandlung, Innsbruck, 1909 (1988) S. 434f., S. 445.

- Vertragstreue („Pacta sunt servanda")
- Kooperation
- Wohlstand durch Fleiß, Einsatz und Zielstrebigkeit
- Privateigentum
- (Selbst-)Verantwortung
- Realitätssinn

2. Stabile Beziehungen (Freundschaften, Ehe ...)
3. Langfristige Lebenseinstellung (Hausbau, Gründung einer Familie, Vererbung ...)
4. Investitionen werden vor allem aus Rücklagen bzw. eigenen Ersparnissen finanziert
5. Langsame Veränderung der gesellschaftlichen Strukturen
6. Umfassende Lebensziele (Familie, Karriere, Freunde)
7. Sprossenleiterkarriere.

2.3. Die Konjunkturtheorie der Wiener Schule

Die vom Mainstream weitgehend ignorierte Konjunkturtheorie der *Wiener Schule der Ökonomie* bietet einen konsistenten, stimmigen und realistischen Erklärungsansatz, um die Wiederkehr von Phasen des Booms und der Rezession zu erklären. Im Wesentlichen ist diese Konjunkturtheorie eine kapitalbasierte Theorie. In der Verzerrung der Kapitalstruktur durch die inflationistische Absenkung des Zinssatzes sieht sie den Grund für die konjunkturelle Achterbahnfahrt.

Die künstliche und boomauslösende Zinssenkung verzerrt die Kapitalstruktur, die in der Rezession entzerrt wird.

2.3.1. Das hayeksche Dreieck

Zur Analyse der Kapitalstruktur greifen wir auf das von Friedrich A. von Hayek konzipierte und nach ihm benannte „hayeksche Dreieck" zurück, das die Kapitalstruktur einer Wirtschaft schematisch abbildet:

Abbildung 6: „Das hayeksche Dreieck"

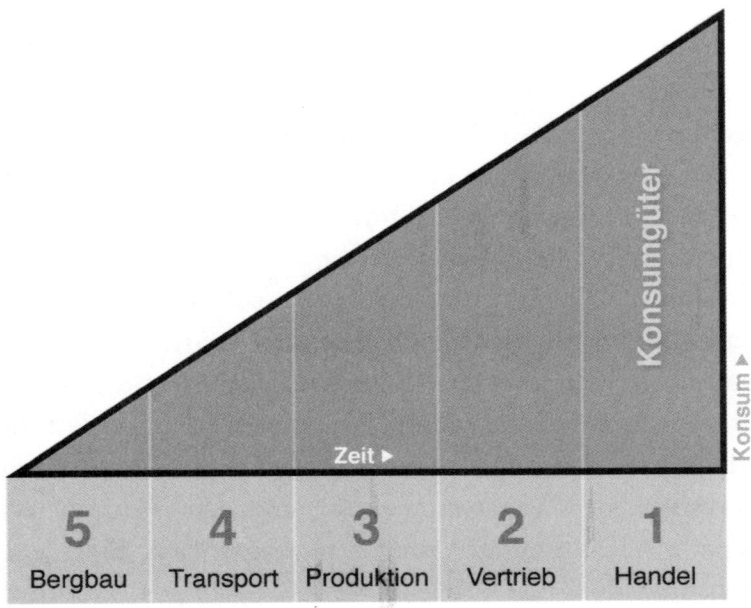

In dieser Darstellung befinden sich ganz rechts die Konsumgüter oder auch Güter erster Ordnung. Darunter sind all jene Güter zu verstehen, die uns die unmittelbare und direkte Zielerreichung ermöglichen, wie z.B. ein Glas Leitungswasser und ein Wurstbrot zum Stillen unseres Durstes und Hungers. Die Güter zweiter Ordnung bis fünfter Ordnung sind allesamt Kapitalgüter, d.h. Güter, die unsere Bedürfnisse nicht direkt befriedigen, aber deswegen nachgefragt werden, weil sie eine Verbesserung der Qualität und Steigerung der Quantität der Konsumgüter ermöglichen.

In Robinsons zweistufiger Produktionsstruktur nahm die Leiter den Rang eines Gutes zweiter Ordnung ein. Würde Robinson das Holz für die Leiter selbst schlagen, wäre das gefällte Holz ein Gut dritter Ordnung.

Die Zeit verläuft in diesem Diagramm von links nach rechts. Die Güter höherer Ordnung werden zeitlich früher produziert als die Güter niedriger Ordnung. In der Realität sind die Produktionsstufen nicht so klar voneinander getrennt und unterschiedlich lang. Der Einfachheit halber wollen wir aber davon ausgehen, dass jede Produktionsstufe ein Jahr in Anspruch nimmt. Dies bedeutet, dass vor fünf Jahren jene Rohstoffe abgebaut worden sind, die nach dem Transport, der Weiterverarbeitung und dem Vertrieb uns heute als Konsumgüter zur Verfügung stehen, bzw. jene Rohstoffe, die heute abgebaut werden, benötigen noch fünf Jahre, bis sie zu Konsumgütern verarbeitet in den Regalen des Einzelhandels angeboten werden.

2.3.2. Krisenfreies Wachstum und das hayeksche Dreieck

Wenn in einer Gesellschaft die Zeitpräferenz aufgrund einer Verhaltensänderung der Menschen sinkt, nimmt der Konsum vorübergehend ab und das Angebot an investiv eingesetzten Ersparnissen zu. Die Ausweitung des Angebots an Sachkrediten hat die Reduktion des natürlichen Zinses zur Folge. Die gesunkene Zeitpräferenz und das höhere Angebot an Ersparnissen setzen sodann einen Prozess in Gang, der die Kapitalstruktur nachhaltig verändert. Die der Bildung von zusätzlichem Kapital vorausgehende Reduktion des Konsumniveaus mindert die Profite in den konsumnahen Branchen und es kommt zu einigen Konkursen sowie zur Freisetzung von Arbeitskräften in diesen Branchen.

Gleichzeitig locken die niedrigeren Zinsen Unternehmer in die vergleichsweise kapitalintensiven Produktionszweige der Güter höherer Ordnung. Diese Branchen fragen Arbeitskräfte vermehrt oder neu nach. Die niedrigeren Zinsen signalisieren den Unternehmern die Bereitschaft der Konsumenten, länger auf die Bereitstellung der Konsumgüter zu warten. Die höhere Spareigung führt zu einer Vertiefung und Verlängerung der Produktionsstruktur. Es stehen genügend reale Ersparnisse zur Verfügung, um eine noch weiter vorgelagerte Stufe an Kapitalgütern, in unserem Beispiel die Güter sechster Ordnung, herzustellen und einen weiteren Produktionsumweg zu wagen. Abbildung 7 veranschaulicht diese Veränderungen.

Abbildung 7: „Nachhaltiges Wachstum"

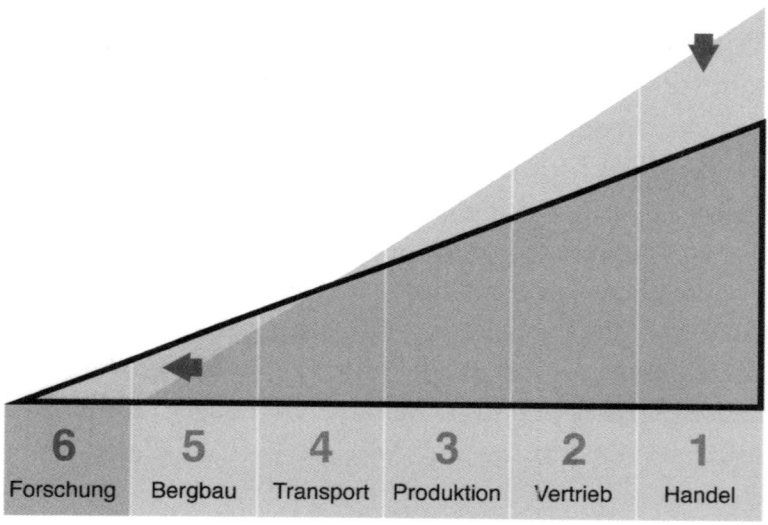

Nachdem die Veränderungen abgeschlossen sind und die neuen Kapitalgüter mehr oder bessere Produkte liefern, beginnt das Konsumniveau zu steigen. Schließlich wurde der Konsum nur deswegen vorübergehend eingeschränkt, um durch diesen temporären Verzicht mehr oder bessere Konsumgüter zu erhalten.

Bei dem soeben beschriebenen Anpassungsprozess, der bei einem Anstieg der Zeitpräferenz gegenläufig vonstatten geht, handelt es sich nicht um eine Krise. Jede Präferenzänderung bewirkt eine Anpassung der Produktionsstruktur. Wenn die Menschen vermehrt Bananen nachfragen und den Konsum von Äpfeln reduzieren, werden die Apfelbauern weniger und die Plantagenbesitzer höhere Gewinne verzeichnen. In der weiteren Folge werden dem Apfelanbau gewidmete Anbauflächen stillgelegt und zusätzliche Bananenplantagen bestellt. Für den Apfelbauern ist der Einkommensverlust durchaus schmerzlich. Aber eine gesamtwirtschaftliche Krise ist nicht gegeben, weil der Plantagenbesitzer und die auf der Plantage tätigen Arbeiter einen Einkommenszuwachs verzeichnen. Analog dazu verhält es sich bei einem Anstieg oder Rückgang der Zeitpräferenz; einzelne Unternehmen und Branchen fahren Verluste ein, andere wiederum erfreuen sich an höheren Gewinnen.

Bei einer Wirtschaftskrise handelt es sich allerdings um ein gesamtwirtschaftliches Phänomen; es irren nicht einzelne Unternehmer, sondern die überwältigende Mehrheit schätzt die wirtschaftliche Entwicklung – wiederholt – falsch ein.

2.3.3. Dynamiken der Wirtschaftskrise – Phase 1: der Boom

Bemerkenswert an fast allen Boomphasen der vergangenen 200 Jahre ist die Tatsache, dass die Baubranche in diesen Phasen des nicht nachhaltigen Wachstums ausgesprochen stark florierte. Vom Treiben aus den 1860ern berichtet uns Herbert Matis:

„Wie sehr sich die Spekulation auf dem Bausektor von den realen Gegebenheiten entfernte, so dass die Bautätigkeit gegenüber der Grund-

137

stücksspekulation und Bodenpreistreiberei nur mehr sekundär betrieben wurde, […]. […] auf den von den Baugesellschaften erfassten Gründen [hätten] weit über 100 000 neue Häuser errichtet werden können, während tatsächlich Wien samt Vorstädten damals 16 636 Häuser mit einem jährlichen Durchschnittszuwachs von 250 Neubauten zählte. In Wirklichkeit haben die Baugesellschaften bei eklatanter Missachtung des von ihnen so stark propagierten gemeinnützigen Zieles bloß knapp 200 Häuser erbaut. Ihr Hauptbetätigungsfeld blieb die Grund- und Häuserspekulation, wobei als „lukrativster Zweig ihrer Tätigkeit … die Gründung von Tochtergesellschaften, denen eigene Häuser und Gründe zu den fabelhaftesten Preisen aufgehalst wurden",[55] anzusehen ist. Vermittler und Agenten sowie die Verwaltungsmitglieder verstanden es dabei, die Differenzgewinne meist auf Kosten der Aktionäre zu kassieren."[56]

Weitere 150 Jahre früher verursachte John Law, der wenig schmeichelhaft als der „Erfinder des Papiergeldes" gilt, ein Spekulationsfieber um die „Compagnie de la Louisiane ou d'Occident", die danach allgemein als „Mississippi-Kompanie" bekannt war. Und Paris wurde erstmals von einem Immobilienboom heimgesucht:

„Zusammen mit dem Aktienfieber kam es zu einer wahren Orgie, was die Spekulation mit Immobilien betraf. […] Anwesen, die zuvor für bis zu 800 Livre im Jahr vermietet worden waren, ließen sich in zwan-

---

55 Steiner, Fritz: „Die Entwicklung des Mobilbankwesens in Österreich", Carl Konegen, Wien, 1913, S. 189 und Weber, Benno: „Einige Ursachen der Wiener Krisis", Veit, Leipzig, 1874, S. 55. Beide zitiert in: Matis, Herbert: „Österreichs Wirtschaft 1848–1913", Duncker & Humblot, Berlin, 1971, S. 196.

56 Matis, Herbert: Ebenda.

zig, dreißig kleine Geschäftsräume unterteilen, von denen sich jeder
für an die 400 Livre im Monat untervermieten ließ; eine Summe, die
dem durchschnittlichen Jahreseinkommen eines Handwerkers ent-
sprach. "[57]

Die Ähnlichkeit mit dem Immobilienboom in den USA und
anderen Teilen der Welt zu Beginn des 21. Jahrhunderts ist
frappierend. An allen Ecken und Enden schossen neue Sied-
lungen aus dem Boden. Es wurde nicht mehr Grund ge-
kauft, um darauf Häuser zu bauen, und Häuser gebaut, um
darin zu wohnen, sondern um mit dem Weiterverkauf den
Ankauf eines größeren Hauses zu finanzieren. In Erwartung
ständig steigender Mieten, klettern die Mietpreise in astronomische Höhen und locken noch weitere Unternehmer,
Investoren und Spekulanten in den Immobiliensektor.

Der Ökonom Andrew Lawrence zeigt, dass es zur Abschätzung des Krisenbeginns mit dem Wolkenkratzer-Index
einen guten Indikator gibt. Nahezu jedes Mal fällt der Bau-
beginn eines Wolkenkratzers, der einen neuen Höhenrekord
aufstellt, mit einer bedeutenden Korrektur auf den Finanz-
märkten zusammen. Die Projekte werden während der letzten Phase des Booms, wenn die Wirtschaft noch wächst und
die Arbeitslosigkeit niedrig ist, geplant und der Bau begonnen. Die Fertigstellung des Wolkenkratzers erfolgt dann in
der frühen Phase der Korrektur, außer wenn die Korrektur schon so früh offensichtlich wurde, dass die Pläne für

---

57 Gleeson, Janet: „Der Mann, der das Geld erfand", Kremayr & Scheriau,
    Wien, 2001, S. 154f.

den Bau des Wolkenkratzers verschoben oder fallen gelassen wurden.[58]

Alles bloß ein historischer Zufall? Oder steckt hinter den augenscheinlichen Parallelitäten ein und dieselbe Ursache? Der Ansatz der *Wiener Schule* liefert eine Erklärung für dieses Muster. Sie führt die konjunkturellen Schwankungen auf die künstliche Zinssenkung zurück. Die kapitalintensiven Produktionszweige, zu denen die Immobilienbranche zweifellos zu zählen ist, reagieren auf derartige Eingriffe in das Zinssignal besonders sensibel. Bei den personalintensiven Branchen im Vertrieb und Verkauf wirkt sich eine Zinsänderung weniger stark aus.

Ihren Ausgang nimmt die Wirtschaftskrise nicht erst, wenn die Börse kracht und die Wirtschaftsleistung zurückgeht. Die Weichen wurden schon viel früher fehlgestellt. Ursprung dieses Übels ist die *künstliche* Zinssenkung. Von der Vorstellung geleitet, den Wohlstand durch die künstliche Senkung des Zinsniveaus, d.h. durch einen Eingriff in die freiwilligen Marktbeziehungen, nachhaltig erhöhen zu können, fixiert die Zentralbank den Zins unterhalb des natürlichen Zinses. Technisch erfolgt die Zinssenkung über die Offenmarktpolitik der Zentralbank. Zur Steuerung des Zinssatzes kauft bzw. verkauft die Zentralbank notenbankfähige Schuldtitel. Je niedriger der Zinssatz sein soll, desto

---

58 Lawrence, Andrew: „The Curse Bites: Skyscraper Index Strikes." *Property Report*, Dresdner Kleinwort Benson Research, 3. März 1999. Siehe auch: Thornton, Mark: „Skyscrapers and Business Cycles", *The Quarterly Journal of Austrian Economics* Vol. 8, No. 1, S. 51–74.

mehr Anleihen kauft die EZB und bezahlt diesen Ankauf mit neuem, inflationär geschaffenem Zentralbankgeld, das über die Geschäftsbanken in den Kreditmarkt fließt und als Zirkulationskredite der Wirtschaft und den Bürgern zur Verfügung steht.

Abbildung 8 stellt die künstliche Zinssenkung dem in Abbildung 5 dargelegten natürlichen Rückgang des Zinses („ANZS") gegenüber.

Abbildung 8: „Folgen der interventionistischen Festlegung des Zinses"

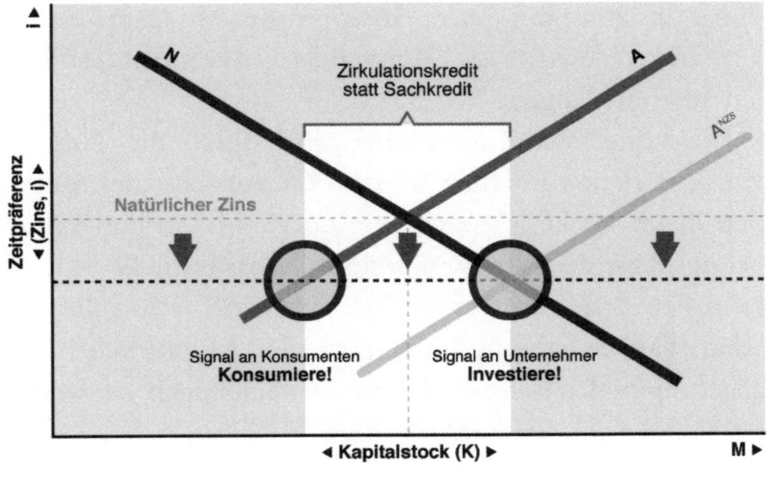

Die fette gestrichelte horizontale Linie markiert den von der Zentralbank unterhalb des natürlichen Zinses – die abgeschwächte gestrichelte horizontale Linie – gesenkten Zins. Normalerweise ruft eine administrative Preisfestsetzung unterhalb des Marktpreises das Phänomen der Warteschlangen vor Geschäften hervor, in der ökonomischen Terminologie einen permanenten Nachfrageüberschuss. Wie der Abbildung zu entnehmen ist, übersteigt nämlich die Nachfrage das Angebot aufgrund des abgesenkten Preises dauerhaft. Jene Anbieter, die zum höheren Preis ihre Ware angeboten haben, ziehen sich vom Markt zurück, während zusätzliche Nachfrager, die zum Marktpreis nicht, zum künstlich abgesenkten Preis jedoch schon kaufen wollen, auf den Markt drängen. Die Nachfrage übersteigt das Angebot dauerhaft, weil der als Ausgleich dienende Preismechanismus, der in dieser Situation mit einem Ansteigen des Marktpreises reagiert hätte, blockiert ist. Daher bilden sich vor den Geschäften Warteschlangen.

Die künstliche Zinssenkung wird durch die Ausgabe von Zirkulationskrediten erreicht, die zunächst das Aufgehen dieser Lücke *scheinbar* verhindert. Erst in der Aufdeckungsphase der Rezession kommt der strukturelle Mangel an realen Ersparnissen zum Vorschein, z.B. wenn die Geschäftsbanken zahlungsunfähig werden. Mit zeitlicher Verzögerung bilden sich beim *Bank-Run* Schlangen verzweifelter Kunden vor den Bankschaltern.

Die planwirtschaftliche Festlegung des Zinses zerstört also den harmonischen Gleichklang der realen Ersparnisse mit den Investitionen. Der manipulierte Zinssatz sendet an Unternehmer und Konsumenten widersprüchliche Signale. Den Konsumenten wird das Zeichen gegeben, ihre Konsumausgaben auf Kosten der Ersparnisse zu mehren. Sparen zahlt sich im wahrsten Sinne des Wortes nicht mehr aus.

Den Unternehmern signalisiert der niedrigere Zins hingegen eine Ausweitung der realen Ersparnisse. Die niedrigeren Zinsen werden von den Unternehmern irrtümlich als Anstieg des Kapitalstocks interpretiert, weil zwischen Sachkrediten und Zirkulationskrediten nicht unterschieden wird. Die Unternehmer beginnen daher, die Produktion von den Gütern niedriger Ordnung in die Produktion von Gütern höherer Ordnung umzuschichten. Allerdings geht der Unternehmer so vor,

„wie ein Baumeister, der mit einer begrenzten Menge von Baumaterial und Arbeit einen Bau aufführen will und sich dabei verrechnet hat. Man legt die Fundamente zu groß an, verbraucht schon für die Fundamente den ganzen verfügbaren Bestand an Produktionsmitteln und kann dann nicht weiterbauen. Das ist nicht Überinvestition; man hat dabei nicht mehr verbaut, als man verbauen konnte; man hat das verfügbare Material falsch verwendet.“[59]

Denn tatsächlich sind gar nicht so viele reale Ersparnisse vorhanden, wie von den Unternehmern angenommen wird.

Die Ausgabe von Zirkulationskrediten verpasst der ursprünglichen Dreiecksform eine Delle, die Ausdruck der im obigen Zitat von Ludwig von Mises dargelegten Fehlinvestition ist. Gleichzeitig steigt die Konsum- und Investitionsnachfrage, obwohl einer nachhaltigen Investitionssteigerung ein zwischenzeitlicher Rückgang des Konsumniveaus

---

59 Mises, Ludwig von: „Nationalökonomie. Theorie des menschlichen Handelns und Wirtschaftens“, Editions Union, Genf, 1940, S. 510.

vorausgehen muss. Die Spannung in der verzerrten Produktionsstruktur (siehe Abbildung 9) ist spürbar und verstärkt sich mit der Fortdauer des Booms.

Abbildung 9: „Eine verzerrte Produktionsstruktur"

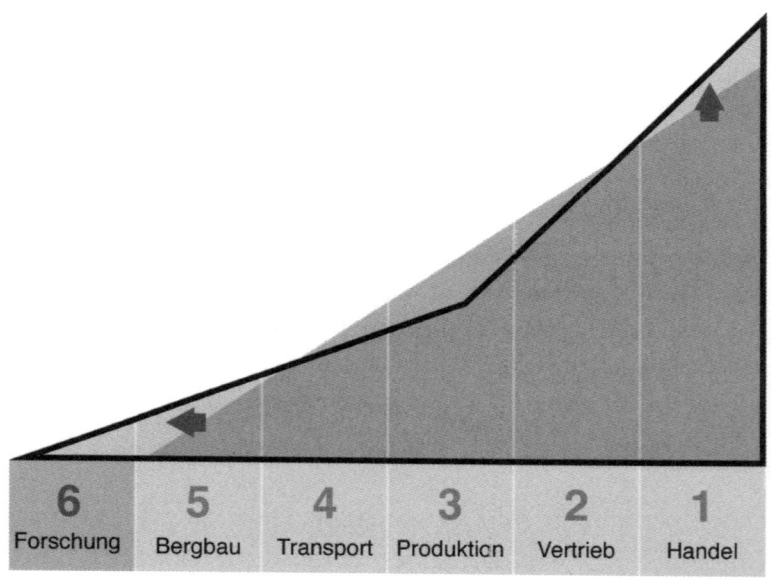

In der Boomphase macht sich eine übertrieben optimistische Stimmung breit. Das Unmögliche scheint möglich geworden zu sein: eine Ankurbelung der Investitionen ohne zeitweiligen Konsumverzicht. Die Wirtschaft, speziell die kapitalintensiven und inflationierenden Branchen, boomt, während die Konsumenten mit übervollen Einkaufswägen die Kaufhäuser stürmen. Ein Strohfeuer wurde entfacht und man träumt den Traum vom ewigen Wachstum. Die Hurra-Stimmung greift auf die Ökonomen über, die allzu oft ihre Aufgabe in der Suche nach der Zauberformel für das ewige Wachstum sehen. Symptomatisch für diese Hurra-Stimmung ist die Fehleinschätzung von Rüdiger Dornbusch, eines der einflussreichsten Makroökonomen in der zweiten Hälfte des 20. Jahrhunderts. Er lehrte unter anderem am *MIT* und an der *University of Chicago*. Zur Zeit der dot.com-Blase, als unzählige Unternehmen in der IT-Branche mit großteils abenteuerlichen Geschäftsmodellen wie Pilze aus dem Boden schossen, verkündete er vollmundig: „Der jetzige Aufschwung wird für immer andauern. Wir wollen keine Rezession, wir brauchen keine, und weil wir die Instrumente haben, diesen Aufschwung fortzusetzen, werden wir auch keine bekommen."[60]

Zwei Jahre später, im März 2000, platzte die Blase und der Traum vom ewigen Wachstum war wieder einmal ausgeträumt. Sein intellektuelles Pendant im Boom der 1920er war der bekannte Ökonom Irving Fisher, der noch am 5. September 1929, wenige Tage vor dem „Schwarzen Donnerstag" in der *New York Times* die Bevölkerung in trügerischer Sicherheit wog: „Die Aktienkurse haben ein dauerhaftes Niveau erreicht. Sie sind nicht zu hoch, und die Wall Street wird nichts dergleichen wie einen Crash erleben."

Ähnlich war die Stimmung in der Boomphase des im *Großen Krach* von 1873 mündenden inflationsgetriebenen

---

60   In New York Times: „This expansion will run forever", 30. Juli 1998.

Gründerbooms. Der Historiker Herbert Matis beschreibt die Atmosphäre der damaligen Zeit, wobei sich die Schilderung ebenso gut auf den dot.com-Boom beziehen könnte:

„Die Menschheit schien in einem allgemeinen Taumel siegessicheren Fortschrittsglaubens befangen, und das Prosperitätsbewusstsein öffnete eine Fehlleitung des Kapitals und der Überspannung der Kreditexpansion bei gleichzeitig übermäßiger Forcierung der Investitionstätigkeit Tür und Tor. Vor diesem Hintergrund konnte ein Spekulanten- und Schiebertum gedeihen und die Demoralisierung des Geschäftslebens epidemieartige Formen erreichen."[61]

Die Vertreter der Industrie sahen damals „das Goldene Zeitalter des billigen Kredits gekommen, und jeder drängte sich vor, um unter den Ersten zu sein, welche den Segen aus den Händen der Anstalt, resp. deren Leiter empfangen sollten".[62] Ein goldenes Zeitalter, das nicht wie in der klassischen Mythologie in der grauen Vorzeit gelegen war. „Aurea prima sata est aetas" („Am Anfang ist das Goldene Zeitalter gesät worden"), so der Anfangsvers aus Ovids Metamorphosen. Im 19. Jahrhundert stand das Goldene Zeitalter unmittelbar bevor, die alte Ordnung galt als überwunden und die Propheten des neuen Äons überboten sich mit irdischen Heilsversprechen. Dank des billigen und in den entstehenden Geschäfts- und Zentralbanken konzentrierten Kredits

---

61 Matis, Herbert: „Österreichs Wirtschaft 1848–1913", Duncker & Humblot, Berlin, 1971, S. 93.
62 Hein: „Österreichische Kreditanstalt", S. 20, zitiert in: Steiner, Fritz: op. cit., S. 77.

schien die materielle Knappheit erstmals überwindbar. Der Schlüssel zum Paradies auf Erden *schien* entdeckt worden zu sein. Leid und Schmerz, Armut und Verbitterung *schienen* der Vergangenheit anzugehören. Der billige Kredit war die in Geld gegossene Verkörperung jener Eier legenden Wollmilchsau, mit deren Hilfe *alle* menschlichen Probleme, seien sie materieller, moralischer, gesellschaftlicher oder politischer Natur, lösbar seien.

2.3.3.1. Inflationsinduzierte Kalkulationsfehler

Die künstliche Zinssenkung verzerrt das Zinssignal. Diese Verzerrung bewirkt eine inflationäre Aufblähung der Gewinnzahlen quer durch alle Branchen. Die sich überbietenden Jubelmeldungen geben der euphorischen Hochstimmung im Boom zusätzliche Nahrung. Auf zweifache Weise wird dieses Feuer genährt.

Erstens erscheinen speziell kapitalintensive Kapitalgüter und langfristige Produktionsmethoden kostengünstiger, weil der künstlich abgesenkte Zinssatz den Zinsaufwand der Unternehmen mindert, wie folgendes Beispiel zeigt:

Finanzierungskosten:	10.000 Geldeinheiten (GE)
Zinsaufwand – natürlicher Zins: 10%:	10.000 GE
Zinsaufwand – künstlich gesenkter Zins: 4%:	1.000 GE
Scheingewinn:	600 GE

Ein Unternehmen erwirbt eine Maschine zum Anschaffungspreis von 10.000 Geldeinheiten (GE). Beim natürlichen, nicht inflationistischen Zinssatz von angenommenen 10% beträgt der jährliche Zinsaufwand 1.000 GE. Aufgrund des zusätzlichen Angebots von Zirkulationskrediten pendelt sich der „Marktzins" bei 4% ein. Der jährliche Zinsaufwand sinkt somit auf 400 GE und im Vergleich zum realistischen Zinsniveau verbucht das Unternehmen einen Scheingewinn von 600 GE.

Die Tabelle illustriert zudem, warum die Inflation die Unternehmer in kapitalintensive Produktionszweige lockt. Beim natürlichen Zinsniveau von 10% wären kapitalintensive Unternehmungen erst ab einem Gewinn von 1.000 GE profitabel, um den von den Sparern verlangten Zinssatz zu begleichen. Die künstliche Zinssenkung reduziert den Schwellenwert allerdings auf 400 GE. Sollte die Gewinnerwartung dieser Unternehmung zwischen 400 und 1.000 GE liegen, gibt die künstliche Zinssenkung grünes Licht. Das Projekt wird in Angriff genommen, obwohl eine realistische Betrachtung des Zinsniveaus die Unfinanzierbarkeit mangels realer Ersparnisse ergeben hätte.

Zum Zweiten erhöht die systematische Unterschätzung der Inflation, die von der Geldillusion, also der systematischen Verwechslung von Inflation und Teuerung herrührt, den Unternehmensgewinn in den Phasen des Booms.

Diesen Sachverhalt soll folgendes Beispiel verdeutlichen. Betrachten wir zunächst ein nicht inflationäres Szenario. Ein Unternehmer kauft eine Maschine für 10.000 GE und geht davon aus, dass die Maschine in zehn Jahren vollständig verschlissen sein wird und ersetzt werden muss. Des

Weiteren schätzt er, dass der Wiederbeschaffungswert der Maschine in zehn Jahren unverändert 10.000 GE beträgt.

Anschaffungswert:	10.000 GE
Wiederbeschaffungskosten:	10.000 GE
Jährliche Rücklagenbildung:	1.000 GE

Jahr für Jahr führt der Unternehmer gewinnmindernd 1.000 GE der Gewinnrücklage zu. Nach zehn Jahren kann die Ersatzinvestition vollständig aus den gebildeten Rücklagen finanziert werden.

In Zeiten der Inflationierung sieht die Berechnung anders aus. Der Anschaffungswert bleibt unverändert bei 10.000 GE. Jedoch unterschätzt der Unternehmer die erwarteten Wiederbeschaffungskosten systematisch, sofern er, wovon heute auszugehen ist, Inflation und Teuerung systematisch verwechselt. Der Einfachheit halber wird von einer jährlichen Inflationsrate von 7% und einer jährlichen Teuerungsrate von 0% ausgegangen. Entscheidend für die Entstehung der Scheingewinne ist nicht das absolute Niveau der beiden Größen, sondern der relative Unterschied zwischen Inflation und Teuerung.

Anschaffungswert:	10.000 GE
Vermutete Wiederbeschaffungskosten:	10.000 GE
Jährliche Rücklagenbildung:	1.000 GE

Legt der Unternehmer die Teuerung seinen Berechnungen zugrunde, geht er von einer jährlich notwendigen Rücklagenbildung von abermals 1.000 GE aus.

Tatsächliche Wiederbeschaffungskosten:	20.000 GE
Jährliche Rücklagenbildung – Inflation:	2.000 GE
Scheingewinn:	1.000 GE

Bei einer Inflationsrate von 7% pro Jahr ist innerhalb von zehn Jahren ungefähr von einer inflationsbedingten Verdoppelung des Preisniveaus auszugehen. Die nominellen Wiederbeschaffungskosten verteuern sich auf 20.000 GE. Somit müssten jährlich Rücklagen im Ausmaß von 2.000 GE gebildet werden, die den ausgewiesenen Gewinn jährlich um 2.000 und nicht bloß um 1.000 GE reduzieren.

In Verkennung der Realität weist der Unternehmer einen um 1.000 GE zu hohen Gewinn aus. Wiederum ein systematischer Kalkulationsfehler, der sich in allen Unternehmen einschleicht. Wenn dann die Preise zu steigen beginnen und die Maschine zu den deutlich höheren Kosten ersetzt werden muss, wird der Kalkulationsfehler aufgedeckt. Der Unternehmer realisiert, dass er in den letzten zehn Jahren einen zu hohen Gewinn ausgewiesen hat. Er lebte von der Substanz seines Unternehmens. Er hat buchstäblich seinen Kapitalstock konsumiert.

2.3.3.2. *Der Börsenboom*

Der ständige Zustrom an neuen Geldmitteln infolge der Inflationierung und die Anhäufung von Scheingewinnen verleihen der Börse in hochinflationären Zeiten einen gewaltigen Schub. Die Profitabilität der Unternehmen nimmt quer durch alle Branchen zu. Eine Investition in ein Unternehmen scheint eine sichere Geschichte zu sein. Die Anleger fühlen sich wie magisch zu den Börsen hingezogen, die mit fantastischen Renditen Werbung in eigener Sache machen. Unterstützt von der Medienberichterstattung, die wie weite Teile der Bevölkerung der Geldillusion unterliegen und steigende Börsenkurse mit steigendem Wohlstand verwechseln, bricht sich die Gier Bahn. Immer neue Unternehmen drängen an die Börse. Die Geschäftsmodelle werden waghalsiger und undurchsichtiger. Verkauft werden nicht mehr reale Erträge. Vielmehr handelt man am Börsenparkett und vor dem Bildschirm zukünftige Geschäftserfolge. Investiert wird in alles, was mindestens zweistellige Rendite verspricht, egal in welchem Land das Unternehmen tätig ist und in welcher Branche. Nachgeforscht und überprüft wird nicht mehr. Zeit ist Geld und auf jenes möchte man nicht verzichten: „Die Börse war zum Brennpunkte des gesamten wirtschaftlichen Getriebes geworden, dass es kaum eine Schichte der Bevölkerung gegeben hat, welche nicht, namentlich in der dem Ausbruch der Krisis unmittelbar vorausgegangenen Teilperiode an dem Börsenspiele teilgenommen hätte."[63] Missachtet, ja geradezu als altmodisch verlacht, wird die Sorgfaltspflicht eines ordentlichen Kaufmanns. Verluste werden verschoben und Gewinne nach allen Maßregeln der Kunst aufgeblasen. So berichtet uns schon aus dem dritten Viertel des 19. Jahrhunderts Josef Neuwirth von der Ver-

---

63 Steiner, Fritz: „Die Entwicklung des Mobilbankwesens in Österreich", Carl Konegen, Wien, 1913, S. 190.

lotterung der Geschäftsgebarung zur Zeit des Gründerbooms:

*„Man ließ die abenteuerlichsten Bilanzreklamen auffliegen wie Kin-
der ihre Papierdrachen steigen lassen. Näher besehen aber gab es unter
all den Jahresbilanzen kaum eine, die ungefälscht gewesen wäre und
die Aufstellung dieser auf die Täuschung des Publikums berechneten
Bilanzen war ohne Widerrede unter den Augen der Regierungskom-
missäre erfolgt, denen die Überwachung der betreffenden Institutionen
anvertraut war.“*[64]

Die eigenartigsten Gesellschaftskonstruktionen bilden
ein undurchschaubares Netz an Unternehmensbeteiligun-
gen, indem nicht einmal mehr die Unternehmer selbst den
Durchblick haben. Die lockere Kreditvergabe der Banken
erleichtert Fusionen – Mergers & Acquisition (M&A) auf
Neudeutsch – und die anonymen Unternehmenskonglome-
rate wachsen in den Himmel. Alteingesessene Unternehmen
werden von Managern verschachert wie Massenware. Die
Produktion tritt in den Hintergrund, alles dreht sich um die
Rendite.

Die Erwartungshaltung der Börse gegenüber nimmt die
eines nach Erlösung suchenden Gläubigen an: „Das Geld
wurde zum Gott, die Spekulation zum Glauben, die Börse
zum Tempel, der Kurszettel zur Bibel; die Bankiers wurden zu Priestern, die Makler zu Gläubigen und die Käu-

---

64 Neuwirth, Joseph: „Die Speculationscrisis von 1873“, II. Bd., Duncker &
    Humblot, Leipzig, 1873, S. 57.

fer zu Märtyrern."[65] Eine wortgewaltige Beschreibung des Treibens an der Pariser Börse, die unter der Regierungszeit Napoleons III. (1848–1852 bzw. 1852–1870) ab 1850 einen fulminanten (Schein-)Aufschwung erlebte.

2.3.3.3. Raubbau an Mensch, Maschinen und Umwelt

In der Boomphase wird aber nicht nur Raubbau an den Maschinen begangen, die Tag und Nacht in Betrieb sind. Die Phase der Hochkonjunktur gilt es auszunützen. Da bleibt keine Zeit für Ruhepausen, keine Zeit für den notwendigen Schlaf. Die zunehmende Konsumorientierung, das beständige Hecheln nach kurzfristigen Zielen, die Sorge, „etwas zu verpassen", führt dazu, dass dem menschlichen Körper eine ähnliche Überbeanspruchung zugemutet wird. Der Zyklus der Krankenstandstage – hohe Fehlraten in den „guten" Zeiten, niedrige Fehlraten in den „schlechten" Zeiten – ist daher nicht allein darauf zurückzuführen, dass sich die Arbeitnehmer in der Boomphase Arbeitslosigkeit „leisten" können, weil sie schneller einen neuen Arbeitsplatz finden. Vielmehr reagiert der Körper auf die systematische Überbeanspruchung mit Krankheiten; das „Burn-out"-Syndrom der totalen Entkräftung und Sinnentleerung ist ein typisches Symptom eines inflationsinduzierten Booms. In der Rezession, der Heilungsphase, erhalten Leib und Seele wie-

---

65 Aycard, M.: „Histoire du Crédit mobilier", Paris 1867, S. 40 und Cowles, Virginia: „Die Rothschilds", Ploetz, Würzburg, 1974, S. 125. Zitiert in: Adamowitsch, Elisabeth: „Der Credit Mobilier – Die wirtschaftliche und soziale Bedeutung der ersten Anlagebank", Dissertation – WU-Wien, 1977.

der die notwendigen Ruhephasen und der Gesundheitszustand verbessert sich.

Dies ist die richtige Stelle, um erneut darauf hinzuweisen, welch widersinnige Schlussfolgerungen infolge einer falschen Analyse gezogen werden können. Wird der Boom als einzige Möglichkeit der materiellen Wohlstandsmehrung wahrgenommen, dessen Kehrseite der Medaille die Verschlechterung des Gesundheitszustands darstellt, so ist es nicht weit bis zur Forderung nach einem gesetzlich verordneten Wachstumsstopp oder bis zur Verteufelung der wirtschaftlichen Entwicklung an sich. Eine derartige Schlussfolgerung schüttet jedoch das Baby mit dem Badewasser aus.

Die Einsicht, wonach der künstliche Boom die körperliche und seelische Gesundheit der Bevölkerung beeinträchtigt, sollte in einer Forderung nach Beendigung des künstlichen, von der Inflation verursachten konjunkturellen Auf und Ab münden. Eine Verbesserung der Lebensumstände auf der Basis realer Ersparnisse soll weiterhin angestrebt werden. Körperlicher und seelischer Schmerz werden die menschliche Existenz zwar immer begleiten; geeignete Mittel zur Schmerzlinderung zu erforschen und anzuwenden, zählt wohl zu den wichtigeren Gründen, auf heutigen Konsum zu verzichten.

Der Bereitstellung von Zirkulationskrediten fällt aber auch die Umwelt häufig zum Opfer. Riesige Staudämme, neue Autobahnen und Eisenbahntrassen und der Immobilienboom scheinen durch die künstlich gesenkten Zinsen überhaupt erst profitabel und verdrängen kleinere, umweltschonendere Projekte vom Markt. Die von der Inflation hervorgerufene Kurzfristigkeit bewirkt ganz allgemein die Zurückdrängung des Gebots vom verantwortlichen Umgang mit der Schöpfung, die sich bis zum letzten Grashalm dem Wirtschaftswachstum unterzuordnen hat.

2.3.3.4. *Merkmale des Scheinwachstums*

Es ist ein Charakteristikum des Booms, dass die Menschen zunächst nicht die inhärente Instabilität dieser künstlichen Aufschwungphase realisieren. Dennoch lassen sich aus den Grundmustern des menschlichen Verhaltens Schlüsse ziehen, die eine künstliche Boomphase als solche enttarnen:

1. Gesellschaftliche Betonung von:
   - Freizeit und Spaß
   - Wohlstand durch Vererbung
   - Wohlstand durch Glücksspiel
   - Zufall bzw. Glück als Ursache für Wohlstand
   - Neidgesellschaft und Anspruchsdenken
   - Konfliktdenken
   - Das Leben ist ein Spiel
2. Glücksspieleuphorie
3. Konsumrausch, Urlaubsrausch, Alkohol- und Drogenrausch
4. Kurzfristige und ständig wechselnde Beziehungen (One-Night-Stand, Promiskuität, Scheidungen, Kinderlosigkeit …)
5. Politischer Aktionismus und Ad-hoc-Gesetzgebung

6. Kultur der Fremdkapitalfinanzierung
7. Rücksichtslosigkeit gegenüber sich selbst und seinen Mitmenschen (Burn-out-Syndrom)
8. Verantwortungslosigkeit
9. Einseitige Lebenserfüllung – Geld/Spaß als Lebensziel
10. Achterbahnkarrieren
11. Zitate der Kurzfristigkeit
    – „In the long run we are all dead" (John Maynard Keynes)
    – „Nach mir die Sintflut" (Madame de Pompadour).

2.3.3.5. *Das nahende Ende des Booms – das Schuhputzerphänomen*

Ein untrügliches Zeichen für das nahende Ende einer Börsenrallye ist, dass jene Bevölkerungsgruppen zu spekulieren beginnen, die bislang mit Börsengeschäften nichts am Hut hatten.

Vom Vater des späteren US-Präsidenten John F. Kennedy, Joseph Kennedy, ist die folgende Anekdote überliefert. Als der spätere erste Vorsitzende der amerikanischen Börsenaufsichtsbehörde „Security and Exchange Commission" (SEC) eines schönen Tages im Jahr 1929 seine Schuhe putzen ließ, begann ihm der jugendliche Schuhputzer Anlagetipps zu geben. Am nächsten Tag verkaufte Joseph Kennedy seine Aktien und wenig später krachte die Börse am *Schwarzen Donnerstag*. Wenn sogar schon Schuhputzer Anlagetipps verbreiten, so dachte sich Joseph Kennedy, dann könne mit der Börse etwas nicht mehr stimmen. Die Masse an Anlegern ist nicht in der Lage, den für eine nachhaltige und gewinnbringende Investition nötigen Geschäftssinn aufzubringen. Die Masse lässt sich von oberflächlichen, mitunter aufpolierten oder durch veränderte Bilanzierungsrichtlinien künstlich aufgeblähten Geschäftszahlen blenden. Unternehmen werden nicht mehr nach den von ihnen hergestellten Produkten beurteilt. Positive Finanzkennzahlen wie das Kurs-Gewinn-Verhältnis sind das Einzige, das zählt.

Die magische Anziehungskraft des Kursfeuerwerks in den 1920ern zeigt sich daran, dass damals von 120 Millionen Amerikanern knapp 30 Millionen indirekt über Familienangehörige an der Börse spekulierten. Über 1,5 Millionen Amerikaner hatten ein Konto bei einer der insgesamt 29 Börsen und rund eine Million Spekulanten trieb die von der Inflation verstärkte Gier an die Börse. 600 000 davon handelten „on margin", das heißt mit Mitteln, die sie selbst nur geliehen hatten.[66] Als die Kurse nachzugeben begannen, wurden Nachschussverpflichtungen (engl. „margin calls") schlagend, die die Abwärtsbewegung noch beschleunigten.

Ein anderes eindrückliches Beispiel dieses Schuhputzer-Phänomens ist uns aus der Zeit des Papiergeldexperiments John Laws im Frankreich des frühen 18. Jahrhunderts belegt:

---

66 Rothbard, Murray N.: „America's Great Depression", 5. Auflage, Ludwig-von-Mises-Institute, Auburn, AL, USA, 2000 [1963], S. XIII.

„Die Elite von Paris war über die außergewöhnlich große Schar von Angehörigen erstaunt, die aus der Spekulation mit Mississippi-Aktien enorme Gewinne erzielten. Darlehen waren einfach zu bekommen, und da man nur eine Kaution von zehn Prozent hinterlegen musste, um sich an den Geschäften beteiligen zu können, verkauften Menschen aus den verschiedensten sozialen Schichten ihr Chateau, ihre Diamanten, ihre Kühe oder Feldfrüchte."[67]

Von den in Aussicht gestellten Gewinnen der *Mississippi-Kompanie* geblendet begannen über Nacht selbst Menschen ohne jegliches Hintergrundwissen und aus jedem gesellschaftlichen Stand, mit dieser Aktie zu spekulieren. Man wollte als Aktionär an den versprochenen Früchten des „Wunderland Mississippi" mitnaschen, und so veräußerte man in blindem Vertrauen auf diese Versprechungen bestehende Werte, um im Gegenzug ein ziemlich unsicheres Zahlungsversprechen auf zukünftige Erträge zu erhalten. Nicht mehr der sichere Spatz in der Hand galt als erstrebenswert. Man strebte danach, die Taube auf dem Dach zu erlegen.

An der – für damalige Verhältnisse – Massenspekulation im Großraum Paris erfreuten sich, wie bei jedem Pyramidenspiel, speziell die bisherigen Aktienbesitzer, die in kürzester Zeit astronomische Kursgewinne einstreichen konnten; in nicht einmal einem Jahr schnellte der Aktienkurs von 500 Livre auf über 10 000 Livre im Jänner 1720. Der-

---

67 Gleeson, Janet: „Der Mann, der das Geld erfand", Kremayr & Scheriau, Wien, 2001, S. 152.

artige Massenphänomene sind letztlich nur möglich, wenn das besonnene Urteil des einzelnen Menschen abgelöst wird von den launischen und unbesonnenen Urteilen der Masse, die von Neid und Gier getrieben Moden und Trends folgt, ohne einen prüfenden Blick hinter die glänzenden Fassaden zu wagen.

2.3.4. Dynamiken der Wirtschaftskrise – Die Aufdeckung beginnt: der Börsenkrach

Irgendwann muss sich die Spannung in der verzerrten Produktionsstruktur entladen, und das geschieht in dem Augenblick, in dem sich der Mangel an realen Ersparnissen dartut. Diese Aufdeckung wird meist durch eine Anhebung der Zinsen ausgelöst, weil die Zentralbank der von der Inflationierung verursachten Teuerung den Kampf ansagt. Steigende Zinsen zeigen an, dass das Angebot an Krediten relativ verknappt worden ist. Es genügt schon die Abflachung des Geldmengenwachstums, also ein Rückgang der Inflationsrate, um den Boom zu beenden. Eine Deflation, sprich der Rückgang der ungedeckten Geldmenge, ist hierzu nicht notwendig.

Die Auswirkungen der veränderten Zinspolitik treffen erst mit einiger Verzögerung an der Börse und in der Realwirtschaft ein, denn die neuen monetären Rahmenbedingungen arbeiten sich erst Schritt für Schritt durch die Wirtschaftsstruktur. Für die markantesten Kursfeuerwerke bzw. Kurseinbrüche der letzten 100 Jahre berechnete der australische Ökonom Frank Shostak folgenden zeitlichen Abstand zwischen dem Erreichen des geldpolitischen Scheitelpunktes und dessen Abbildung an den Börsen:[68]

1. Der Börsenkrach von 1929: In der Inflationsperiode der „Roaring Twenties" erreichte das jährliche Geldmengenwachstum mit 10,2% im November 1927 seinen Höhepunkt. 22 Monate später verzeichnete der Aktienindex „Standard and Poor's 500" (S&P 500) den Periodenhöchststand mit 31,71 Punkten. In der darauf folgenden Abschwungphase lagen zwischen dem Tiefststand des Geldmengenwachstums von −16,6% im Jahresvergleich und dem Tiefststand des S&P 500 mit 4,43 Punkten im Juni 1932 mehr als drei Jahre.

2. Der „Schwarze Montag" am 19. Oktober 1987: Nur acht Monate betrug der Zeitabstand zwischen dem kräftigsten Geldmengenwachstum im Jänner 1987 mit einer jährlichen Wachstumsrate von 15,1% und dem Erreichen des Gipfelpunktes in der Kursentwicklung des S&P 500 von 329,9 Punkten.

3. Die gegenwärtige Börsensituation: Im Oktober 2007 registrierte man den vorläufigen Höchststand des S&P 500 mit 1549,38 Punkten. Bis in den Jänner 2008 ging das Geldmengenwachstum kontinuierlich auf deflationäre −6,1% zurück. Knapp mehr als ein Jahr später, im Februar 2009, schloss der S&P 500 beim Periodentiefststand von 735,1 Punkten. Seither hat er wieder kräftig

---

68 Shostak, Frank: „Obama's Stock Market Mini-Bubble", *Mises Daily* vom 12. Mai 2009, mises.org/story/3460.

auf 929,23 Punkte (8. Mai 2009) zugelegt und folgte damit dem kräftig anziehenden Geldmengenwachstum, das seit Jänner 2008 auf beachtliche 24,9% (Ende April 2009) angestiegen ist.

Der Börsenkrach und die damit einhergehenden sinkenden Kurse sind nicht die Ursache des wirtschaftlichen Abschwungs. Die Realwirtschaft wird nicht von den taumelnden Börsenkursen in den Abgrund gezogen. Sie sind ein Ausdruck der zu bewältigenden strukturellen Krise, weil die Börsenkurse die zukünftigen Ertragsströme abbilden.

In der inflationären Boomphase, die von Scheingewinnen und einem unbegründeten Glauben an das ewige Wachstum geprägt ist, entfernen sich die Gewinnerwartungen zunehmend von der realistischen Grundlage. Es bilden sich Blasen, die über kurz oder lang platzen. Im Börsenkrach normalisiert sich die Situation. Die Gewinnerwartungen nähern sich der Realität an. Der Börsenblase geht die Luft aus und mit ihr den aufgeblähten Aktienkursen.

2.3.5. Dynamiken der Wirtschaftskrise – Phase 2: die Rezession

In der Rezession werden die von der künstlichen Zinssenkung hervorgerufenen Verzerrungen korrigiert. Die Produktionsstruktur passt sich den realen Gegebenheiten und somit der gesamtgesellschaftlichen Zeitpräferenz wieder an.

Abbildung 10: „Die Entzerrung der Produktionsstruktur"

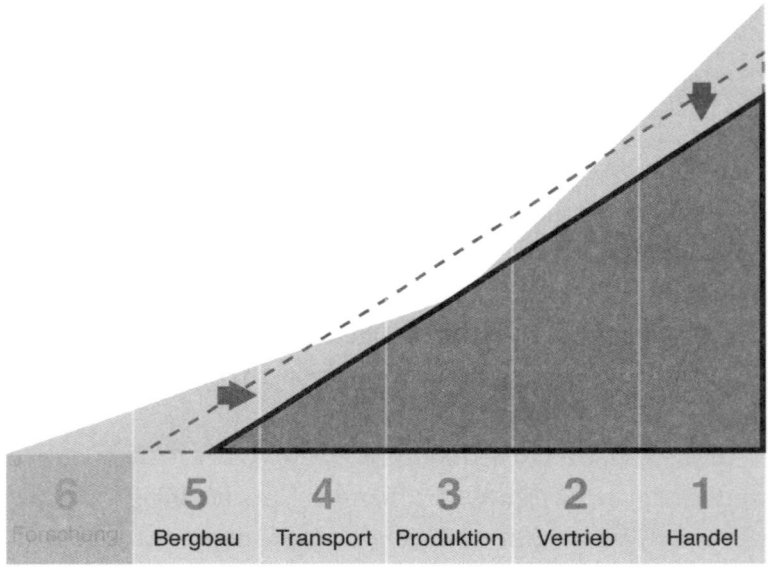

Insbesondere in den kapitalintensiven Produktionszweigen der Güter höherer Ordnung, die im Boom überdurchschnittlich starke Wachstumsraten verzeichnen konnten, kommt es reihenweise zu Konkursen. Am Ende eines Konjunkturzyklus ist die Gesellschaft per Saldo ärmer, als sie es ohne das Auf und Ab des vermeidbaren Zyklus gewesen wäre. Ohne Boom und Rezession würde der Wohlstand dem gestrichelten Dreieck entsprechen, während mit Boom und Rezession der Wohlstand bloß dem dunklen Dreieck entspricht. Die realen Ersparnisse, in der Terminologie von Ludwig von Mises die „Produktionsmittel", wurden in an und für sich nicht finanzierbaren Unternehmungen gebunden. Die in der Rezession anfallenden Umstrukturierungen verschlingen ebenfalls Zeit, Kapital und Arbeitskraft, die andernfalls produktiver hätten eingesetzt werden können.

Zum Abschluss unserer Ausführungen noch ein Wort zur Zinsentwicklung in der Rezession. Die gestrichelte Linie entspricht dem Zinsniveau vor der Rezession, das unterhalb des ursprünglichen natürlichen Zinses liegt.

Abbildung 11:   „Die Zinsentwicklung in der Rezession"

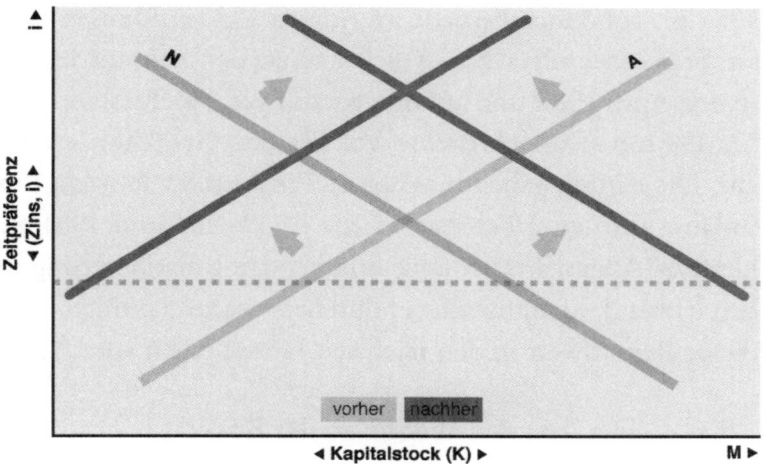

In der Rezession wirken auf der Angebots- und auf der Nachfrageseite Kräfte, die den Zinssatz nach oben treiben. Auf der Angebotsseite vermindert die Gewöhnung der Konsumenten an den Konsumrausch das Angebot an realen Ersparnissen. Auf der Nachfrageseite wetteifern unzählige

163

Unternehmer mit halbfertigen Produkten um den um die Scheinersparnisse geschrumpften Kuchen an realen Ersparnissen und drücken den Zinssatz beständig in die Höhe. Dieser Lizitationsprozess treibt somit jene Unternehmen in den Konkurs, die ohne die künstliche Zinssenkung mangels realer Ersparnisse erst gar nicht in Angriff genommen worden wären.

In den frühen 1980ern schnellte der Zins in kurzer Zeit deutlich in die Höhe. Der damalige Vorsitzende des FED, G. William Miller, hob die Zinsen von 4,6% im Jänner 1977 bis zur Amtsübergabe im August 1979 auf knapp 11% an. Sein Nachfolger Paul Volcker setzte den Zinsanstieg bis in den April 1980 und auf den vorläufigen Höchststand von 17,61% fort. Danach drehte Volcker den Geldhahn erneut auf. Die Zinsen gaben bis August 1980 auf 9,0% nach, um sodann auf den Höchststand von 19,1% im Juni 1981 zu klettern. Angesichts der lang anhaltenden Inflationierung in den letzten Jahrzehnten ist es durchaus wahrscheinlich, dass dieser Rekordwert in den nächsten Jahren fallen wird.[69]

2.3.6. Der Test der Theorie an der Realität

Ein theoretisches Modell, das uns helfen soll, die in der Realität vorzufindenden Phänomene zu verstehen, muss sich klarerweise an der Realität messen lassen. Ein Blick auf eini-

---

69 Eine grobe Abschätzung über das zu erwartende Zinsniveau kann man dadurch erhalten, indem man z.B. in seinem Umfeld fragt, welchen Zinssatz man bieten müsste, damit der Gefragte seinen Urlaub oder den Ankauf eines trendigen Konsumgutes um ein Jahr verschiebt.

ge markante Ereignisse in der Wirtschaftsgeschichte sollen die Aussagekraft der *Konjunkturtheorie der Wiener Schule* belegen.

2.3.6.1. Der „Große Krach" von 1873

Am 9. Mai 1873 platzte in Wien die große Börsenblase. Nur wenige Tage nach der Eröffnung der herbeigesehnten Weltausstellung am 1. Mai 1873 schickte der „große Krach" Schockwellen durch die Donaumonarchie und der Gründerboom kam zu einem abrupten Ende. Wortgewaltig kommentierte die Tageszeitung *Neue Freie Presse* diesen Zusammenbruch:

„Ohne wahrnehmbaren Anlass, wie von Dämonengewalt erfasst, ist das Gebäude zusammengebrochen, welches auf Aktien aufgebaut war, und ein Nero fände dieselben Elemente grausamen Wohlgefallens vor, wie jener Cäsar an dem Brande Roms: Jammer, Elend, Vernichtung."[70]

Diese Blase hatte sich bilden können, weil zum einen im Gefolge des Kriegsjahres 1866 die Geldpolitik der Donaumonarchie auf Druck der Regierung immer inflationärer ausgestaltet worden war. Die Deckungsvorschriften, die ohnehin nie eine 100%ige Deckung der umlaufenden Banknoten vorsahen, wurden zur Kriegsfinanzierung mehrfach

---

70 Neue Freie Presse vom 9. Mai 1873. Zitiert in: März, Eduard: „Österreichische Industrie- und Bankpolitik in der Zeit Franz Josephs I. – Am Beispiel der k.k. priv. Österreichischen Credit-Anstalt für Handel und Gewerbe", Europa Verlag, Wien–Frankfurt–Zürich, 1968, S. 175.

aufgeweicht. Zum anderen brachten unzählige Bankgründungen große Mengen an ungedeckten Zirkulationskrediten in Umlauf. Die Verzinsung des Aktienkapitals spiegelt den dramatischen Absturz der Wiener Börse wider. Während der Aufblähungsphase ab 1867 nahm die nominelle Verzinsung von 7,75% auf 18,15% zu, um dann im Jahresschnitt von 1873 auf 5,62% rasant abzufallen.[71]

Die einzelnen Branchen waren nicht einheitlich betroffen. In einem Bericht an das „k.k. Ministerium für Handel und Volkswirtschaft" stellt die „Handels- und Gewerbskammer für das Erzherzogtum unter der Enns" nüchtern fest:

„Auch in den verschiedenen Zweigen der eisenverarbeitenden Industrie, wie im Lokomotiv-, Waggon- und Maschinenbau, herrschte die drückendste Notlage. Der Rückgang der Produktion war weniger stark ausgeprägt in den Konsumgüterindustrien, unter denen die Textil-, Papier-, Glas- und Zuckerfabriken selbst in dem Notjahre 1876 zum Teil befriedigende Resultate verzeichnen konnten. Schlimmer erging es den Wiener Baugesellschaften, die bei einem Gesamtkapital von 76,6 Millionen Gulden am Ende des Jahres 1876 einen Verlust von 23 Millionen, also rund ein Drittel ihres Kapitals, aufzuweisen hatten."[72]

---

71 März, Eduard: „Österreichische Industrie- und Bankpolitik in der Zeit Franz Josephs I. – Am Beispiel der k.k. priv. Österreichischen Credit-Anstalt für Handel und Gewerbe", Europa Verlag, Wien–Frankfurt–Zürich, 1968, S. 164.

72 Bericht der Handels- und Gewerbskammer für das Erzherzogtum unter der Enns an das k.k. Ministerium für Handel und Volkswirtschaft über die Verkehrsverhältnisse des Kammerbezirkes während des Jahres 1875, Wien 1877, S. 61. Zitiert in: ebenda, S. 188.

Ähnlich dramatisch sind die Verluste im Transportwesen. In der zweiten Hälfte des 19. Jahrhunderts zählte die Eisenbahn zu jenen Branchen, in die aus modischen und politischen Gründen ein Großteil der Zirkulationskredite floss. Die Anzahl der börsennotierten Unternehmen im Transportwesen stieg von 43 im Jahr 1869 auf den Höchststand von 199 im Jahr 1973 signifikant an – fast eine Verfünffachung in nur vier Jahren. Mit derselben Geschwindigkeit ging es nach dem Platzen der Blase am 9. Mai 1873 wieder abwärts. Bereits fünf Jahre nach der großen Hausse waren nur noch 55 Transportunternehmen an der Wiener Börse notiert.

Neben den kapitalintensiven Branchen gerieten die Geschäftsbanken gehörig unter die Räder. Dies kommt wenig überraschend, zählen die Geschäftsbanken doch zu den großen Profiteuren der Inflationierung. Im Zuge des *Großen Krach* sank die Anzahl der an der Wiener Börse notierten Banken vom Höchststand von 117 Notierungen im Jahr 1873 bis 1877 auf 35 und lag damit sogar unterhalb der Zahl von 1869, als 42 Bankinstitute an der Wiener Börse gelistet waren.[73] 70% der Banken gingen in lediglich vier Jahren pleite. Unter den verbliebenen Instituten verzeichneten bis zum Ende 1873 nur zwei einen Kursverlust von weniger als 50%: die „Oesterreichische Creditanstalt" (rund −43%) und die „Niederoesterreichische Eskompte-Gesellschaft" (knapp

---

73 Matis, Herbert: „Österreichs Wirtschaft 1848–1913", Duncker & Humblot, Berlin, 1971, S. 93, S. 210, Tabelle 26.

unter −50%). Die Kurse der übrigen Banken sackten um bis zu 95% ab.[74]

2.3.6.2. Die USA nach 1929

Überdurchschnittlich stark betroffen von den Kursverlusten war die langlebige Gebrauchsgüterindustrie. Dieser spezifische Index verlor zwischen August 1929 und März 1933 77 Prozent, während der Index der Konsumgüterindustrie „nur" um 30 Prozent nachgab. Der Aktienkurs des damals weltweit größten Stahlkonzerns, U.S. Steel, kollabierte von 262 Punkten auf lediglich 22 Punkte im Juli 1932. General Motors, bereits damals ein bedeutender Autohersteller, verlor nur ungleich weniger. Der Aktienkurs stürzte von 1929 bis 1932 von 78 Punkten auf acht Punkte ab.

Diese branchenspezifische Entwicklung ist in Übereinstimmung mit den in der theoretischen Darlegung gewonnenen Erkenntnissen. Weitere Unterstützung erfährt die dargelegte Konjunkturtheorie in den Beschäftigungszahlen. Die deutlich kapitalintensiveren Branchen wie die Bauwirtschaft, das Transportwesen und die Rohstoffindustrie reduzierten ihre Beschäftigung von 1929 bis 1932/1933 von zehn Millionen auf vier Millionen. Die Konsumgüterindustrie verzeichnete dagegen einen vergleichsweise milden Rückgang von 15 Millionen auf 13 Millionen. Auch deswegen, weil der Umsatz der Warenhäuser um weniger als 50 Prozent schrumpfte. Die Industrieproduktion fiel dagegen um

---

74 Pressburger, Siegfried: „Oesterreichische Notenbank 1816–1966", Oesterreichische Nationalbank, Wien, 1966, S. 146f.

mehr als die Hälfte und die Bauinvestitionen der Unternehmen gaben um 84% nach.[75]

2.3.6.3. Japan in den 1990ern

Nicht minder eindrucksvoll sind die folgenden Daten in Tabelle 3. Sie enthält die nach Wirtschaftssektoren aufgeschlüsselte Entwicklung des sektoriellen BIP-Wachstums in der japanischen Rezession in den 1990ern[76]:

Tabelle 3: „Sektorielles BIP-Wachstum – Japan"

Jahr	Geldmenge	Bergbau	Produktion, verarbeitendes Gewerbe	Großhandel	Dienstleistung
1988	9,3	-	-	-	-
1989	11,8	-	-	-	-
1990	8,2	23,2	6,8	8,5	7,2
1991	2,5	-2,7	5,3	6,1	5,7
1992	-0,2	-1,8	-1,4	1,2	4,8
1993	2,3	-4,4	-4,0	-2,3	3,4
1994	3,1	-15,5	-1,3	-0,4	0,9
1995	2,7	-0,4	1,6	4,3	2,2
1996	2,3	0,7	2,2	2,4	5,2
1997	3,1	-6,6	1,9	3,9	3,8
1998	4,1	-8,3	-5,0	-4,0	4,0
1999	3,4	-9,6	-2,6	-4,4	0,5

---

75 Rothbard, Murray N.: „America's Great Depression", 5. Auflage, Ludwig-von-Mises-Institute, Auburn, AL, USA, 2000 [1963], S. 331.

76 Quelle: EIU Country Profile Japan (1996 and 2001) in Powell, Benjamin: „Explaining Japan's Recession", *The Quarterly Journal of Austrian Economics*, vol. 5, no. 2, Summer 2002, S. 48.

Der Leitzins wurde von seinem damaligen Tiefststand von 2,5% im Jahr 1987 in mehreren Schritten auf 6% im Sommer 1990 angehoben. Das jährliche Geldmengenwachstum ging daraufhin von 11,8% (1989) auf zunächst 8,2% und im darauf folgenden Jahr auf 2,5% kräftig zurück. Eine Deflation registrierte Japan allerdings nur im Jahr 1992, als die Geldmenge um 0,2% schrumpfte. In allen anderen Jahren bewegte sich das Geldmengenwachstum weiterhin im positiven Bereich. Und wie die Theorie vorhersagt, verzeichneten die Produzenten von Gütern höherer Ordnung wie Bergbau, Produktion und verarbeitendes Gewerbe jeweils höhere Verluste als die Unternehmen in Produktionszweigen niedrigerer Ordnung wie Großhandel und Dienstleistungen.

2.3.7. Was kommt nach dem Börsenkrach?

Den Standardverlauf eines Konjunkturzyklus aus Boom und Rezession haben wir betrachtet. Sofern es sich um einen einmaligen Inflationsschub handelt und die Rezession ihre heilende Wirkung entfalten kann, steht nach der Bereinigung der strukturellen Verwerfungen einem nachhaltigen Aufschwung nichts im Wege.

Wenn die Politik allerdings die schmerzliche Rezession nicht durchstehen möchte und die Zinsen abermals gesenkt werden, zielt die Zentralbank auf die Reflationierung ab. Sie öffnet die Schleusen der inflationistischen Geldproduktion erneut, in der Erwartung, die Wirtschaft mit dieser Maßnahme anzukurbeln.

Sofern die Menschen der Währung und der Zentralbank weiterhin vertrauen, kommt es zu einer abermaligen Boomphase. Ein Paradebeispiel hierzu ist die Geldpolitik des FED im Anschluss an das Platzen der dot.com-Blase im Frühling 2000. Mit der scharfen Senkung der Leitzinsen von 6,50% auf 1% entfachte Alan Greenspan einen neuen Boom, der sich dieses Mal schwerpunktmäßig in der Immobilienbranche austobte. Die EZB reagierte ein wenig vernünftiger und brachte den Leitzins auf „nur" 2% herunter. Es ist jedoch nicht angebracht, die EZB für diese relative Zurückhaltung über Gebühr zu loben. Unter den Blinden ist bekanntlich der Einäugige König. Sie mag weniger inflationieren als das FED. Aber sie inflationiert dennoch ebenso exzessiv. Selbst bei einer vollständigen Abschottung von den USA hätte daher die Eurozone die negativen Folgen der EZB-Geldpolitik zu tragen.

Nach einem neuerlichen Zinserhöhungszyklus auf 5,25% (USA) bzw. 4,25% (Eurozone) zur Eindämmung der von der Inflationierung hervorgerufenen Preisauftriebstendenzen lag der Leitzins der wichtigsten Zentralbanken im Frühjahr 2009 bereits unterhalb des ohnehin niedrigen Niveaus des Jahres 2004.

2.3.7.1. Die Liquiditätskrise

Die Zentralbanken verteidigen die Zinssenkungen damit, dass sie eine „Liquiditätskrise", eine „Kreditklemme" zu verhindern suchen. Ohne die Bereitstellung von zusätzlicher Liquidität – euphemistisch für weitere inflationäre Zirkulationskredite – würde die Wirtschaft in eine Rezession stürzen. Diese Rezession ist aber unvermeidbar, weil der Boom die Wirtschaft *strukturell* verzerrt. Mit *monetären* Mitteln ist das *strukturelle* Problem aber nicht zu lösen.

Die zaghafte Kreditvergabe der Geschäftsbanken ist leicht verständlich. Die exzessive Gewährung von Zirkulationskrediten hat die Aktiva der Geschäftsbank über Gebühr anwachsen lassen. Mit Beginn des Aufdeckungsprozesses kommt zur dadurch ausgelösten Überschuldung der Kreditnehmer die Bedrohung einer Anhäufung von Unternehmenskonkursen hinzu. Unzählige Unternehmer haben sich von den niedrigen Zinsen der Geschäftsbanken blenden lassen und Projekte in Angriff genommen, die sich bei einer realistischen Betrachtung als nicht rentabel erweisen. Die schwindende Rückzahlungsfähigkeit und steigende Zahlungsausfälle der Unternehmer sind Ausdruck dieser strukturellen Verzerrung. Die Aktiva der Geschäftsbanken und damit die ohnehin geringe Eigenkapitalquote geraten unter Druck.

Mit der vorsichtigeren Kreditvergabe kehrt die betriebswirtschaftliche Vernunft zurück. Der Wirtschaftsprozess trocknet deswegen nicht aus, noch klemmt die Kreditvergabe, es wird nur die inflationäre Kreditvergabe eingeschränkt. Das Beklagen der Liquiditätskrise ist vor dem Hintergrund der vorherrschenden inflationistischen Grundeinstellung in unserer Gesellschaft allerdings leicht nachvollziehbar. Sieht man in der Ausweitung der Zirkulationskredite den Motor der wirtschaftlichen Entwicklung, so mag man ein Austrocknen dieser Quelle als bedrohlich wahrnehmen. Keinen Grund zur Besorgnis sieht eine realistische Betrachtung in der Kreditklemme. Vielmehr ist sie ein wichtiger und unausbleiblicher Schritt auf dem Weg zur Gesundung.

2.3.7.2. Die Macht der Illusion – Wenn der Kater mit Alkohol kuriert wird

Der Aufbau von materiellen und immateriellen Werten bzw. die Sicherung von bereits bestehenden Werten setzt unweigerlich ein der Realität entsprechendes Verständnis der Wirklichkeit voraus. Der deutsche Ökonom Jörg Guido Hülsmann weist auf die Bedeutung von Illusionen für das wiederkehrende Auftreten von Wirtschaftskrisen hin. Sinngemäß argumentiert er, dass die Wiederholung von Wirtschaftskrisen nur dadurch zu erklären sei, dass die Menschen einem illusionären Verständnis über den Wirtschaftsablauf unterliegen.[77] Weil Illusionen den Zusammenhang zwischen Ursache und Wirkung systematisch verhüllen, verhindern sie das für das wertmehrende Handeln notwendige Lernen aus Fehlern. Die Menschen haben sich gleichsam selbst dazu verdammt, ein und desselben Fehler fortwährend zu wiederholen.

Ein leicht überzeichnetes Beispiel aus dem Alltag soll die Argumentation verdeutlichen. Angenommen Herr Mayer wacht nach einer durchzechten Nacht am nächsten Mor-

---

77 Hülsmann, Jörg Guido: „Toward a General Theory of Error Cycles", *The Quarterly Journal of Austrian Economics*, vol. 1, no. 4, Winter 1998, S. 1–23.

gen mit einem schlimmen Kater auf. In seinem Delirium schwört er sich, alles Menschenmögliche zu unternehmen, um einen weiteren Kater zu vermeiden. Bei einem realistischen Zugang zur Welt wird er über kurz oder lang den Zusammenhang zwischen der Ursache – übermäßiger Alkoholkonsum – und der Wirkung – Kater – herstellen und den Alkohol nur mehr in Maßen genießen.

Lebt Herr Mayer hingegen in einer Illusion, betrinkt er sich am nächsten Tag aufs Neue und wundert sich am Tag darauf über die pochenden Kopfschmerzen, die ausgetrocknete Kehle und die Übelkeit. Weil Herr Mayers Weltbild einen Zusammenhang zwischen Alkohol und Kater überhaupt nicht vorsieht, begeht er den Fehler ein ums andere Mal. Die Wiederholung des Fehlers ist keiner menschlichen Schwäche oder einem möglichen Selbstbetrug zur Last zu legen. Vielmehr verhindert die Illusion einen realistischen Blick auf die Wirklichkeit. Erst wenn er sich aus dieser Illusion befreit und sich an der Wirklichkeit orientiert, wird er den Ausbruch aus dem Teufelskreis schaffen.

Ein weiteres Beispiel über die Wirkmacht inflationistischer Politik auf den Realitätssinn findet sich in der beliebten Operette „Die Fledermaus" von Johann Strauß jun., die als einzige Operette das Privileg genießt, in der Wiener Staatsoper zu Silvester aufgeführt zu werden. In einem Duett zwischen dem Gesangslehrer Alfred und Rosalinde, der Ehefrau der männlichen Hauptrolle Gabriel von Eisenstein, gibt Alfred folgende Zeilen zum Besten:

Trinke, Liebchen, trinke schnell,
trinken macht die Augen hell!
Mach doch nur kein bös' Gesicht
sei hübsch lustig, grolle nicht!
Brachst du einmal auch die Treu',
das sei dir verziehn;
schwöre wieder mir aufs Neu',
und ich glaub' dir kühn!
Glücklich macht uns Illusion.
Ist auch kurz die ganze Freud';
sei getrost, ich glaub' dir schon
und bin glücklich heut.[78]

Die kurzfristige Lebenseinstellung der Protagonisten dieser weltbekannten Operette, in der reichlich Champagner fließt und in der nichts so ist, wie es am Anfang scheint, kommt klar zum Ausdruck. Das Jahr der Welturaufführung dieser beliebten Operette ist äußerst aufschlussreich: 1874, also im Jahr nach dem *Großen Krach* und damit nach einer Epoche des billigen Geldes und Kredits, in der man vom grenzenlosen Wachstum träumte.

Das Hinausschieben der unausweichlichen Korrektur vertieft die Verwerfungen und vergrößert den unabwendbaren Anpassungsbedarf. Setzt Herr Mayer die wirtschaftspolitischen Empfehlungen der meisten Ökonomen zur Bekämpfung seines Katers sinngemäß um, so greift er schon am Morgen zum Alkohol. Er stellt seinem Körper zusätz-

---

78 S. www.opera-guide.ch.

liche Liquidität zur Verfügung. Tatsächlich verschwinden die Kopfschmerzen vorübergehend. Allerdings nur um den Preis wesentlich schlimmerer Kopfschmerzen am nächsten Tag. Dieser Vorgang lässt sich einige Zeit lang unter der beständigen Steigerung der Dosis aufrechterhalten, bis eines Tages der Körper nicht mehr mitspielt und Herr Mayer zusammenbricht.

Die gegenwärtige Situation ist noch irrsinniger. Am Morgen greift Herr Mayer in dem Glauben zum Alkohol, der Alkohol sei die geeignete Medizin für seinen Kater, obwohl er hier und da sogar vermutet, dass der übermäßige Alkoholkonsum den Kater überhaupt erst herbeigeführt hätte. In der Politik des „billigen Geldes" und der hemmungslosen Verschuldung sieht heute sogar der eine oder andere Verantwortungsträger einen wichtigen Grund für den Konjunkturabschwung. Dennoch werden unter Preisgabe jeglicher Logik staatliche Kreditprogramme zur Wirtschaftsankurbelung gefordert und die Geschäftsbanken dazu gedrängt, ihre restriktive Kreditpolitik aufzugeben.

2.3.7.3. *Der Crack-up-Boom oder die Katastrophenhausse*

Das Spielchen der Reflationierung kann sich einige Male wiederholen bis zu jenem Zeitpunkt, an dem das Gros der Bevölkerung bemerkt, dass der Anstieg der Preise kein zeitlich begrenztes Phänomen war, weil die Zentralbank nicht von der Niedrigzinspolitik abweicht. Ein Grund, Geld zu halten, liegt darin, Kaufkraft aufzubewahren. Muss man jedoch davon ausgehen, dass die morgige Kaufkraft niedriger ist als die heutige, verliert das Geld eine seiner wichtigsten Funktionen. Um dem zukünftigen Kaufkraftverlust zuvorzukommen, wird die Geldhaltung rapide abgesenkt, bis der objektive Tauschwert des Geldes der Realität entspricht. Und der ist für einen bedruckten Fetzen Papier nicht sonderlich hoch; die *Hyperinflation* oder die *Flucht in die Sachwerte* ist uns bei der Diskussion des Geldes bereits begegnet. In der Konjunkturtheorie wird dasselbe Phänomen auch als *Katastrophenhausse* oder *Crack-up-Boom* bezeichnet. Die sich stark ausweitende Geldmenge bei gleichzeitigem Rückgang der Geldhaltung lässt die nominellen Gewinne der Unternehmen und die Börsenkurse explosionsartig ansteigen. Die Börse von Simbabwe verzeichnete eine Kurssteigerung von über 12.000% innerhalb von zwölf Monaten (April 2006 bis April 2007).[79] Es versteht sich von selbst, dass die nominellen Kurssteigerungen die massive reale Entwertung der Währung bestenfalls zum Teil kompensieren konnten. Die vollständige Zerrüttung der Währung und der Wirtschaft beenden das wirtschaftspolitische Fiasko, das dereinst mit einer leichten Zinssenkung ihren Anfang genommen hatte.

Das Aufbrechen einer nicht monetären Illusion schildert uns der deutsche Film „Der Untergang" (2004). Regisseur Oliver Hirschbiegel und Drehbuchautor Bernd Eichinger inszenieren auf eindrucksvolle Art und Weise die letzten Tage im Berliner Führerbunker am Ende des Zweiten

---

79 Koning, John Paul: „Simbabwe Stock Exchange ,Benefits' from Austrian Economic Theory", 12. April 2007, www.dailyreckoning.com.au/zimbabwe-stock-exchange/2007/04/12.

Weltkrieges im Frühling des Jahres 1945. Während dieses kurzen Zeitabschnittes schwindet bei den hochrangigen Insassen des Bunkers die letzte Hoffnung auf den „Endsieg", und sie ergeben sich langsam, aber sicher ihrem Schicksal. Diese Selbstaufgabe manifestiert sich in wildesten Partys, die alle unter dem Eindruck stehen: „Leben, als gäbe es kein Morgen." Es wird gesoffen bis zum Umfallen, Anstand und Moral weichen dem ungezügelten Treiben, ebenso wie die hierarchischen Strukturen des Militärs und die gesellschaftlichen Abstufungen. Vergangene Verdienste verblassen zu unbedeutenden Einträgen im Lebenslauf. Den handelnden Akteuren ist jeder Wille abhanden gekommen, die Situation noch irgendwie zu retten und die Weichen für einen Neustart zu stellen. Als die Sowjets schließlich vor der Tür stehen und die Blase „Nationalsozialismus" endgültig zerplatzt, richten sich viele Bunkerinsassen selbst. Auf radikalste Weise verleihen sie mit diesem Schritt ihrer Perspektivlosigkeit und extrem hohen Zeitpräferenz Ausdruck.

2.4. Zusammenfassung

Falsche Vorstellungen über den Wirtschaftsablauf sind ein wichtiger Grund für die Wiederkehr und Verlängerung von Wirtschaftskrisen. Der auf John M. Keynes zurückgehende Keynesianismus, von vielen Ökonomen schon mehrfach für tot erklärt, erfreut sich allen Unkenrufen zum Trotz heute weiterhin allgemeiner Beliebtheit, wie die zahlreichen politisch verordneten „Konjunkturpakete" und „Ankurbelungsmaßnahmen", die Forderungen nach niedrigen Zinsen und antizyklischen Budgetdefiziten zeigen. Er ist so tief in den gesellschaftlichen Wissensschatz eingedrungen, dass er vielen Menschen einen realistischen Blick auf den Wirtschaftsablauf verstellt. So forderte im Sommer 2009 der damalige deutsche Finanzminister Peer Steinbrück in einem Brief an die deutschen Geschäftsbanken diese ultimativ auf, „[...] eine ausreichende Kreditversorgung der deutschen Wirtschaft zu angemessenen Konditionen aufrecht[zu]erhalten".[80] Dieser eindringliche Appell zur Ausgabe weiterer Zirkulationskredite wurde von der EZB vorbehaltlos geteilt. Die tragischen Konsequenzen mangelnden Wissens über den Grund des Konjunkturzyklus bringt Ludwig von Mises auf den Punkt:

„Man beklagt die Krise und man beklagt die Depression, doch weil man den Kausalzusammenhang zwischen dem Vorgehen der Umlaufmittelbanken [Geschäftsbanken, Anm.] und den beklagten Übeln unrichtig beurteilt, fördert man eine Zinspolitik, die notwendigerweise wieder zur Krise und zur Depression führen muss."[81]

Ein wichtiger Beitrag zur Beendigung der wiederkehrenden Wirtschaftskrisen ist der Abschied von der Vorstellung, die wirtschaftliche Entwicklung könne nur in zyklischen Wellenbewegungen ablaufen. Ebenso gilt es sich von der Vor-

---

80 Brief vom 13. Juli 2009, Quelle: www.bundesfinanzministerium.de.
81 Mises, Ludwig von: „Geldwertstabilisierung und Konjunkturpolitik", Gustav Fischer, Jena, 1928, S. 60.

stellung zu verabschieden, wonach Wohlstand durch das Anwerfen der Notenpresse bzw. durch das Setzen des Zinssatzes durch die Zentralbank gleichsam wie auf Knopfdruck geschaffen wird. Materieller wie ideeller Wohlstand ist das Resultat zielorientierten Tätigseins, das die Realisierung hochwertiger Ziele anstrebt.

Die wichtigsten Erkenntnisse dieses Kapitels fasst die folgende tabellarische Gegenüberstellung zusammen:

Gewöhnlicher Bankrott	Konjunkturzyklus
Vereinzelt	Großflächig (Cluster of Errors)
Bestandteil des menschlichen Handelns	Wohlstandsmindernd
Unvermeidbar	Vermeidbar

Nachhaltiges Wachstum	Boom
Reale Wertmehrung	Bildung von Scheinwerten
Wohlstandserhöhend	Wohlstandsmindernd
Krisenfrei	Rezession unvermeidbar

Boom	Rezession
Monetär verursacht	*Strukturelle* Krise
Verzerrt	Entzerrt
„Erkrankung"	Heilung

3. Der traumatische Börsenkrach von 1929 und die Große Depression

Ein traumatisches Ereignis für die westliche Welt im Allgemeinen und die USA im Speziellen war der Börsenkrach vom 24. Oktober 1929, der *Schwarze Donnerstag*, auf den in Europa der *Schwarze Freitag* folgte. Als die Börse in New York an jenem Herbsttag krachte, verloren unzählige Menschen binnen weniger Stunden einen Gutteil ihres Vermögens. Die Verzweiflung über das Platzen der Börsenblase nahm einige Börsenmakler und Anleger so sehr mit, dass sie Selbstmord verübten. Mit einem Schlag fand der Traum vom ungebrochenen Wirtschaftswachstum und beständig steigenden Börsenkursen ein Ende.

Keine andere wirtschaftliche Begebenheit prägte die Wirtschaftspolitik von Generationen an Ökonomen und Politikern weltweit so einschneidend. Die Auseinandersetzung mit den Gründen für den *Börsenkrach von 1929* und der *Großen Depression* ist deswegen nicht nur für Theoretiker von Interesse. Die Wirtschafts- und Geldpolitik der Gegenwart bezieht ihre Untermauerung auch aus der Interpretation der Ereignisse der damaligen Zeit. Mit allen Mitteln, so die einhellige Meinung der Ökonomen und Politiker, müsse eine Wiederholung der damaligen Geschehnisse verhindert werden. Für den derzeitigen Vorsitzenden des FED und Ökonomen Ben Bernanke ist das richtige Verständnis über die Geschehnisse von 1929 und die darauf folgenden Jahre sogar der „Heilige Gral der Makroökonomie".

3.1.   Die Roaring Twenties

Am Boom der 1920er – der *Roaring Twenties* – erfreuten sich große Teile der Bevölkerung. Durch die Ballsäle fegte man im Foxtrott oder Charleston, der Jazz erlebte eine Blütephase und ganz allgemein wurde das Zeitalter des ewigen Wachstums proklamiert. Zahlreiche Erfindungen heizten die Aufbruchstimmung nach dem Ende des Ersten Weltkrieges an. Doch am Horizont braute sich das Unwetter zusammen, das am Ende dieses Jahrzehnts zunächst über die USA, später über die gesamte westliche Welt hereinbrach.

Die Partystimmung wurde von der Inflation weiter angeheizt; in den acht Jahren zwischen 1921 und 1929 stieg die ungedeckte Geldmenge um insgesamt 61,8%.[82] Dies entspricht einem jährlichen Anstieg von rund 6,1%. Für die heutigen Verhältnisse klingt das recht wenig. Allerdings zieht jede noch so kleine Erhöhung der ungedeckten Geldmenge wirtschaftliche Verwerfungen nach sich. Die Inflationshöhe bestimmt lediglich die Tiefe der Verwerfungen.

Die Inflationierung in den 1920ern ist zum einen auf eine relative Verschiebung von Sichtguthaben (engl. „demand deposits") mit vergleichsweise hohen Mindestreservesätzen (7–13%) zu Terminguthaben (engl. „time deposits") mit vergleichsweise niedrigen Mindestreservesätzen (3%) zurückzuführen. Je niedriger der Mindestreservesatz liegt, desto

---

82   Rothbard, Murray N.: „America's Great Depression", 5. Auflage, Ludwig-von-Mises-Institute, Auburn, AL, USA, 2000 [1963], S. 93.

stärker können die Geschäftsbanken die Geldmenge durch die Ausgabe von Zirkulationskrediten ausweiten. Und weil die Terminguthaben de facto auf Sicht einlösbar waren, sind sie zur Geldmenge zu rechnen.[83]

Zum anderen spielten wie bei jeder Inflation politische Überlegungen eine bedeutsame Rolle. Der Erste Weltkrieg zog nicht nur die politische Neuordnung Kontinentaleuropas nach sich. Auf globaler Ebene verlor Großbritannien seine politische Führungsrolle an die USA. Auch deswegen, weil die ehemalige Führungsmacht einen folgenschweren wirtschaftspolitischen Fehler beging. Aus politischer Großmannsucht kehrte Großbritannien zur Vorkriegsparität (1 Pfund = ca. 4,87 USD) zurück, obwohl das Pfund zur Kriegsfinanzierung kräftig inflationiert worden war und deswegen eine Abwertung um 10–20% vonnöten gewesen wäre.[84]

Die Rückkehr zur alten Parität wäre durchaus möglich gewesen. Die englische Regierung und die Bank of England hätten eine Deflation in der Größenordnung von 10–20% zulassen müssen, in deren Gefolge sich das allgemeine Preisniveau nach unten angepasst hätte. Speziell am Arbeitsmarkt war die Anpassung der nominellen Löhne aber nicht durchzusetzen, weil sich die Gewerkschaften gegen Lohnsenkungen verwehrten. Die Folge dieser Fixierung über dem Marktpreis war eine sich verstetigende Arbeitslosigkeit als Ausdruck dieses Eingriffs in das Marktgefüge.

---

83 Ebenda, S. 97.
84 Ebenda, S. 143.

Die vorübergehende Lösung der Arbeitslosigkeit über eine verstärkte Inflationierung, die die Reallöhne bei steigenden oder zumindest nicht nachgebenden Nominallöhnen absenkt, ist eine denkbar schlechte wirtschaftspolitische Entscheidung. Neben den negativen Konsequenzen für die Ersparnisbildung und der Auslösung des Konjunkturzyklus verstellt sie den Blick auf den grundlegenden ökonomischen Irrtum. Die Höhe der Reallöhne ist nicht von der Verhandlungsmacht der Gewerkschaften oder der Gesetzgebung der Regierung abhängig. Wenn Wohlstand tatsächlich per Knopfdruck geschaffen werden könnte, müsste man sich ernsthaft fragen, warum die Löhne nicht gleich verdoppelt oder verdreifacht werden. Die Reallohnhöhe hängt von der Ersparnisbildung einer Gesellschaft ab. Je höher der Kapitalstock ist, desto höher sind die Reallöhne. Der Versuch, das Problem der Arbeitslosigkeit über eine Inflationierung zu lösen, ist somit ein Schuss ins eigene Knie.

Weil Großbritannien aber an der alten Parität festhielt, begann es, zügig Gold an die USA zu verlieren. Das zu hohe nominelle Preisniveau in England passivierte die Handelsbilanz und führt zu einem anhaltenden Export der englischen Goldreserven zur Finanzierung des Handelsbilanzdefizits.

In dieser Situation kamen die USA Großbritannien auf ihre Bitte hin zu Hilfe, indem sie den US-Dollar stärker zu inflationieren begannen. Die Inflationierung des US-Dollars speiste sich ab 1924 auch aus dieser Quelle und speziell die Zinssenkung von 1927 auf 3½% unter Präsident Calvin Coolidge gab dem Boom der 1920er weitere Nahrung.

Der Abfluss von englischem Gold nahm ab und die englische Exportindustrie konnte aufatmen – ein Pyrrhussieg sowohl für die USA als auch für Großbritannien. Die strukturellen Probleme Großbritanniens blieben bestehen und die USA setzten ihren Weg der ökonomischen Unvernunft schnelleren Schrittes fort. Dieser Weg sollte schließlich in der Katastrophe von 1929 enden.

3.2.   Der Börsenboom der 1920er

In den ersten zweieinhalb Jahrzehnten des 20. Jahrhunderts bewegte sich der *Dow-Jones-Index* in engen Bahnen zwischen 50 und 100 Punkten. Einen ersten markanten Anstieg erlebte die New Yorker Börse von Ende 1903 bis in den Jänner 1906, als zum ersten Mal die 100-Punkte-Grenze durchbrochen wurde. Die Verdoppelung auf 100 Punkte war der Vorläufer der *Panik von 1907*, die Ende 1907 über die USA hereinbrach. Im Zuge dieser Krise verlor der *Dow-Jones-Index* dann wieder fast 50% von seinem damaligen Höchststand. Ein kleines, fast unbedeutendes Vorspiel zu dem, was rund zwei Jahrzehnte später im *Schwarzen Donnerstag* münden sollte.

Die absoluten Kursgewinne während des Börsenbooms in den 1920ern erscheinen dem inflationsgeplagten Menschen des 21. Jahrhunderts mit rund 300 Punkten verschwindend gering. Die relative Dimension mit einer knappen Versechsfachung des Index von 1921 bis 1929 war aber durchaus beachtlich. So richtig Fahrt nahm der Boom der 1920er im Sommer des Jahres 1924 auf. Im Dezember 1927 überquerte der Index zum ersten Mal in seiner Geschichte die Marke von 200 Punkten und zum Jahreswechsel 1928/1929 fiel die Marke von 300 Punkten. Der Börsenboom trieb wilde Blüten. Der Kurs der „Radio Corporation of America" verfünffachte sich nahezu von 85 auf 410 Punkte, obwohl kein einziges Mal eine Dividende ausbezahlt worden war. Der Begriff des „High Leverage" (dt. spekulieren mit „hohem Fremdkapitaleinsatz" bzw. „hohem Verschuldungsgrad") erlebte seine Geburtsstunde. Die Börsenspekulation auf Kredit wurde salonfähig. Die Stimmung am Börsenparkett war euphorisch. Man strebte nicht mehr nach einer üppigen Dividende. Möglichst hohe Kursgewinne wollte man erzielen, und das in kürzestmöglicher Zeit.

Getragen vom übertriebenen Fortschrittsoptimismus der damaligen Zeit wurde wieder einmal das Zeitalter des ewigen Wachstums ausgerufen. Es schien, als hätte der Mensch endlich eine Möglichkeit gefunden, die materielle Armut zu überwinden. Eine Lehre aus den Geschehnissen von 1873 in Wien wollte oder konnte man nicht ziehen. Den Höchststand von 381,17 Punkten markierte der Dow-Jones-Index am 3. September 1929. Am 24. Oktober 1929 verloren die Anleger die Nerven. Das inflationistische Kartenhaus brach ein. Zu Beginn der folgenden Woche wurde der Index unter die 300-Punkte-Marke gedrückt. Bis in den Sommer 1932 rasselte der Dow-Jones-Index, von einigen kurzen Erholungsphasen abgesehen, auf seinen historischen Tiefststand von 41,22.

3.3. Die gewöhnliche Sicht auf die 1920er

In der wirtschaftspolitischen Interpretation der 1920er-Jahre und des Börsenkrachs von 1929 werden zwei ökonomische Fehlschlüsse seit Jahrzehnten beständig wiederholt. Die schon ausführlich dargelegte sprachliche Blindheit infolge der synonymen Verwendung von Teuerung und Inflation führt dazu, dass die meisten Ökonomen die Inflation der 1920er schlicht nicht erkennen. Die Teuerungsrate zeigte in dem Jahrzehnt nur geringe Bewegungen. Der Verbraucherpreisindex erhöhte sich leicht von 102,3 auf 104,3 in den fünf Jahren von 1921 bis 1926 und gab bis 1929 auf 100,1 nach. Der Großhandelspreisindex nahm in der ersten Hälfte der 1920er-Jahre von 93,4 auf 104,5 zu und fiel bis Juni 1929 auf 95,2.[85]

Die meisten Ökonomen nehmen diesen im historischen Vergleich geringen Anstieg der Verbraucherpreise als Beleg für die nicht inflationäre Geldpolitik in den 1920er-Jahren. Damals wie heute wird dem technologischen Fortschritt „inflationsdämpfende" Wirkung zugeschrieben. Daraus leitet sich der Fehlschluss ab, dass eine inflationistische Geldpolitik in einem Umfeld raschen technologischen Fortschritts keine preistreibende Wirkung entfalte. Ökonomisch ist diese Schlussfolgerung falsch. Aus der ökonomischen Erkenntnis, wonach die Inflationierung notwendig preistreibend wirkt, können wir schließen, dass der Verbraucherpreisindex im

---

85 Ebenda, S. 170.

Beobachtungszeitraum deutlicher gefallen wäre, wenn nicht inflationiert worden wäre.

So wären in den letzten beiden Jahrzehnten in einem nicht inflationistischen Umfeld die Preise aufgrund der stark gestiegenen Güterproduktion, die speziell durch die Ostöffnung und das rasante Wachstum in China und Indien signifikant ausgeweitet worden ist, kräftig gesunken. Das Eigenlob der EZB, historisch niedrige Teuerungsraten bewirkt zu haben, ist nicht zutreffend.[86] Ohne die von ihr nicht beeinflussten politischen Umwälzungen in Osteuropa und Asien hätten die Bürger die Konsequenzen der expansiven Geldpolitik schon früher zu spüren bekommen.

Ein anderer Fehlschluss wurde von John K. Galbraith in seinem Buch „The Great Crash" popularisiert. Er vertritt die Ansicht, dass die hohen Einkommensunterschiede und die hohe Vermögenskonzentration die Nachfrage destabilisierten, weswegen die ersten schlechten Unternehmensnachrichten eine Abwärtsspirale auslösten. Diese Abwärtsspirale könne durch eine Umverteilung von den Reichen zu den Armen gestoppt werden, da die ärmeren Bevölkerungsschichten eine höhere Konsumneigung als die Reichen hätten.

Das Auseinanderdriften der Gesellschaft in den 1920ern ist sicherlich auch auf die Inflationierung zurückzuführen, weil die Inflationierung eine institutionalisierte Form der

---

86   Z.B. Stark, Jürgen: „Eine Bilanz von 10 Jahren Euro und der Geldpolitik der EZB", Vortrag an der Akademie für politische Bildung Tutzing, 14. Februar 2009, www.ecb.int/press/key/date/2009/html/sp090214.de.html.

Umverteilung von den Letztbeziehern zu den Erstbeziehern ist. Allerdings ist die Folgerung, wonach eine erneute oder effizientere Umverteilung von den Reichen zu den Armen den Börsenkrach hätte verhindern können, ökonomisch höchst kontraproduktiv. Denn es ist eben nicht die Ausweitung des heutigen Konsums auf Kosten des investiven Sparens, die das wirtschaftliche Wachstum beschleunigt. Jede Form der kurzfristigen Konsumausweitung, auch wenn sie noch in wohlfeile politische Konzepte gegossen und mit rhetorischen Taschenspielertricks verhüllt wird, reduziert den zukünftigen Wohlstand. Obendrein höhlt die Umverteilungsrhetorik die Eigentumsrechte weiter aus und fördert auf diesem Weg erst recht die Konsumorientierung der Bevölkerung. Wer sich nicht sicher sein kann, die Früchte seiner Arbeit zu ernten, wird erst gar nicht eine Investition tätigen.

Diese Ausführungen sollen nicht als Billigung oder Befürwortung der inflationistischen Umverteilung verstanden werden. Zweifelsohne wird es eine der großen Herausforderungen in den kommenden Jahren, wenn nicht Jahrzehnten sein, die von der Inflationierung hervorgerufene ungerechte Vermögensumverteilung zu beheben, ohne eine Ungerechtigkeit durch eine andere Ungerechtigkeit zu vergelten. Eine weitere politisch motivierte und mit falschen ökonomischen Argumenten untermauerte Umverteilung zum Zwecke der Wirtschaftsankurbelung wird die bestehende Ungerechtigkeit noch weiter verschärfen. Ohne eine breite moralische, rechtliche und ökonomische Würdigung der Wirtschaftspolitik der vergangenen Jahrzehnte wird es nicht möglich sein, sich dem Strudel der Ungerechtigkeiten zu entziehen.

3.4. Aus der Rezession wird eine Depression

Entgegen der landläufigen Meinung, wonach sowohl der *Börsenkrach von 1929* als auch die *Große Depression* das Ergebnis einer freien Marktwirtschaft seien, resultierten beide Ereignisse aus staatlichen Eingriffen in das Marktgeschehen. Der interventionistische Charakter der Inflationierung und des dadurch ausgelösten Konjunkturzyklus ist bereits ausführlich dargelegt worden. Als dann geschah, was gesehen musste – auf den Hochmut des Booms in den 1920ern antwortete die Realität mit der Wucht des Börsenkrachs –, reagierten die amerikanische Regierung und das FED im weiteren Verlauf der Krise auf törichte Art und Weise.[87]

Einige der wichtigsten staatlichen Eingriffe in die Heilungsphase der Rezession in den 1930ern sollen verdeutlichen, dass für die „Große Depression" der staatliche Interventionismus, allen voran der „New Deal", die Verantwortung trägt. Doch das Unglück nahm bereits unter der Präsidentschaft von Herbert Hoover (1929–1933) seinen Lauf.

---

[87] Die folgenden Ausführungen basieren im Wesentlichen auf Rothbard, Murray N.: „America's Great Depression", 5. Auflage, Ludwig-von-Mises-Institute, Auburn, AL, USA, 2000 [1963] und Reed, Lawrence W.: „Great Myths of the Great Depression", überarbeitete Online-Fassung, Makinac Center for Public Policy, September 2005, www.mackinac.org/article.aspx?ID=4013.

Schlagartig erhöhte der „Smooth-Hailey-Tariff" von 1930 die Zölle und der Rest der Welt antwortete mit einer Welle an protektionistischen Maßnahmen. Das abrupte Aufflammen des Protektionismus beschleunigte die Desintegration des Welthandels. Die Arbeitsteilung wurde behindert, der Wohlstandsrückgang beschleunigte sich. Massive Steuererhöhungen trugen das Ihre dazu bei, die sich langsam erholende Wirtschaft erneut in die Knie zu zwingen. In den wenigen Jahren von 1929–1932 verdoppelte sich die Gesamtsteuerbelastung fast auf 28,9% des Netto-Privateinkommens. Der Höchststeuersatz der Einkommensteuer wurde von 24% auf 63% angehoben und damit nahezu verdreifacht.

3.5. Die Wirtschaftspolitik des New Deal

Endgültig in die Depression stürzte die amerikanische Wirtschaft der von Präsident Franklin D. Roosevelt (1933 bis 1945) umgesetzte New Deal. Dieser bislang einmalige Giftcocktail setzte sich unter anderem aus folgenden Zutaten zusammen: unzählige Steuererhöhungen, gesetzliche Mindest- und Höchstpreise, staatlich verordnete Kartellbildung, zahlreiche Arbeitsbeschaffungsprogramme, die staatlich angeordnete Vernichtung von Lebensmitteln, das Verbot des privaten Goldbesitzes am 9. März 1933, das bis 1976 Bestand hatte, sowie eine massive Abwertung des Dollars von 20,67 USD pro Feinunze auf 35 USD pro Feinunze.

Allesamt Maßnahmen, die mit einer freien Wirtschaftsordnung nicht in Einklang zu bringen sind.

Die Abwertung war die unumgängliche Folge der vorangegangenen Inflationierung. Ohne die Abwertung hätten die Besitzer der Banknoten durch die Einlösung derselbigen die amerikanischen Goldreserven in kürzester Zeit vollständig zum Abschmelzen gebracht. Faktisch handelte es sich bei dieser Abwertung um eine Sondersteuer für alle Besitzer von Geldzertifikaten in der Größenordnung von 40 Cent je US-Dollar. Diese Abwertung war eine Bankrotterklärung für die Geldpolitik des FED im Speziellen und der inflationistischen Wirtschaftspolitik im Allgemeinen.

Trotz eines Rückgangs der nominellen Löhne um knapp 25% bis März 1933 legte das Reallohnniveau im Vergleich zum Juni 1929 um 8,3% zu. Denn in einer Deflation führt selbst ein gleich bleibender nomineller Mindestlohn zu einer stetigen Erhöhung des Reallohnniveaus. Sofern dieses über dem Marktniveau liegt, ist Arbeitslosigkeit unvermeidbar. In der deflationären Phase 1929–1933, der 5096 Banken zum Opfer fielen, war der Rückgang des Nominallohnniveaus noch immer zu gering. So stieg die Arbeitslosigkeit mit bis zu 26,7% in schwindelerregende Höhen.

Besonders schädlich wirkte sich des Weiteren der im Mai 1933 verabschiedete „Agricultural Adjustment Act" (AAA) aus. Die damalige Regierung unter Franklin D. Roosevelt ging von der irrigen Annahme aus, dass die zu geringen Einnahmen der Bauern die Nachfrage nach anderen Gütern verringere. Um diesen Nachfrageausfall zu kompensieren, sollte das Einkommen der Bauern künstlich erhöht werden. Als Mittel wählte die Regierung unter anderem die staatlich verordnete Stilllegung von Anbauflächen und die Vernichtung von Lebensmitteln. Lebensmittel wurden auf staatlichen Befehl vernichtet, obwohl immer mehr Amerikaner hungerten. „Wohlstandsaufbau durch Wohlstandsvernichtung" lautete die wahnwitzige Devise. Die steigenden Lebensmittelpreise drückten die Realeinkommen der Arbeiter, die noch einer Beschäftigung nachgingen, zusätzlich.

Nur wenige Monate später wurde der „National Industrial Recovery Act" (NIRA) verabschiedet. Dieses Gesetz hatte unter anderem zum Ziel, den Preisverfall bei Industriewaren zu stoppen. Die Folgen dieser Maßnahme waren ähnlich wie beim AAA. Das geringe Angebot ließ die Preise steigen und das Realeinkommen der Arbeitnehmer sinken. Beide Maßnahmen wurden allerdings nach kurzer Zeit vom amerikanischen Höchstgericht 1935 (AAA) bzw. 1936 (NIRA) für verfassungswidrig erklärt. Als sich trotz, nicht wegen dieser Maßnahmen eine Erholung abzeichnete, versetzte der 1935 verabschiedete, aber erst 1937 Gesetzeskraft erlangende „Wagner Act" der amerikanischen Wirtschaft erneut einen Tiefschlag. Der „Wagner Act" bestätigte und erweiterte die im NIRA den Gewerkschaften zugestandenen Privilegien. Die Gewerkschaften nutzten dieses Privileg auf Kosten der arbeitslosen Bevölkerung schamlos aus und prompt legte die Arbeitslosigkeit erneut um ca. ein Drittel von 15% auf fast 20% zu. Es darf eben nicht vergessen werden, dass die Gewerkschaften im Allgemeinen die Interessen der arbeitenden Bevölkerung vertreten und nicht die der Arbeitslosen. Der Spitzensteuersatz in der Einkommensteuer wurde auf unbeschreibliche 90% erhöht, wobei Präsident Roosevelt den Satz auf 100% für Einkommen über USD 25.000 per präsidialer Durchführungsverordnung (engl. „executive order") festsetzen wollte. Gegen diese Verordnung legte der Kongress erfolgreich sein Veto ein.

Heftig kritisiert wird auch die Geldpolitik des FED im Anschluss an den Börsenkrach von 1929. Ihre deflationäre Politik habe die Krise verschärft, weswegen heute in Zentralbankkreisen und in der Politik die damalige Passivität des FED durchwegs negativ beurteilt wird. Eine Reflationierung, so die weitverbreitete Meinung, hätte die Depression verhindern können. Dies ist aber nicht der Fall, wie wir schon gesehen haben; die *monetäre* Reflationierung kann die *strukturellen* Probleme der Rezession nicht beheben.

Zudem hat das FED im Laufe der 1930er-Jahre mehrmals den Versuch einer Reflationierung unternommen und damit seinen Beitrag zur Verlängerung und Vertiefung der Krise geleistet. Die Zahlen für die 1930er-Jahre zeigen, dass die Geldmenge M2 von 1929–1933 zunächst um ein Drittel zurückging. Während der ersten Amtszeit von Präsident Roosevelt verzeichnete dieses Geldmengenaggregat allerdings wieder eine Zunahme von 50% und lag damit fast wieder auf dem Niveau von 1929.

Ein ästhetisches Opfer staatlicher Ankurbelungspolitik ist die Verschandelung der Landschaft, die mit monströsen Bauprojekten zubetoniert wird. Die relativ arbeitsintensive

Bauindustrie war schon immer ein bevorzugtes Lieblingskind keynesianischer Ankurbelungsmaßnahmen. Hinzu kommt, dass in den zur durchorganisierten Planwirtschaft neigenden Massendemokratien wahltaktische Erwägungen die staatliche Mittelverwendung maßgeblich beeinflussen. Kleinräumige Strukturen lassen sich in an die Masse gerichteten Wahlkämpfen schlecht vermarkten; pompöse (Regierungs-)Bauten, breite Autobahnen, pfeilschnelle Zugverbindungen und andere Zweckbauten machen sich hingegen gut in Wahlkämpfen. Und wie eindrucksvoll klingen Zeitungsmeldungen à la „Regierung verschafft 10.000 Menschen eine Beschäftigung" im Vergleich zu einer einzigen Einstellung eines Handwerkers durch einen Kleinunternehmer. Im New Deal waren die jeweils 1933 gegründete „Tennessee Valley Authority" (TVA) und die „Public Works Administration" (PWA) sowie die 1935 errichtete „Works Progress Administration" (WPA) die wichtigsten Träger dieser Politik.

Wohlstandsmehrend sind diese unter dem Schlagwort „nachfrageorientierte Wirtschaftspolitik" bekannt gewordenen Maßnahmen keinesfalls, die in der Forderung, der Staat solle Arbeitslose beschäftigen, um Löcher auszuheben und wieder zuzuschütten, den Gipfel des Unsinns erreichen. Erstens versteht man Wohlstand viel zu eng, wenn er nur als materieller Wohlstand aufgefasst wird. Zweitens ist nicht die Errichtung irgendwelcher Bauten wohlstandsmehrend, sondern nur die Errichtung derjenigen Bauten, die tatsächlich den Wünschen der Eigentümer oder etwaiger Mieter entsprechen. Deswegen schafft die „Löcher-ausgraben-

und-zuschütten"-Maßnahme keinen Wohlstand. Vielmehr verschwendet sie knappe Ressourcen, die anderweitig viel dringender benötigt werden. Es sollte auch nicht vergessen werden, dass die Bezahlung staatlicher Projekte immer mit Geld erfolgt, das anderen Menschen entweder durch Steuererhöhungen weggenommen wurde oder im Falle einer kurzfristigen Verschuldung zukünftig zusätzlich abgeknöpft wird.

Das Trauma „Große Depression" sitzt auch 80 Jahre nach dem Börsenkrach tief. Weil sich die Vorstellung durchgesetzt hat, dass diese Krise durch die zaghafte Reaktion des Staates verschlimmert wurde, obwohl die zahllosen Eingriffe und die Reflationierung die USA überhaupt erst von einer Rezession in eine Depression abgleiten ließen, droht heute großes Ungemach. Alle wesentlichen Akteure – Politiker, Zentralbanker und Wähler – fußen ihre Entscheidungen auf einer falschen theoretischen Grundlage und einer nicht minder falschen Deutung der Geschehnisse der 1920er- und 1930er-Jahre. Das Heil wird fast ausnahmslos darin gesehen, durch noch größere Wirtschaftsankurbelungsmaßnahmen und eine immer großzügigere Bereitstellung von Liquidität den Wirtschaftsabschwung zu bekämpfen. Diese in den letzten Jahrzehnten betriebene Reflationierungspolitik folgt der irrigen Empfehlung von John M. Keynes, die er in „Allgemeine Theorie der Beschäftigung, des Zinses und des Geldes" gab: „Somit ist das Heilmittel für den Aufschwung nicht ein höherer Zinsfuß, sondern ein niedrigerer Zinsfuß. Denn dies mag dem so genannten Aufschwung ermöglichen anzudauern."[88] Nach der inneren Logik der künstlichen Zinssenkung und der von ihr ausgelösten Effekte endet diese Politik jedoch früher oder später in der hyperinflationären Vernichtung der Währung.

---

88   Keynes, John M.: „Allgemeine Theorie der Beschäftigung, des Zinses und des Geldes", 7. Auflage Duncker & Humblot, Berlin, 1994, S. 272.

.

4.   Perspektiven der Wirtschaftskrise

Die Ausführungen in den vorherigen Kapiteln haben gezeigt, dass uns eine Weltwirtschaftskrise von historischem Ausmaß ins Haus steht. Jahrzehnte der inflationären Geldpolitik, der exzessiven Schuldenmacherei des Wohlfahrts- und modernen Kriegsstaates und einer zunehmenden anonymisierenden Vermassung des Menschen lassen für die nächsten Jahre, womöglich Jahrzehnte nichts Gutes verheißen.

Allein der monetäre Bereinigungsbedarf spricht Bände: In den 1920ern vermehrte sich die ungedeckte Geldmenge in der achtjährigen Inflationierungsphase um magere 61,8%. In den USA hat sich seit 1971 die Geldmenge von 492 Mrd. USD auf 5510 Mrd. USD mehr als verzehnfacht.[89] In der Eurozone beträgt die jährliche Inflationsrate seit Juni 1998 mehr als 10% pro Jahr. In diesen Zahlen nicht inkludiert sind die monetären Effekte jener Wirtschaftsankurbelungsprogramme sowie der Industrie- und Bankenrettungspakete, die erst zu einem späteren Zeitpunkt die Notenpresse in Beschlag nehmen werden.

Das Unheil ist angerichtet. Die Krise steht nicht nur vor der Tür, sie greift immer mehr um sich. Eine Krise (griech. „krinein" = scheiden; auch: sich entscheiden für, beschließen) bezeichnet nicht nur jene Situation, in der die Schein-

---

89   Quelle: Ludwig-von-Mises-Institute: www.mises.org/content/nofed/chart.
     aspx?series=TMS. Das „True Money Supply" wird auf der Grundlage der
     Geldtheorie der „Wiener Schule" berechnet. Stand Dez. 2008.

werte von den realen Werten geschieden werden. Eine Krise verlangt allen voran Entscheidungen – von jedem einzelnen Menschen, aber auch von der Gesellschaft als Ganzes. Wie diese Entscheidung ausfällt, ob aus den begangenen Fehlern gelernt und der Weg zum Guten beschritten wird oder ob die Fehler abgeschoben werden und ein schlechter Weg gewählt wird, ist nicht vorherbestimmt.

Daher sollen im Folgenden drei mögliche Szenarien dargelegt werden. Diese Darlegung hat den Zweck, anhand gesellschaftlicher Stimmungslagen und politischer Entscheidungen die ökonomischen und politischen Dynamiken frühzeitig zu erkennen. Mit diesem Wissensvorsprung versehen, sollten die Dynamiken im positiven Falle frühzeitig gefördert, vielleicht sogar überhaupt ausgelöst werden. Im negativen Fall gilt es die Dynamiken umzukehren oder zumindest zu bremsen. Ist beides nicht möglich, sollte man sich selbst dem Abwärtsstrudel bestmöglich entziehen.

4.1.   Der drohende Totalitarismus

Zynisch gesprochen haben die Nationalsozialisten die richtigen Lehren aus der wirtschaftspolitischen Fehlleistung der Weimarer Republik in der Zeit der Hyperinflation gezogen. Als sich im Verlauf der 1930er-Jahre die Teuerung infolge der Inflationierung bemerkbar machte, wurde der Preisauftrieb mit der ganzen Härte des Gesetzes bekämpft.

Am 26. November 1936 wurde die „Verordnung über das Verbot von Preiserhöhungen" erlassen. Nicht einmal zwei Jahre später trat die „Verordnung über Lohngestaltung" (25. Juni 1938) in Kraft. Die ökonomischen Folgen dieser Maßnahme waren abzusehen: Wie bei jeder Festlegung eines administrativen Höchstpreises unterhalb des Marktpreises verschwanden die Waren nach und nach vom Markt. Weil nicht nur einzelne Preise am Steigen gehindert wurden, sondern die Teuerung überhaupt gehemmt werden sollte, verlor das Geld zusehends seine Funktion als Tauschmittel. Die Nachfrage nach Geld ging zurück. Niemand wollte mehr zu den vorgeschriebenen Höchstpreisen seine Ware feilbieten. Die *realen* Preise waren in den Augen der Verkäufer schlicht zu niedrig. Mehr schlecht als recht ersetzten die von den staatlichen Behörden zugeteilten Bezugsscheine und Anteilsscheine das Geld:

„Es war den Finanzfachleuten des nationalsozialistischen Staates zweifellos gelungen, eine ins Uferlose gehende Preisinflation [= Teuerung] zu vermeiden. Dafür sorgte die rigorose Unterdrückung aller Preisauftriebstendenzen. Sie war nur durch eisernen Zwang möglich und durch immer weiter um sich greifende Rationierung, bis die Marktwirtschaft effektiv zu bestehen aufhörte und einer ausgeklügelten Zuteilungswirtschaft Platz gemacht hatte. In einer solchen aber hat das Geld seine zentrale Funktion als Träger der Kaufkraft eingebüßt. Und so war es auch in der Tat. Das Geld war nebensächlich geworden. Wichtig war lediglich, dass der einzelne seine Anteilscheine in Form von Brot- oder Fettmarken oder eines Bezugsscheines für Schuhe oder Spinnstoffwaren erhielt und – einlösen konnte, was nur mit immer größeren

Schwierigkeiten und in immer längeren Zeitabständen möglich war."[90]

Die wirtschaftlichen und politischen Konsequenzen dieser Maßnahme waren katastrophal. Eine Geldwirtschaft ist zum einen effizienter als eine staatliche Zuteilungswirtschaft. Als Lenin zu Beginn seiner Terrorherrschaft den privaten Handel verbot und das Geld abschaffte, bezahlten Millionen von Russen dieses menschenverachtende Experiment mit ihrem Leben. Zum anderen verleiht die dezentrale Geldwirtschaft einer Person eine gewisse Unabhängigkeit gegenüber ihren Mitmenschen, aber insbesondere gegenüber dem Staat. Unabhängig von der persönlichen Einstellung den Machthabern gegenüber kann sich jede über Geldmittel verfügende Person mit Waren und Dienstleistungen ihrer Wahl eindecken. Mit der staatlichen Ausschaltung der Geldwirtschaft tritt an die Stelle des uralten, paulinischen Prinzips „Wer nicht arbeiten will, soll auch nicht essen" (2 Thess 3, 10) der Grundsatz „Wer nicht gehorcht, soll nicht essen" (Leo Trotzki). Eine Diskussion über die mögliche weitere staatliche Begrenzung der Geldwirtschaft ist somit ein untrügliches Zeichen für einen heraufziehenden Totalitarismus.

Im Zeitalter der digitalen Erfassung der Menschen kann eine rein auf den Machterhalt fixierte Politik, die aus diesen historischen Erfahrungen die – machiavellistisch gese-

---

90 Gaettens, Richard: „Inflationen", Richard Pflaum Verlag, München, 1955, S. 290.

hen – richtigen Schlüsse zieht, eine noch nie da gewesene Macht über den Geld- und Tauschverkehr ausüben. In der Debatte um Auswege aus der Wirtschaftskrise überbieten sich renommierte Ökonomen durchwegs mit besorgniserregenden, weil ökonomisch kontraproduktiven und politisch bedenklichen Vorschlägen. So fordert Willem H. Buiter, Ökonom an der *London School of Economics*, in einem Beitrag für die angesehene *Financial Times* die Abschaffung des Papiergeldes. Als Begründung führt er an, dass dadurch die Zentralbanken die für die wirtschaftliche Belebung dringend notwendige Möglichkeit erhielten, den Nominalzins unter null zu drücken. Ohne Papiergeld wären die Bürger gezwungen, ausschließlich Kontoführungsguthaben bei den Banken zu halten, und diese Guthaben könnten ohne Probleme mit einem negativen Zins belastet werden. Diese durch und durch totalitäre Maßnahme verteidigt er explizit damit, dass der Nutzen des Papiergelds in der Begünstigung der Steuerflucht sowie in der Subventionierung des Schwarzmarktes und der globalen Terrornetzwerke läge. Nicht nur aus ökonomischen, sondern auch aus gesellschaftspolitischen Erwägungen wäre daher die Abschaffung des Papiergeldes äußerst vorteilhaft.[91]

Dieser Vorschlag veranschaulicht die äußerst beängstigende Tendenz der letzten Jahre; die staatlichen Behörden sammeln immer mehr Daten über die sozioökonomische

---

91   Buiter, Willem H.: „Negative interest rates: when are they coming to a central bank near you?", 7. Mai 2009, blogs.ft.com/maverecon/2009/05/negative-interest-rates-when-are-they-coming-to-a-central-bank-near-you/.

Lebenslage der Bürger. Der Zugriff des Staates auf das Vermögen der Bürger weitet sich unter der Rechtfertigung des Kampfes gegen den Terror aus. Das ohnehin schon durchlöcherte Bankgeheimnis wird weiter aufgeweicht und der Kampf gegen die Steueroasen wird mit allen Mitteln geführt.

Besonders die inflationäre Verwendung des Begriffs der „Steueroase" durch Politiker dies- und jenseits des Atlantiks ist äußerst aufschlussreich. „Wo eine Oase ist, muss rundherum Wüste sein." Besser hätte der Liechtensteiner Regent Fürst Hans-Adam II. den bedauerlichen politischen Zustand Europas nicht ans Tageslicht bringen können. Anstatt dass die Politiker ihren Beitrag dazu leisten, dass sich die vielfältigen Regionen Europas gemäß ihren Vorstellungen zum Vorteil aller entfalten können,[92] setzen sich die gewissenlosen Politiker lieber ans Steuer der Planierraupe und bedecken auch noch die letzten verbliebenen Oasen in Europa mit Wüstensand. Der intellektuelle wie moralische Widerstand gegen derartige Eingriffe in das Privateigentum und das neiderfüllte Ausspielen von Bevölkerungsgruppen ist von einigen wenigen Ausnahmen abgesehen gebrochen.

---

92 Siehe hiezu Kohr, Leopold: „Das Ende der Großen – Zurück zum menschlichen Maß", Otto Müller Verlag, Salzburg/Wien, 2002. Kohr geht sogar so weit, dass er die Schlechtigkeit des Menschen allein auf die Übergröße der politischen Ordnung zurückführt. Eine kleinräumige, dem menschlichen Maß entsprechende politische Ordnung würde den Menschen dagegen gleichsam von selbst zum moralisch guten Handeln anleiten. Er beantwortet allerdings nicht die Frage, warum der moderne Mensch zentralistische Strukturen nachfragt bzw. zulässt.

In wenigen Jahrzehnten hat der Wohlfahrtsstaat den vom Christentum mühsam errungenen Wall gegen den Neid – 9. und 10. Gebot des Dekalogs – sturmreif geschossen.

Repressalien gegen willkürlich auserkorene Sündenböcke werden geschickt als berechtigte Vergeltungsmaßnahmen getarnt, um vom Staatsbankrott abzulenken. Derartige Maßnahmen haben eine lange Tradition. Die Christenverfolgung von Kaiser Nero zählt sicher zu den bekannteren Ablenkungsmanövern. 1390 füllte König Wenzel seine leere Staatskasse mit der sogenannten „Judenentschuldung", einer breit angelegten Enteignung. Landesverweise und Pogrome rundeten die eingesetzten politischen Gewaltmittel ab.[93] In seinem Buch „Hitlers Volksstaat" weist Götz Aly mit Nachdruck auf die Kontinuität dieser menschenverachtenden Budget- und Entschuldungspolitik im 20. Jahrhundert hin: „Der Holocaust bleibt unverstanden, sofern er nicht als der konsequenteste Massenraubmord der modernen Geschichte analysiert wird."[94] Mit Zwangsanleihen, drastischen Steuererhöhungen für einige Bevölkerungsschichten und Enteignungen wurde die Finanzierung der Aufrüstung und des Wohlfahrtsstaates für einige Zeit sichergestellt. Auf diese Weise entkam der von der Wirtschafts-, Sozial- und Aufrüstungspolitik der Nationalsozialisten geleerte deutsche Staatshaushalt über Jahre dem Bankrott. Und als die

---

93 Fried, Johannes: „Zins als Wucher", Einführung zu: Le Goff, Jaques: „Wucherzins und Höllenqualen", Klett-Cotta, Stuttgart, 2008.

94 Aly, Götz: „Hitlers Volksstaat – Raub, Rassenkrieg und nationaler Sozialismus", S. Fischer, Frankfurt, 2005, S. 318.

mit Zwangsanleihen „entschädigten" Juden als Gläubiger die Zahlungsfähigkeit des Reiches gefährdeten, „ermordeten die Deutschen diese Gläubiger in ihren Gaskammern".[95]

Ein Exkurs zur Ökonomie des Pyramidenspiels soll helfen, die ökonomische Facette der Shoa besser verständlich zu machen.

4.1.1. Exkurs: Die Ökonomie eines Pyramidenspiels

Pyramidenspiele sind in der ökonomischen Theorie auch unter dem Begriff *Ponzi-Spiel* bekannt, benannt nach Carlo – später Charles – Ponzi, einem italienischen Immigranten in die USA. Er gilt als Urvater des Pyramidenspiels, jenes unverantwortlichen Geschäftsmodells, das entgegen seiner inneren Verfasstheit jedem Investor hohe Gewinne bei scheinbar niedrigem Risiko verspricht, seinem Wesen nach jedoch von Anfang an zum Scheitern verurteilt ist.

Durch Zufall entdeckte Charles Ponzi nach Ende des Ersten Weltkriegs die Möglichkeit, mit einem Arbitragegeschäft bei Rückportoscheinen einen hohen Profit zu lukrieren. Um seinen Gewinn zu maximieren, lockte er das Geld privater Anleger an, denen er eine Verzinsung von 45%, später von 50% auf 90 Tage versprach. Zunächst schien das Geschäft aufzugehen. Die ersten Investoren erfreuten sich an der exorbitant hohen Verzinsung. Immer mehr Menschen beteiligten sich unter Einsatz immer größerer finanzieller Mit-

---

95 Ebenda, S. 314.

tel an dieser – wie es schien todsicheren – Investition. Den höchsten Profit strich selbstverständlich Ponzi selbst ein.

Doch lange Postlaufzeiten und die beschränkte Anzahl an Rückportoscheinen ließen den Profit aus dem Arbitragegeschäft schmelzen. Um den Strom der Einzahlungen nicht versiegen zu lassen, beglich Ponzi fortan die Auszahlungen – die Nominale zuzüglich der versprochenen Verzinsung – aus den neu hinzugeflossenen Beiträgen. Der Charakter seiner Unternehmung änderte sich damit grundlegend.

Das charakteristische an einem Pyramidenspiel, das auch Schneeballsystem genannt wird, ist der Umstand, dass die von den Investoren gegen ein Zinsversprechen geliehenen Gelder keiner produktiven Verwendung zugeführt werden. Die versprochene Zinszahlung kann somit nicht aus den realisierten Profiten geleistet werden. Stattdessen greift ein Pyramidenspiel bei der Auszahlung auf die Einzahlungen der neuen Mitspieler zurück. Diese Einzahlungen sind selbst wieder mit einem Zinsversprechen angeworben worden. Daher besteht für ein Pyramidenspiel die namensgebende Notwendigkeit, seine Finanzierungsbasis ständig zu erweitern, entweder indem neue Mitspieler angeworben werden oder indem die versprochene Rendite erhöht wird, um die Finanzierungszusagen bereits investierter Anleger zu erhöhen. Ein Pyramidenspiel weist daher eine exponentielle Wachstumskurve auf.

Im idealtypischen Fall eines Pyramidenspiels wird überhaupt kein einziger Euro in ein Kapitalgut investiert, sondern die Einnahmen direkt zur Auszahlung der an der Spitze der Pyramide stehenden Anleger verwendet. Dabei gilt: Je geringer die versprochene Rendite, desto langsamer muss die Finanzierungsbasis wachsen, je höher, desto schneller. Unabhängig von der Höhe der gewährten Verzinsung wächst der Auszahlungs- und damit Finanzierungsbedarf exponentiell – in einer endlichen Welt ein unmögliches Unterfangen.

Doch ohne eine weitere und letzte Zutat ist ein Pyramidenspiel erst gar nicht vorstellbar. Die Anleger dürfen den wahren Charakter des Spiels nicht erkennen. Sie müssen davon ausgehen, dass es sich um ein reales Anlageprodukt handelt, das seine Rendite aus realen Erträgen bezahlt. Das Aufkommen des geringsten Zweifels an der Solvenz des Pyramidenspiels bzw. die Enttarnung des Pyramidenspiels als solches muss unter Aufbietung aller Kräfte verhindert werden. Daher müssen die Einzahler, zukünftige wie aktuelle, ständig bei Laune und mit fabelhaften Geschäftszahlen bei der Stange gehalten werden. Andernfalls bricht das Kartenhaus in kürzester Zeit in sich zusammen. Die Dramatik des Zusammenbruchs wird noch dadurch verstärkt, dass viele Anleger, angelockt von den verführerischen Renditeversprechungen, mit einem Gutteil ihres Vermögens in diesem einen Produkt investiert sind. Aus diesen Überlegungen ergeben sich einige Schlussfolgerungen über die Dynamiken eines Pyramidenspiels:

1. Der ständige Drang, neue Investoren zu finden.
2. Je länger ein Pyramidenspiel betrieben wurde, desto tiefer der Fall.

3. Je länger ein Pyramidenspiel betrieben wird, desto fragiler das System.

Zur Hinauszögerung des Zusammenbruchs kann der Betreiber eines Pyramidenspiels auf folgende Methoden zurückgreifen:

1. Aufrechterhalten der Illusion von der Eier legenden Wollmilchsau durch geschicktes Marketing.
2. Die Anleger mit Zwang daran hindern, aus dem Pyramidenspiel auszusteigen bzw. die Ausweitung der Finanzierungsbasis mit Gewalt durchsetzen.[96]
3. Die Verzinsung reduzieren.[97]

Private Pyramidenspiele können nur auf das erstgenannte Mittel zurückgreifen. Sobald ein Privatmann Zwang anwendet oder androht sowie die Verzinsung reduziert, enthüllt sich der wahre Charakter des Pyramidenspiels. Die auf der freiwilligen Zustimmung der in die Irre geführten Anleger beruhende Betrugsmaschinerie kollabiert. Staatliche Pyramidenspiele bzw. staatlich geschützte Pyramidenspieler von nominell privaten Betreibern können sich hingegen al-

---

96 Gewöhnlich ist von einer „Versicherungspflicht" in der „Pflichtversicherung" die Rede. Das Begriffspaar „Versicherungszwang" und „Zwangsversicherung" trifft den Sachverhalt allerdings wesentlich genauer.

97 Die Rendite der deutschen Rentenversicherung, aber nicht nur der deutschen, sinkt von Jahr zu Jahr und ist für einige Jahrgänge bereits negativ. Siehe „Deutsches Institut für Altersvorsorge" (www.dia-vorsorge.de/df_050321. htm).

ler drei Mittel bedienen. Gerade deswegen sind staatliche Pyramidenspiele wie alle als Umlageverfahren konzipierten Sozialversicherungssysteme sowie die Staatsanleihe und die Zirkulationskredite um Vieles problematischer als private.

Der Betrug eines Privatmanns zur eigenen Bereicherung ist nicht zu entschuldigen. Die Situation verschlimmert sich jedoch, wenn betrügerische Geschäftsmodelle wie das Pyramidenspiel auf staatlicher Ebene institutionalisiert werden. Die kleinen, lokal begrenzten Erschütterungen vereinzelter Betrugsfälle sind für eine Gesellschaft relativ leicht zu bewältigen. Selbst wenn einzelne Familien durch einen derartigen Betrug alles verlieren, kann das intakt gebliebene Umfeld diese Schicksalsfälle durch moralischen und finanziellen Beistand problemlos auffangen. Das Wohlstandsnetz ist nur an einer kleinen Stelle eingerissen.

Derartige Schicksalsschläge vermag ein Umlageverfahren vorübergehend durchaus zu mildern. Das erklärt zum Teil ihre Attraktivität, allen voran in einer Gesellschaft, die kurzfristiges Leid und Armut nicht ertragen möchte. Alle Pyramidenspiele wie z.B. die 1957 auf ein Umlageverfahren umgestellte deutsche Rentenversicherung ermöglichen der ersten Generation ein deutlich höheres Einkommen und die Sicherheit, auf jeden Fall eine Rente zu erhalten. Doch die dem Umlageverfahren zugrunde liegende Mentalität des „Von-der-Hand-in-den-Mund-Lebens" – schließlich werden die Einzahlungen nicht produktiv investiert, sondern den Rentnern zum Konsum übergegeben – ist das untrügliche Zeichen einer kurzsichtigen Politik. Wenn dann eines Tages das Kartenhaus zusammenbricht, wird die gesamte Gesellschaft finanziell schwer gebeutelt. Die ausgleichende Hilfe durch die Nachbarn, die Freunde und die Familie bleibt aus, weil das materielle Vermögensnetz großflächig zerrissen worden ist.

Die gesellschaftlichen und politischen Folgen eines staatlichen Pyramidenspiels liegen auf der Hand. Die dezentralen Einheiten, vor allem die Familie, wird entwertet. Jene politischen Einheiten, die das Umlageverfahren umsetzen, gewinnen an Macht und Einfluss. Otto von Bismarck, der als Begründer des modernen, d.h. von der Familie losgelösten deutschen Rentensystems gilt, machte keinen Hehl daraus, dass das Umlageverfahren die Menschen in die Abhängigkeit des Staates führt: „Ich habe lange genug in Frankreich gelebt, um mitzubekommen, dass die Treue der meisten Franzosen zu ihrer Regierungen [...] davon abhängt, dass die meisten Franzosen eine staatliche Rente erhalten."[98]

4.1.2. Sozialismus durch die Hintertür

Mit dem Fall der Berliner Mauer im Jahr 1989 schien der Kommunismus endgültig diskreditiert worden zu sein. Die um sich greifende Wirtschaftskrise, die fälschlicher- und eventuell fatalerweise der freien Marktwirtschaft und nicht der planwirtschaftlichen Zinssteuerung durch die Zentralbank angelastet wird, ermöglicht der Idee vom Gesell-

---

98 Brink, Lindsey: „Social Insecurity: Why an increasing number of countries are turning to marketbased pension plans", *Reason*, March 2002. Übersetzung des Autors.

schaftseigentum an den Produktionsmitteln ein unerwartetes Wiederaufleben.

Zunächst führte die Überflutung der Wirtschaft mit ungedeckten Zirkulationskrediten zu einer Überschuldung der Bevölkerung, die damit von den Banken finanziell abhängig wird. Wenn nun die Banken vor dem unausweichlichen Bankrott mit staatlichem Geld gerettet werden, sichert sich der Staat einen bleibenden und direkten Einfluss auf die Geschäftsbanken. Oder er verstaatlicht die taumelnden Geschäftsbanken „zum Wohle der gesamten Volkswirtschaft". Ehe man es sich versieht, ist der Staat über die in den Banken gespeicherten Daten in der Lage, das Privateigentum der Bürger noch stärker zu kontrollieren. Und die zahlreichen Schuldner sind fortan finanziell vom neuen Eigentümer, dem Staat, abhängig. Eine direkte Enteignung des Privateigentums, wie es die Sozialisten aller Länder fordern, ist „dank" des gegenwärtigen Bankensystems nicht mehr vonnöten. Geduldig kann der Staat die Insolvenz der Überschuldeten abwarten und sich die bereitgestellten Sicherheiten einverleiben.

Zu den wichtigsten ideologischen Vorläufern der heute allgegenwärtigen Politik vom „billigen Geld" ist übrigens der utopische Frühsozialist Henri de Saint-Simon zu zählen, in dessen ideologischem Fahrwasser der „Crédit Mobilier" (dt. Mobilbankwesen) von den Gebrüdern Pereire in der ersten Hälfte des 19. Jahrhunderts ins Leben gerufen wurde. Die „Kreditnot Frankreichs" sollte endgültig überwunden werden. Das Frankreich Napoleons III. (1848–1852 bzw.

1852–1870) wurde mit Zirkulationskrediten überflutet. Bereits nach 15 Jahren brach die erste Mobilbank in sich zusammen. Dennoch verbreitete sich die Idee des Mobilbankwesens im deutschsprachigen Europa.[99] Zudem war die Konzentration der Ersparnisse das proklamierte Ziel der Begründer des modernen Geschäftsbankensystems. So sollten „alle die zwecklos im Lande zerstreuten kleinen Kapitalien in einem einzigen mächtigen Kanale vereinigt [werden], um damit die vaterländische Produktion je nach Bedürfnis bald reichlich, bald sparsamer befruchten zu können!"[100] Die als „kapitalistisch" bezeichnete Ordnung des gegenwärtigen Bankenwesens ist tief im utopischen Frühsozialismus verwurzelt.[101]

---

99 In Österreich: „k.k. priv. Österreichische Credit-Anstalt für Handel und Gewerbe". In Deutschland: „Darmstädter Bank für Handel und Industrie", „Berliner Handels-Gesellschaft", „Allgemeine Creditanstalt für Handel und Industrie".

100 Ehrenberg, Richard: „Die Fondsspekulation und die Gesetzgebung", Berlin 1883, S. 115.

101 Entgegen der landläufigen Meinung stehen sich Sozialismus und Kapitalismus wesentlich näher als gedacht. Beide Ideologien propagieren ein diesseitiges Heilsversprechen. Gerade weil beide Ideologien die Überwindung der materiellen Armut für grundsätzlich machbar halten, sind sie sich so spinnefeind. Die Auseinandersetzungen zwischen Sozialismus und Kapitalismus sind vorwiegend technischer Natur; welcher Weg ist der geeignete, um das irdische Schlaraffenland zu erreichen? In Opposition zu diesen beiden materialistischen Ideologien steht die tradierte Auffassung, wonach sich bereits aus der Endlichkeit des irdischen Lebens die Unmöglichkeit eines irdischen Paradieses ergibt: „Es wird innerhalb dieser unserer Menschengeschichte nie den absolut idealen Zustand geben, [...] Falsch aber ist der Mythos von der künftigen befreiten Welt, in der alles anders und gut sein wird. Wir können immer nur relative Ordnungen errichten, sie können immer nur relativ recht haben und sein. Aber gerade um diese höchstmögliche Annäherung an das

4.1.3. Die Zentralisierung der Macht

In den letzten Jahrzehnten hat die Zentralisierung europa- und weltweit einen ungemeinen Schub erfahren. Die Stärkung des Zentrums auf Kosten dezentraler politischer und gesellschaftlicher Einheiten erhält seine Nahrung zum einen aus dem Versuch zentralistischer Institutionen, sich Macht anzueignen. Exemplarisch seien das präzise Wissen über die Finanzströme der Bürger, die erdrückende Steuerlast, der Überwachungsstaat, die wuchernden Regulierungen und die – häufig durchaus bewusste – Zerstörung der Familie genannt. Dieses Eingreifen wird mit einer missbräuchlichen Verwendung des Subsidiaritätsprinzips gerechtfertigt, denn kleinräumigen Organisationsstrukturen werden die Problemlösungskompetenz sowie die wirtschaftliche und politische Überlebensfähigkeit prinzipiell abgesprochen. Am staatlichen Subventionstopf hängende Intellektuelle, Künstler und Journalisten üben sich in „kritischer" Auseinandersetzung mit dem Staat und reden – von einigen wenigen Ausnahmefällen abgesehen – dem Ausbau staatlicher Machtzentren das Wort. Die Kritik richtet sich mehrheitlich bloß gegen die konkrete Ausgestaltung des Machtzentrums, nicht fundamental gegen den Zentralismus an sich.

Das ökonomische Gottspielertum[102] findet seine Entsprechung in der heute großteils auf den Prinzipien des Rechts-

---

wahrhaft Rechte müssen wir uns mühen." Joseph Kardinal Ratzinger: „Glaube–Wahrheit–Toleranz", 4. Auflage, Herder, Freiburg, 2005 [2003], S. 207f.

102 „Geld, Gold und Gottspieler" lautet der treffende Titel eines äußerst lesenswerten Buches von Roland Baader. Die geldpolitischen Gottspieler sitzen in

positivismus beruhenden Gesetzgebung, die in der berühmten Formel von Thomas Hobbes „*Auctoritas, non veritas* facit legem" („Autorität, nicht Wahrheit schafft das Recht") kurz und bündig zusammengefasst ist. Im klassischen Naturrecht unterstanden alle Mitglieder der Gesellschaft – vom Bauer bis zum Kaiser – den allgemein gültigen Rechtsprinzipen. Niemand, auch nicht der Kaiser, durfte sich gegen die von Gott stammende Rechtsordnung stellen. Das mittelalterliche Widerstandsrecht verpflichtete sogar jedes Mitglied der Gesellschaft, einen gegen das Naturrecht regierenden Herrscher, der sich dadurch vom an das Allgemeinwohl gebundenen König zum am Herrscherwohl ausgerichteten Tyrannen wandelte, auch mit Gewalt seines Amtes zu entheben; der Tyrannenmord als legitimer Akt der Notwehr und zur Wiederherstellung des Rechtes.[103]

Mit der über Jahrhunderte vollzogenen Loslösung des gesetzten Rechtes vom Naturrecht wurde die Macht des Gesetzgebers signifikant gestärkt. Ein Gesetz muss sich heute nicht der Prüfung unterziehen, ob es einen Beitrag zu einer gerechten Gesellschaftsordnung leistet. Setzt dies doch die Existenz einer allgemeingültigen und allgemein einsichtigen Gerechtigkeitsvorstellung voraus. Fehlt diese Objektivität, wie der moralische Subjektivismus lehrt und in den Worten „so viele Köpfe, so viele Meinungen" (Hobbes) über

---

den Zentralbanken an den Schalthebeln der Notenpresse und legen über die Köpfe der Bürger hinweg den Zinssatz eigenmächtig fest.

103 Siehe Kern, Fritz: „Recht und Verfassung im Mittelalter", Wissenschaftliche Buchgesellschaft Darmstadt, Sonderausgabe 1958 [1952].

das, was tugendhaft und lasterhaft wäre, programmatisch zum Ausdruck gelangt, nimmt der Gesetzgeber die Rolle einer alles umfassenden Klammer ein; denn wie Yorck von Wartenburg treffend bemerkte: „Sandatome kann nur die geschlossene Faust zusammenhalten."[104] So muss heute die formalrechtliche, von der Verfassung vorgeschriebene Form der Beschlussfassung gewahrt bleiben. Alle Bürger haben sich diesen Beschlüssen vorbehaltlos zu unterwerfen, gleich ob der Inhalt des Gesetzes den Ansprüchen der Gerechtigkeit gerecht wird oder nicht. Das Recht wird heute eben nicht mehr aufgedeckt und gefunden, vielmehr wird es vom Gesetzgeber produziert.

Geradezu absurd ist jenes Schauspiel, das sich im Herbst 2008 abspielte, als die ersten Geschäftsbanken ins Wanken gerieten. In kürzester Zeit fassten die Regierungen den Beschluss, eine Garantie für die Spareinlagen abzugeben. Natürlich haften die Regierungsmitglieder nicht mit ihrem persönlichen Vermögen, sondern mit dem Geld der Steuerzahler. Mit fremdem Geld, speziell mit dem Steuergeld anderer Menschen sind die Politiker äußerst großzügig. Sollte die Garantie schlagend werden, wovon jedenfalls auszugehen ist, müsste selbstverständlich der Steuerzahler für das finanzielle Fiasko aufkommen. De facto haftet also der Steuerzahler mit seinem Geld für seine eigenen Spareinlagen. Ein Schildbürgerstreich par excellence, der den Regierungen vielfach Lob eingebracht hat und das Bild ver-

---

104 Zitiert in Pieper, Josef: „Das Viergespann", Kösel-Verlag, München, 1964, S. 139.

stärkte, als ob der Zentralstaat die Lösung und nicht Teil des Problems sei.

4.1.4. Nachfrage nach Zentralisierung

Das systematische Aushungern lokaler Institutionen durch die wuchernde Zentralstaatsbürokratie ist aber nicht die gesamte Wahrheit. Denn auch die Bürger übergeben immer öfter und bereitwillig der zentralistischen Bürokratie die ureigensten menschlichen Aufgaben.

So mündet der Drang zur Selbstverwirklichung quer durch alle Altersschichten in der gezielten Nachfrage nach staatlichen Wohlfahrtsprogrammen. Kinder, die sich nicht mehr um die Pflege ihrer Eltern kümmern, weil das den Lebensplan über den Haufen wirft, lagern die Pflege an die Pflegeversicherung aus. Eltern geben ihre Kinder im jüngsten Alter in Kindergrippen ab, um ja nicht die Karriere zu gefährden. Und ganz allgemein entziehen sich Menschen durch die Anonymisierung der Verantwortlichkeit und lassen sich ihren Lebensstil über die Hilfeleistungen der Sozialversicherung finanzieren. Die Institution des Umlageverfahrens eignet sich für diesen Egoismus perfekt, weil es sofortigen Konsum verspricht und einen Großteil der Kosten der nächsten, noch ungeborenen Generation umhängt, die weder auf dem Wahlzettel noch irgendwie anders dagegen Protest einlegen kann.

Die hohe Steuerbelastung ist eben nicht nur einer der wichtigsten Gründe, warum die Menschen verstärkt eine bezahlte Tätigkeit nachfragen, um finanziell über die Runden zu kommen, weil etwa vom Gehalt des Ehemannes netto zu wenig übrig bleibt. Bei einem Bruttogehalt von 2.500 € erreicht die Steuer- und Abgabenquote in Österreich bereits die Marke von 50%[105]. Kauft man von der verbliebenen Hälfte Produkte zum regulären Mehrwertsteuersatz, überschreitet die Steuer- und Abgabenlast die Zweidrittelmarke, wobei unzählige weitere Steuern und Abgaben sowie die Inflationssteuer und die zukünftige Besteuerung aus der zunehmenden Staatsverschuldung noch gar nicht eingerechnet sind.[106] Die hohe Steuerbelastung resultiert insbesondere auch aus der Nachfrage nach staatlichen Versorgungsprogrammen, die noch dazu mit dem verlockenden Preisschild „Gratis" auf „Kundenfang" gehen. „Gratis" (lat. „gratia") war ursprünglich das, was nicht vertraglich geschuldet wurde, sondern einer Person aus Freundschaft, Liebe, Dank und Gnade zuteilwurde. Heute versteht man in öffentlichen Diskussionen unter „gratis" meist, die Kosten auf alle anderen, sprich die Steuerzahler, abzuschieben. So drohte in Österreich der „Gratiskindergarten" eine Zeit lang

---

105 Lt. „Brutto-Netto-Tabelle vom 1.1.2009 bis 30.6.2009". Quelle: http://portal.wko.at/wk/format_detail.wk?AngID=1&StID=474022&DstID=725.

106 Unter einer Steuer versteht die Finanzwissenschaft eine Zwangsabgabe an den Staat, die keinen Anspruch auf eine Gegenleistung begründet. Der Rückfluss entrichteter Steuermittel an den Steuerzahler in Form von Sozialleistungen u.Ä. mindert somit nicht die Steuerbelastung. Gerard Radnitzky bezeichnet die Abgabenquote daher treffend als „Entmündigungskoeffizient": „Sie ist ein Indikator für das Ausmaß, in dem der Staat seine Bürger als unfähig ansieht, ihre eigenen Geschäfte verantwortungsvoll zu führen" (Radnitzky, Gerard: Die demokratische Wohlfahrtsdiktatur, in: Baader, Roland (Hg.): Die Enkel des Perikles, Resch-Verlag, Gräfelfing, 1995, S. 189).

an Finanzierungsschwierigkeiten zu scheitern. Scharfsichtig hat Frédéric Bastiat eine der Grundillusionen des modernen Staates freigelegt: „Der Staat ist die große Fiktion, durch die jeder versucht, auf Kosten aller anderen zu leben." Tief hat sich die Illusion vom Staat als einer Eier legenden Wollmilchsau in die Köpfe der Menschen eingebrannt. Ein nicht unwesentlicher Beitrag zur fortwährenden Stärkung des bürokratischen Zentralstaates.

4.1.5. Der Wohlfühl-Totalitarismus des Versorgungsstaates

Die gewöhnliche Vorstellung eines totalitären Regimes ist die eines allumfassenden Unterdrückungsregimes, das die Menschen auf Schritt und Tritt bewacht und jedes noch so geringe Abweichen von den Vorschriften mit roher Gewalt bestraft. Ein dem Recht verpflichtetes Gerichtswesen ist nicht zu finden. Es herrscht Angst und Schrecken. Die Bevölkerung wird eingeschüchtert und so von der Notwendigkeit des totalitären Regimes „überzeugt". Umdeutende Propaganda erinnert die Bevölkerung daran, „richtig" zu denken und „richtig", d.h. in der Diktion des „Neusprech", zu sprechen. George Orwells „1984" gilt als typisches Beispiel einer derartigen Dystopie.

Doch wie gerade das Beispiel des Nationalsozialismus gezeigt hat, muss der moderne Totalitarismus – zumindest für den Großteil der Bevölkerung und in der Anfangsphase des Regimes – nicht mit Entbehrungen und Einschränkungen einhergehen. Eine von jeglichem Hass befreite Dystopie beschreibt Aldous Huxley in seiner „Schönen neuen Welt". Eine Welt, in der „Macht ihren Charakter, gewalttätig zu sein, ‚nahezu' verloren" hat, wie Herwig Büchele in seiner in Buchlänge erschienenen Besprechung hervorhebt.[107] Sein Fazit ist folglich ernüchternd. Gegen einen gewalttätigen Totalitarismus ist es vergleichsweise einfach, sich aufzulehnen. Das „Böse" ist in einem Totalitarismus à la „1984", im Nationalsozialismus und im Kommunismus für jedermann zu erkennen und zu benennen. Selbst wenn kurzfristig ein Aufstand nicht Erfolg versprechend scheint, können wache und mutige Geister dennoch auf die friedliche oder gewaltsame Überwindung des Regimes hinarbeiten.

In der „Schönen neuen Welt" versetzt dagegen die Droge „Soma" die Bevölkerung in den Dauerzustand dämmernder Glücklichkeit. Physischer Schmerz und seelisches Leid gehören der Vergangenheit an. Dieser Totalitarismus ist lustvoll, eine „verwobene Hierarchie", in der die Herrschaft die „Kunst beherrscht, nicht zu herrschen". Die Macht kommt im Schein von Frieden, Heil, Versöhnung. Die Macht kommt als Retter, heilend, als universeller Befrieder, weil die „Politik zur Glücksstifterin, zur Sinn- und Existenzgeberin" wird, so Büchele weiter.[108] Der weiche, sanfte Totalitarismus als Ausgeburt einer Unkultur der „Gleichgültigkeit" raubt dem Menschen vielleicht noch mehr als der gewalttätige

---

107 Büchele, Herwig SJ: „SehnSucht nach der Schönen neuen Welt", Kulturverlag, Thaur–Wien–München, 1993.
108 Büchele, Herwig SJ: ebenda, S. 217ff. passim.

Totalitarismus die dem Menschen eigene Handlungsfreiheit und damit die Möglichkeit, Gutes zu wirken.

4.2.   Schleichender Abstieg

Das ehemals ruhmreiche Rom, das über weite Teile der damals bekannten Welt herrschte, war nur noch ein Schatten seiner selbst, als 476 n. Chr. Odoaker Romulus Augustus, den letzten Kaiser des Weströmischen Reiches, absetzte. Die römische Zivilisation war endgültig Geschichte. In zwei bemerkenswerten Publikationen ziehen die Autoren Nicholas Davidson bzw. Lawrence Reed einen ansehnlichen Vergleich zwischen dem Untergang des Römischen Reiches und der gegenwärtigen Situation in weiten Teilen der westlichen Welt. Nicholas Davidson berichtet vom „Ancient Suicide of the West"[109], Lawrence Reed wirft die Frage auf „Are we going the way of Rome?"[110] Die Parallelen zwischen damals und heute sind nicht von der Hand zu weisen.

Beginnend mit Kaiser Augustus (27 v.–14 n. Chr.) litt die römische Silbermünze, der Denarius, unter einer chronischen Inflationierung. Binnen drei Jahrhunderten war vom ehemaligen Silberglanz des Denarius wenig geblieben. Der Feingehalt war auf vernachlässigbare 2% gesunken. Wel-

---

109 Davidson, Nicholas: „Ancient Suicide of the West", The Foundation for Economic Education, The Freeman, Vol.: 37 (12), December 1987. www.thefreemanonline.org/columns/the-ancient-suicide-of-the-west.
110 Reed, Lawrence: „Are we going the way of Rome?", Makinac Center for Public Policy, 2001. www.mackinac.org/archives/1994/SP1994-02.pdf.

lenartig unterspülten Phasen von höherer Inflation, die von zwischenzeitlichen Wellentälern geringer Inflationierung unterbrochen wurden, das reale Wohlstandsfundament. Die beträchtlichen Einnahmen aus der Inflationssteuer finanzierten die Ausweitung des antiken „Brot und Spiele"-Wohlfahrtsstaates.

Ursprünglich erhielten die Armen vom Staat nur Weizen als Sozialleistung, den sie selbst zu Brot verarbeiten mussten. Jeder Unterhaltslose, der noch arbeiten konnte, musste auch arbeiten. Die Umstellung auf die Ausgabe von gebackenem Brot brachte einen fundamentalen Wandel. Die Armen mussten fortan ihren Lebensunterhalt nicht mehr wie alle anderen erarbeiten. Zum ersten Mal wurde das Armsein belohnt. Der Hängematten-Wohlfahrtsstaat erblickte das Licht der Welt. Im Laufe der Zeit ergänzten Salz, Olivenöl, Wein und Fleisch die staatliche Lebensmittelversorgung. Kaiser Aurelian machte das Recht auf staatliche Unterstützung sogar erblich.

Nicht nur um den Wohlfahrtsstaat zu finanzieren, stieg die Steuerbelastung an. Der Bedarf an Bürokraten nahm mit der Ausweitung staatlicher Wohlfahrtsprogramme ständig zu, und diese mussten ebenfalls aus dem Staatssäckel bezahlt werden. Das Römische Reich kippte, als mehr als 50% der Bevölkerung direkt oder indirekt vom Staat abhängig waren. Kershners erstes Gesetz zeigte seine Krallen: „Wenn ein Volk seiner Regierung die Macht verleiht, von einigen zu nehmen und anderen zu geben, wird dieser Prozess nicht enden, bis der letzte Knochen des letzten Steuerzahlers vollständig abgenagt ist."[111] Diesen Rubikon haben wir mittlerweile schon überschritten.[112]

Der von der Mehrheit der Bürger im antiken Rom geduldete, wenn nicht gar geforderte und von den Behörden bedenkenlos umgesetzte Feldzug gegen die Bildung von Ersparnissen durch die Geldverschlechterung beeinträchtigte in zunehmenden Maße die Ernährungslage der Bevölkerung. Die angegriffene Gesundheit weiter Bevölkerungsteile begünstigte die Rückkehr von Krankheiten und Epidemien.

Ein weiteres Opfer der Zentralisierung war die politische Stabilität. Je mächtiger ein Staat ist, desto interessanter wird es zu regieren: Finanziell, weil eine stattliche Anzahl an Steuerpflichtigen gemolken werden kann. Machtpolitisch, weil sich die Herrscher von der Bevölkerung entfernen und in der sicheren Entfernung von großen Teilen der Bevölkerung ihre Machtspielchen treiben können. Der politische Prozess bringt nicht mehr Politiker an die Spitze, die dem Gemeinwohl dienen, sondern diejenigen, die sich mit spaltender Gewalt und politischer Agitation den Weg zur Spitze freikämpfen. Friedrich A. von Hayek stellt in Kapitel 10 von „Der Weg zur Knechtschaft", das den bezeichnenden Titel „Der Triumph der menschlichen Gemeinheit" (im engl. Original: „Why the Worst come on

---

111 Zitiert in Reed, Lawrence W.: Ebenda, S. 3, Übersetzung des Autors.
112 Für Österreich siehe Schulak, Eugen-Maria: „Wirtschaftsethik – Im Spannungsfeld zwischen Ehrenkodex und schwarzen Schafen", 9. August 2008. www.philosophische-praxis.at/wirtschaftsethik.htm.

Top") trägt, konsterniert fest: „Es scheint fast ein Gesetz der menschlichen Natur zu sein, dass es leichter ist, sich auf ein negatives Programm, den Hass gegen einen Feind oder den Neid auf Bessergestellte, als auf eine positive Aufgabe zu einigen."[113] Zwischen 180 und 285 n. Chr. wurden von insgesamt 27 Kaisern sowie gewählten und selbst ernannten Thronfolgern 25 ermordet.

Die innenpolitischen Querelen, die Verarmung der Bevölkerung, die chronische Finanzierungsnot und die schwindende Loyalität zum Staat mit der daraus resultierenden nachlassenden Kampfmoral der Soldaten manifestierten sich in einer für das Römische Reich über Jahrhunderte unvorstellbaren außenpolitischen Schwäche. 410 wurde Rom erstmals vom Westgotenkönig Alarich I. geplündert. Ein halbes Jahrhundert später war das Ende des Weströmischen Reiches endgültig besiegelt.

Von Szenario 1 unterscheidet sich Szenario 2 insofern, als sich der gesellschaftliche, kulturelle, politische Abstieg im zweiten Szenario über mehrere Jahrhunderte hinzieht. Den Abschluss dieses Verfallsprozesses bildet die Eroberung durch ein fremdes Volk. In Szenario 1 erhebt sich dagegen die eigene Regierung über das Volk. Beiden Szenarien ist gemein, dass der Großteil der Bevölkerung nicht den Willen aufbringt, sich gegen die häufig als aussichtslos eingeschätzte Situation aufzulehnen.

---

113 Hayek, Friedrich A. von: „Der Weg zur Knechtschaft", Olzog, München, 1994 [1944, 1947], S. 178.

4.2.1. Was kann der Einzelne tun?

Ist in den beiden Szenarien jede Art der persönlichen Vorsorge sinnlos? Soll man sich, wenn man die Einschätzung teilt, dass die Bevölkerung einen der beiden Wege billigen wird, in sein Schneckenhaus zurückziehen und der Welt beim Untergang zusehen?

Der österreichische Psychiater und KZ-Überlebende Viktor Frankl widerspricht einer defätistischen Haltung in Zeiten der heraufziehenden Finsternis aufs Heftigste. Frankl betont, dass jeder Lebenssituation, auch wenn sie noch so aussichtslos *scheint*, ihr Lebenssinn abgerungen werden kann. Diesem Anruf des Lebens sollen wir uns nicht verschließen. Hoffnung zu haben heißt nämlich nicht, darauf zu kalkulieren, dass die eigene Handlung einen – möglichst baldigen – Gewinn erzielt. Hoffnung zu haben heißt vielmehr, unerschütterlich darauf zu vertrauen, dass die eigenen Handlungen unabhängig davon, ob zeitnah ein Profit erzielt wird, sinnvoll sind. Dies ist sinnstiftend für einen selbst, insbesondere aber auch für eine andere Person, die aufgrund des eigenen Tuns nicht bei null anfangen muss. Sie kann sich an einem Vorbild orientieren oder auf das kulturelle, ideelle und materielle Erbe des Vorgängers aufbauen. Aus dieser Perspektive betrachtet, muss und soll jeder seine Finanzen ordnen und auf eine solide Basis stellen. Nur weil der Rest der Welt es vorzieht, weiterhin auf Sand zu bauen und in einem Akt der Hoffnungslosigkeit das Vermögen verprasst oder das produktive Tätigsein überhaupt einstellt, heißt das noch lange nicht, dass man nicht selbst schon auf Fels zu bauen beginnen kann und soll.

Somit liegt im Kleinen der Schlüssel zur nachhaltigen Veränderung. Im Kleinen kann man wirken, selbst wenn draußen der Sturm tobt. Und im Kleinen kann man die ersten, fast unscheinbaren Erfolge wahrnehmen. Selbst eine schwach flackernde Kerze durchbricht im Kleinen die Finsternis, auch wenn sie – noch nicht – einen größeren Raum zu erhellen vermag.

Wer sein Ziel klar und deutlich vor Augen hat, die Welt zumindest ein wenig besser zu verlassen, als er sie vorgefunden hat,[114] wird selbst in Zeiten des gesellschaftlichen Wahnsinns das Unmögliche möglich machen und das Fundament für eine bessere Zukunft aufbereiten. Darauf zu spekulieren, dass alles gleichsam von selbst besser wird, dass die Wirtschaftskrise genauso schnell wieder abzieht, wie sie aufgezogen ist, dass die Wirtschaft wie von Geisterhand wieder anspringt, grenzt an eine Selbsttäuschung aus Bequemlichkeit.

Diesen Eindruck vermittelt etwa die populäre Konjunkturtheorie des russischen Ökonomen Nikolai Kondratieff. Dem Kapitalismus, so Kondratieff, sei die zyklische Entwicklung eigen. Auf den Frühling der Erholung folgt der Sommer des Aufschwungs, der vom Herbst des Abschwungs abgelöst wird und im Winter der Flaute mündet. Und so wie

---

114 So die Aufforderung des Gründers der weltweiten Pfadfinderbewegung, Robert Baden-Powell, Lord of Gilwell, in seinem „Letzten Brief an die Pfadfinder", 1941.

nach jedem Winter der Frühling ohne menschliches Zutun wieder ins Land zieht, so erholt sich auch die Wirtschaft gleichsam von selbst. Dem Anleger verbleibt nur mehr die Aufgabe, den Jahreszeitenwechsel möglichst präzis abzuschätzen und innerhalb des von ihm nicht zu beeinflussenden Rahmens die Anlageentscheidungen zu optimieren.

Doch ohne persönliches Zutun kann der zivilisatorische Winter unvorstellbar lange dauern und eine unfassbar große Anzahl an Menschenleben fordern. Allein aus moralischen Gründen sind derartige „Kollateralschäden", wie unschuldig Getötete heute euphemistisch bezeichnet werden, nicht hinzunehmen. Eine ausschließlich auf die Sicherung des eigenen Konsumniveaus ausgerichtete Vermögenssicherung verkennt, dass gesellschaftliche Institutionen wie das Geld und das Recht nur dann wieder in Ordnung gebracht werden, wenn verantwortungsbewusste Menschen die ihnen verfügbaren Mittel, sei es Geld, sei es Wissen, sei es Mut, in den Dienst der Gemeinschaft stellen.

Ohne ein über die berechtigte Sorge um das eigene Vermögen hinausgehendes Ziel vor Augen verkommt die Vermögenssicherung zur krampfhaften Besitzstandswahrung. In jedem „Herbst" und „Winter" nehmen nicht nur die Diebstähle, Einbrüche und Übergriffe auf Leib und Leben zu. Die politische Instabilität bedroht speziell das Vermögen jener Bevölkerungsgruppen, die die ersten Phasen der Krise relativ unbeschadet überstanden haben.

Den todsicheren Anlagetipp, die zu 100% sichere Anlage gibt es daher nicht. In keiner Lebenssituation und auch nicht in der bereits eingetroffenen Wirtschaftskrise. Dies sollte man nie vergessen. Das Denken in Abwägungen, das je nach wirtschaftlicher Situation, politischer Lage und persönlichen Zielsetzungen die beste Lösung ausfindig macht, die Scheidung der Werte von den Scheinwerten sowie das Abschütteln der ausführlich behandelten Geldillusion sind erste Schritte in die richtige Richtung. Eine weitere große Illusion, die bislang noch nicht behandelt worden ist, betrifft die ökonomische und gesellschaftspolitische Würdigung der Staatsanleihe, die im Folgenden vorgenommen werden soll.

4.2.2. Exkurs: Scheinwert Staatsanleihe

Zu den größten und giftigsten Scheinwerten zählen heute neben den Zirkulationskrediten und Kontoführungsguthaben mit Sicherheit die Staatsanleihen. Denn mit dem Kauf einer Staatsanleihe wähnt man sich nicht nur wohlhabender, als man tatsächlich ist. Man unterstützt auch den Weg in die Armut und in die Knechtschaft. Ein bewusster Verzicht auf diese „Sparform" unterminiert zwar kurzfristig die Zahlungsfähigkeit des Staates, weil man diesem Pyramidenspiel den finanziellen Boden entzieht. Der Tag, an dem die Staaten ihre Zahlungsunfähigkeit erklären müssen, rückt näher. Diese Vorstellung versetzt den einen oder anderen sicher in Angst und Schrecken. Ist es moralisch gerechtfertigt, das Eintreten des Staatsbankrotts durch den „egoistischen" Wunsch nach Sicherung des eigenen Vermögens zu beschleunigen?

Diese Frage hat zweifellos ihre Berechtigung. Es wird sich jedoch zeigen, dass die Beendigung der wahnwitzigen Verschuldung durch das Auflegen von immer neuen Staatsanleihen gesamtwirtschaftlich und gesellschaftlich nur von Vorteil ist.[115]

Zu den großen Trugbildern unserer Zeit zählt die Vorstellung, wonach ein Staat nicht Bankrott gehen kann. Der Staat könne sich ja notfalls immer über die Zentralbank zusätzliche Geldmittel verschaffen. Dieses Märchen hat zur Folge, dass Staatsanleihen gemeinhin als sichere Anlage gelten und dem Staat Kredit in exzessivem Ausmaß gewährt wird.

Diese Illusion nutzen die staatlichen Finanzierungsagenturen, in Deutschland die „Deutsche Finanzagentur", in Österreich die „Österreichische Bundesfinanzagentur" geschickt aus. Die zur Anwerbung neuer Kunden lancierten Werbekampagnen heben insbesondere die hohe Bonität staatlicher Schuldtitel hervor. Exemplarisch dazu folgende Zeilen auf www.bundesschatz.at: „Wenn Sie Bundesschätze erwerben, vertrauen Sie Ihr Geld direkt der Republik Österreich an und haben damit die optimale Sicherheit für Ihre Geldanlage gewählt. Die Republik Österreich genießt die

---

115 Dieselbe Argumentation greift im Bankenwesen. Der bewusste Verzicht auf die Einlage von Sichtguthaben bei den Geschäftsbanken beschleunigt den Zusammenbruch des derzeitigen Bankensystems mit den zu erwartenden wirtschaftlichen und gesellschaftlichen Folgen. Wer sein Geld aus der berechtigten Sorge um seine Einlage abhebt und in reale Werte rettet, trägt vorbildlich zu der nötigen Neuorientierung des Wirtschaftens an der Realität bei, selbst wenn dies heute von vielen Menschen noch nicht verstanden wird.

international bestmögliche Bonität, was sich in ihrem AAA-Rating ausdrückt.“[116] Ein durch und durch zynischer Slogan, liegt ihm doch die implizite Annahme zugrunde, dass die Staaten nahezu unbeschränkt auf das Einkommen und Vermögen der Bürger zurückgreifen können. Im Extremfall könne der Staat auch 100% der Einkommen besteuern und das Vermögen konfiszieren, um seinen Rückzahlungsverpflichtungen nachzukommen. Dieser Sachverhalt wird manchmal mit Rückgriff auf Schlagworte wie „Wirtschaftskraft“ oder „zukünftiges Wirtschaftswachstum“ verschleiert.

Auf die Staatsanleihe treffen alle Charakteristika eines Pyramidenspiels zu. Es werden zinstragende Anleihen emittiert und die lukrierten Mittel vorwiegend konsumtiv verwendet. Das Gros der staatlichen Ausgaben wie die Sozialtransfers ist ohne weitere Vertiefung als Konsumausgabe zu werten. Es ist ja gerade die Intention der Sozialtransfers, das Überleben im Hier und Jetzt zu sichern. Ökonomisch präzis hängen die ökonomischen Auswirkungen auch von der Verwendung der Sozialtransfers durch die Empfänger ab, die die erhaltenen Mittel durchaus investiv verwenden können.

Wie sieht es mit den staatlichen Investitionen aus, die beispielsweise in Bildung und Infrastruktur fließen? Genügt es, eine Staatsausgabe von staatlichen Behörden zur „Investition“ erklären zu lassen, um sie ökonomisch gesehen als „Investition“ zu werten?

---

116 www.bundesschatz.at/main/bundesschatz_emittent.html.

Um tatsächlich als Investition zur langfristigen Wohlstandsmehrung beizutragen, müssten staatliche „Investitionen" ökonomisch gewinnbringend eingesetzt werden. Das heißt, der Investor müsste aus den zukünftigen Einnahmen zumindest sowohl die laufenden Kosten der Unternehmung als auch die Kapitalkosten decken können. Genau diesem ökonomischen Anspruch stellen sich staatliche Investitionen von vornherein nicht. Aus vielfältigen, meist wohlklingenden Gründen wird die Verfolgung weiterreichender Ziele eingefordert. Dabei hantieren die verantwortlichen Politiker, Ökonomen und Meinungsbildner mit Begriffen wie „sozial" oder „volkswirtschaftlich sinnvoll". Eine profitorientierte Mittelverwendung wird als eine dem Staat nicht würdige Investitionsstrategie angesehen. Er müsse sich noch um andere, über das rein Unternehmerische hinausgehende Dinge kümmern.

Dies mag durchaus zutreffen. Der Unternehmer kann und soll auch andere Faktoren in die Ausgestaltung der Arbeitsverträge und die budgetierten Projektkosten einfließen lassen. Die rücksichtslose Maximierung des Gewinns kann nicht das alleinige Ziel einer menschlichen Unternehmensführung sein. Zumindest muss ein sich verschuldender Unternehmer aber einen Gewinn in einer Höhe einfahren, der ihm die Rückzahlung der Schulden und der Zinsen ermöglicht.

Der für die „Investition" der Steuergelder zuständige Politiker oder Beamte ist allerdings nicht einmal ansatzweise ein Unternehmer; weder würde er einen Profit einstreichen noch einen Verlust zu tragen haben. Die mangelnde finanzielle Disziplinierung führt dazu, dass die Steuergelder hauptsächlich nach politischen Kriterien verteilt werden, d.h. zur Sicherung des Machterhalts und/oder zur Machterweiterung. Weil damit ein zeitnahes Ziel verfolgt wird, d.h. ein möglichst unmittelbarer politischer Erfolg, müssen die als Investition titulierten Ausgaben – zumindest der Großteil davon – dem Konsum zugeordnet werden. Ein Politiker, der den Bau einer Autobahn beschließt, verfolgt damit für gewöhnlich nicht den Zweck, morgen aus den zu erwartenden Mauteinnahmen einen Gewinn zu lukrieren, sondern heute die Wahl zu gewinnen. Oder aber die Politik subventioniert defizitäre (Staats-)Unternehmen, anstatt sie in den Konkurs zu schicken und wiederum vor allem deswegen, um Wahlen zu gewinnen.

Gewöhnliche Investitionen bezahlen die für die Geldleihe fälligen Zinsen aus dem erwarteten Ertrag einer Unternehmung. Aus den oben genannten Gründen können Staatsanleihen hingegen nicht auf diese höheren Erträge zurückgreifen. Daher müssen die Zinsen aus den laufenden Einnahmen gedeckt werden. Diese können – bei gleichbleibender Steuerbelastung und unveränderter Ausgabenstruktur – nur durch das Auflegen zusätzlicher Staatsanleihen gewonnen werden. Neue Staatsanleihen bezahlen die Zinsen der alten Verpflichtungen. Zugegeben, der Staat kann sich über Steuererhöhungen beinahe grenzenlos am Einkommen seiner Bürger bedienen und damit den Staatsbankrott hinauszögern. Doch wie bei jedem anderen Pyramidenspiel verschlimmert dieses Hinausschieben des Zusammenbruchs die Folgen des unausweichlichen Kollapses.

Die Art und Weise eines Staatsbankrotts erfolgt in den meisten Fällen subtiler als ein Unternehmensbankrott, die wirtschaftlichen Folgen für die Schuldner sind jedoch die gleichen. Ein Unternehmensbankrott äußert sich in der Einstellung des Betriebes. Dass konkursreife Staaten von der Landkarte verschwinden und bankrotte Regierungen in die Wüste geschickt werden, kommt zwar hin und wieder vor. Aber selbst im Krisenfall zeichnen sich staatliche Strukturen durch eine gewisse Kontinuität aus, was maßgeblich zur Illusion der staatlichen Konkursunfähigkeit beiträgt. Und nur höchst ungern stellt ein Staat die Bedienung seiner Schulden in einem offenen Bankrott ein, was meist dann passiert, wenn die Schulden in einer ausländischen Währung begeben worden sind. Sind die Schuldtitel jedoch in inländischer Währung aufgelegt worden, ist der verdeckte Bankrott zunächst über die schleichende Inflationierung bis zur Hyperinflationierung der Währung ein weitaus wahrscheinlicherer Ausweg speziell in einem politischen System, das die hinausschiebende Unverantwortlichkeit begünstigt.

Die Staatsanleihe ist somit nicht nur aus der Sicht eines nach Rendite strebenden Anlegers ein tendenziell unattraktives Anlageinstrument. Sie zeichnet auch maßgeblich für die erdrückende Steuerbelastung verantwortlich. Denn der Staat nimmt dem Steuerzahler aus der linken Tasche jene zusätzlichen Mittel weg, die er ihm über die Zinszahlung

– nach Abzug der bürokratischen Reibungsverluste – in die rechte Tasche zuführt. Mit dem Erwerb einer Staatsanleihe fördert der Anleger den heutigen Konsum auf Kosten des zukünftigen Wohlstands, meist in dem Glauben, genau das Gegenteil zu tun.

4.2.3. Auf die Hyperinflation spekulieren?

Alle Zeichen deuten eindeutig auf eine Hyperinflation hin: die enorme Staatsverschuldung, die inflationistische Grundhaltung der wichtigsten Akteure – Politiker, Zentralbanker, Großunternehmer, Interessenvertreter, Gewerkschaft und die überwiegende Mehrheit der Wähler –, die Reaktion der Politik in den vergangenen Monaten. Speziell die Entscheidung sowohl des FED als auch der EZB im Frühjahr 2009,[117] mithilfe des *quantitative easing* (dt. „*quantitative Lockerung*") auf „unkonventionelle" Art und Weise zusätzliche Liquidität in den Markt zu pumpen, facht die inflationäre Geldmengenausweitung weiter an. Unter *quantitative easing* ist der zusätzlich zur klassischen Offenmarktpolitik betriebene Ankauf von Schuldtiteln zu verstehen. Diese Maßnahme kommt zur Anwendung, wenn der Spielraum für weitere Zinssenkungen ausgeschöpft ist oder kurz davor steht, gänzlich ausgeschöpft zu sein. Der Rückgriff auf das *quantitative easing* ist ein untrügliches Zeichen dafür, dass die Zentralbanken einer Überflutung der Wirtschaft

---

117 Beschluss des FED vom 18. März 2009: www.federalreserve.gov/newsevents/ press/monetary/20090318a.htm. Beschluss der EZB vom 7. Mai 2009: www. ecb.int/pub/mb/editorials/2009/html/mb090514.en.html.

mit Geld den Vorzug gegenüber dem Zusammenbruch des gegenwärtigen Bankensystems geben.

Es drängt sich die verführerische Anlagestrategie auf, bewusst auf die Hyperinflation zu spekulieren, sich heute über beide Ohren zu verschulden, um mit der geliehenen Kreditsumme reale Werte wie Immobilien und Edelmetalle zu erwerben. Mit dem Einsetzen der hyperinflationären Geldmengenaufblähung sinkt die reale Schuldenlast, und per Saldo hätte man einen realen Vermögenszuwachs eingefahren.

Dieser Versuchung sollte tunlichst widerstanden werden. Erstens ist es theoretisch möglich, dass sich die Verschuldungskrise in einem deflationären Kollaps entlädt. Der Staat könnte etwa die Zustimmung zu den mit Steuergeldern finanzierten Unterstützungsleistungen für die Großbanken zurücknehmen. Eine Pleitewelle unter den Banken wäre die Folge, die die Bankguthaben deflationär auslöschen würde. Oder aber die Zentralbank vermeint, dass eine Hyperinflation ihre eigene Existenzberechtigung untergräbt, und vollzieht, um dem eigenen Untergang entgegenzuwirken, eine radikale Kehrtwende in ihrer Geldpolitik und beschließt, den massiven Geldüberhang deflationär bereinigen zu lassen. Diese beiden Szenarien sind zwar unwahrscheinlich, aber theoretisch eben möglich. Tritt eines dieser beiden Szenarien ein, und sei es nur eine Episode auf dem Weg zur Hyperinflation, erhöht sich von einem Moment auf den nächsten die reale Schuldenlast dramatisch. Die Kreditnehmer stehen mit dem Rücken zur Wand, Hab und Gut sind verloren. Deswegen tendieren Hochverschuldete dazu, eine hyperinflationäre Bereinigung zu favorisieren.

Aus gesellschaftlicher Perspektive ist ein deflationärer Kollaps einer Hyperinflation jedoch eindeutig vorzuziehen. In einem deflationären Kollaps erhalten die Hochverschuldeten den Schwarzen Peter. Selbst wenn die Schulden für die Gläubiger uneinbringbar sind und aus moralischen Überlegungen nicht zur Gänze eingebracht werden sollten, besteht doch eine realistische Chance, dass das heute so populäre Schuldenmachen erneut geächtet wird. Bei einer hyperinflationären Bereinigung kommt hingegen der Gläubiger zum Handkuss. Er, der für die wohlstandsmehrende Ersparnisbildung auf den gegenwärtigen Konsum verzichtete, muss zusehen, wie diejenigen, die sich durch rücksichtslose Schuldenmacherei im Hier und Jetzt ein schönes Leben gemacht haben, die Schulden mit wertlosem Geld zurückzahlen dürfen.

Das Spekulieren, worunter das gezielte Schielen auf Kursgewinne und das Aufs-Spiel-Setzen der eigenen Existenz zu verstehen ist, ist somit Ursache wie auch Folge einer inflationären Lebenseinstellung. Die Verlockungen des materiellen Reichtums machen den Menschen gierig und blind für das Risiko. Nichts spricht dagegen, ab und zu ins Casino zu gehen, eine Wette einzugehen oder ein Lotterielos zu erwerben. Alles spricht dagegen, das Glücksspiel als stetige Einkommensquelle zu betrachten. Glücksspiele vermehren den volkswirtschaftlichen Wohlstandskuchen nicht. Sie teilen bestehendes Vermögen neu zu.

Eine nachhaltige und generationenübergreifende Vermögenssicherung setzt nicht auf hochriskante Spekulationsgewinne. Sie zieht den schrittweisen und besonnenen Aufbau vor. Dazu zählen neben Investitionen in das eigene Unternehmen oder in den Nahraum der Erwerb und die Verschönerung einer eigenen Immobilie. Die tief reichende Verwurzelung in einer Gemeinde hat noch den weiteren positiven Effekt, dass die Eigentümer einer Immobilie den ungerechten Übergriffen des Staates auf ihr Eigentum wesentlich vehementer entgegentreten als Mieter, deren lockere Bindung an den Wohnort und die flexiblere Handhabung des Wohnraums den Willen, gegen Ungerechtigkeiten aufzutreten, schwächen.

Neben der Immobilie dient als letzte Rückversicherung die weithin vergessene *Eiserne Reserve*. Sie beherbergt jene letzte Reserve an Kaufkraft, historisch meist Silber- und Goldmünzen, die man nur im äußersten Notfall antastet. Die in die *Eiserne Reserve* eingebrachten Münzen sind keine Spekulationsobjekte, die man abstößt, weil der Kursgewinn zu mickrig ausfällt. Dankbar vererbt man diese Rücklage an die nächste Generation weiter, wenn man vom Unglück verschont geblieben ist. Und für den Fall einer – für viele heute undenkbaren – Flucht ins Ausland aufgrund politischer oder religiöser Verfolgung oder bürgerkriegsähnlichen Zuständen erweist die *Eiserne Reserve* ebenfalls ihre wertvollen Dienste.

4.3. Aufbruch in die Realität

So sehr jeder Einzelne sein eigenes Vermögen durch eine Scheidung von Werten und Scheinwerten auf eine solidere Basis stellen kann, so wenig nachhaltiger Erfolg wäre dieser Umstellung beschieden, wenn nicht auch der institutionelle Rahmen grundlegend reformiert würde. Die Zeichen stehen dafür alles andere als günstig. Die Lage mag sogar aussichtslos sein. Nicht viel spricht derzeit nämlich dafür, dass auch nur einzelne Länder den Mut aufbringen, die illusionäre Blasenwelt des inflationären Geldsystems zu verlassen. Umso wichtiger ist es, einige Anhaltspunkte zu skizzieren, die die illusionäre Blasenwelt hinter sich lässt und der ökonomischen Realität zum Durchbruch verhilft.

Ökonomisch-technisch gesprochen fällt die Antwort kurz und bündig aus; das inflationäre Geldwesen und das Teilreservebankensystem sind aufzugeben und die Eigentumsrechte aller Bürger sind ohne Abstriche zu wahren. An ihrer Stelle sollen ein – im Idealfall – privates Warengeld und ein auf Volldeckung basierendes Geschäftsbankensystem etabliert werden. Diese beiden Maßnahmen sind zügig umsetzbar.

Welche wirtschaftlichen Konsequenzen wären zu erwarten, sollte sich eine Regierung entschließen, diesen Weg einzuschlagen? Zunächst würde über das Land eine scharfe, in historischen Dimensionen bisher noch nie da gewesene Rezession hereinbrechen. Die Zinsen würden in die Höhe schießen und den Mangel an realen Ersparnissen offenlegen. Speziell kapitalintensive Branchen würden eine Konkurswelle erleben. Der Bankrott erfüllt natürlich auch in der Rezession seine wichtige ökonomische Funktion. Ressourcen, die bislang in unwirtschaftlichen Produktionszweigen gebunden waren, setzt der Bankrott frei. Sie können nunmehr in anderen, von den Marktteilnehmern höher bewerteten Unternehmungen verwendet werden. Real bleiben die Ressourcen der Volkswirtschaft erhalten. Der Bankrott stellt nur eine abrupte Form der monetären Neubewertung dar; Fabrikanlagen, Maschinen, aber auch die Löhne und die Aktienwerte werden nach dem Wegfall der inflationären Schweinwerte neu und realistisch bewertet. Eine hohe Anpassungsarbeitslosigkeit wäre unvermeidbar und würde die durch die inflationäre Geldpolitik hervorgerufenen signifikanten Fehlallokationen am Arbeitsmarkt und in der Ausbildung aufdecken. Die Realeinkommen würden sinken. Viele Privatpersonen müssten Privatkonkurs anmelden. Staatsbankrotte und der Zusammenbruch der Sozialversicherungssysteme wären ebenfalls unabwendbar.

In der Tat ist dies ein kurzfristiges Horrorszenario, das eher den Mut nimmt und hemmt als Mut zuspricht und zum Aufbruch in die Realität anspornt. An dieser Anpassung kommen wir aber nicht vorbei. Ein Hinausschieben der Korrektur würde die Anpassungskosten nur noch mehr erhöhen. Die Politik der vergangenen Jahrzehnte, die der jeweils nächsten Generation einen immer schwereren Schuldenrucksack aufgebürdet hat, war in jeder Hinsicht unverantwortlich. Politik frei nach dem Motto „Nach mir die Sintflut".

In den Worten von Dietrich Bonhoeffer geht es aber eben nicht darum, „wie *ich mich* heroisch aus der Affäre ziehe", und schlau wie die Schlange der nächsten Generation den Kelch weiterreiche, indem *ich* die Illusion in der Gegenwart noch weiter verstärke. Vielmehr geht es angesichts der tief reichenden Verwerfungen darum, „wie die *nächste Generation* weiterleben soll"[118]. Und im Hinblick auf die nächste Generation ist es geboten, das gegenwärtige Geld- und Bankwesen aufzugeben und aus dieser Verantwortung der nächsten Generation gegenüber selbst in den sauren Apfel zu beißen. Es liegt in der Natur der Sache, dass eine Generation diese finanzielle, aber eben nicht nur finanzielle Bürde schultern muss. Dieser Realität müssen wir ins Auge sehen, eine andere Wahl haben wir nicht.

Eine unmittelbare Konsequenz eines gerechten Geld- und Bankwesens ist das Versiegen der Zirkulationskredite, der Kaufkraft „ex nihilo". Investitionen müssen aus den Gewinnrücklagen früherer Jahre finanziert werden. Vorfinanzierungen wird es kaum noch geben. Geduldigeres und langsameres Wachstum würde sich einstellen. Die private Kreditvermittlung bzw. die direkte Beteiligung an Kleinunternehmen oder der Aufbau eines eigenen Unternehmens würden gegenüber der anonymen Kreditvergabe durch die Geschäftsbanken merklich an Bedeutung gewinnen. Po-

---

118 Hervorhebung des Autors.

litische Großprojekte, die vielfach die Natur verunstalten, wären deutlich schwieriger zu realisieren. Die Kosten der Kriegsführung könnten nicht durch das Anwerfen der Notenpresse verschleiert werden, womit die Außenpolitik im Großen und Ganzen weniger aggressiv gestaltet werden würde. Die gesamtgesellschaftliche Überschuldung wäre de facto unmöglich. Zudem würde die nachhaltige, auf die Zukunft gerichtete Lebenseinstellung Auftrieb erhalten. Die Macht der politischen Zentren wäre geschwächt, lokale und regionale Einheiten erhielten mehr Handlungsspielraum.

Das wertbeständige Geld nimmt den Menschen die Last, sich tagtäglich um den Werterhalt des erarbeiteten Vermögens zu kümmern. Geldfragen verlieren im täglichen Leben an Bedeutung. Die Mittelorientierung macht der Zielorientierung Platz, die quantitative Güter*mehrung* der qualitativen Qualitäts*verbesserung*, die Finanzierung aus dem Eigenkapital der Finanzierung mit Fremdkapital. Der Aufbau materieller Werte verliert den Glücksspielcharakter. Wohlstand ist das Resultat harten, persönlichen und in Generationen denkenden Tätigseins.

4.3.1. Die menschliche Komponente

Der Einwand, wonach die bewusste Herbeiführung dieses ökonomischen Anpassungsszenarios unmenschlich wäre, ist nicht gänzlich von der Hand zu weisen. Ist es tatsächlich einem Pensionisten zu verdenken, sich für die Beibehaltung des Umlageverfahrens im Pensionssystem auszusprechen, wenn er auf die finanzielle Unterstützung seiner Verwandten nicht rechnen kann? Ist einem Unternehmer ohne Weiteres seine Zustimmung zum Zirkulationskredit aus Sorge um sein Unternehmen und seine Arbeiter vorzuwerfen, wenn er vonseiten seiner Mitarbeiter kein Verständnis für die notwendige Umstrukturierung erhält und die Kunden beim ersten Anzeichen einer Schwäche bestehende Verträge aufkündigen und keine neuen abschließen?

Das inflationäre Geld- und Kreditwesen hat in den letzten Jahrzehnten die Auflösung zwischenmenschlicher Beziehungen gefördert. Das eigene Konto bei der Bank verspricht den Jugendlichen eine größere Unabhängigkeit von den Eltern. Banken und Versicherungen werben offensiv damit, sich mit einem Kredit unabhängig zu machen – vom Lebenspartner, von den Eltern, von den Kindern. Tatsächlich hat der nach zwischenmenschlicher Unabhängigkeit Verlangende die von ihm relativ einfach zu beeinflussende zwischenmenschliche Abhängigkeit gegen eine schwer zu kontrollierende Abhängigkeit von anonymen Großstrukturen eingetauscht.

Die Rückkehr zu einem nicht inflationären Geld- und Kreditwesen kann deshalb nur gelingen, wenn der Fall aus der einseitigen Scheinsicherheit des Geldes im zu verstärkenden Netz des familiären, freundschaftlichen und örtlichen Zusammenhalts aufgefangen wird, das Geborgenheit ausstrahlt. Das *Gleichnis vom verlorenen Sohn* (Lk 15,11–32) bietet in dieser Hinsicht vorbildhafte Orientierung. Jener Sohn, der das von den Eltern vorab erhaltene Erbe in kürzester Zeit durchgebracht hat, kehrt reumütig und verarmt zu seiner Familie zurück. Der Vater hält ihm sein Fehlverhalten aber nicht vor. Im Gegenteil: Er lässt die besten Kleider bringen und ein Mastkalb schlachten aus Dankbarkeit, dass sein verlorener Sohn wieder zurückgekehrt ist. Im Vertrauen auf die Unterstützung der Nächsten fällt das Loslassen von – durchaus lieb gewonnenen – Illusionen leichter.

4.3.2. Ist ein regionales Warengeld ökonomisch realisierbar?

Es ist äußerst unwahrscheinlich, dass weite Teile der Welt die notwendigen Reformen im Geld- und Bankenwesen gleichzeitig implementieren. In einer Zeit, da alles und jedes einer globalen Antwort zu bedürfen *scheint*, ist das wahrlich keine aufmunternde Perspektive. Ökonomisch steht einer regionalen Umsetzung eines Warengeldes allerdings nichts im Wege. Selbst inmitten einer Welt inflationärer Währungen kann eine Insel des Warengeldes ökonomisch bestehen. Sie würde wirtschaftlich erblühen, während rundherum die Inflationierung die Wirtschaftskraft immer mehr erlahmen lässt.

Die Währung dieser Insel der ökonomischen Vernunft würde gegenüber den anderen Währungen fortwährend aufgewertet, da sich das Angebot der anderen Währungen relativ zur Inselwährung ausweitet. Der flexible Wechselkurs gleicht die auseinanderlaufende Kaufkraft der Währungen aus. Eine Aufwertung der Inselwährung gegenüber den ausländischen Währungen hat nur dann negative Konsequenzen für die Exportwirtschaft, wenn die *nominellen* Inlandspreise nicht fallen dürfen. Dürfen die *Nominalpreise*, insbesondere die Löhne, fallen, besteht für die Exportwirtschaft – aber auch alle anderen Branchen – durch die Einführung eines Warengeldes keine gesonderte Existenzbedrohung.

Die Verwebung mit der ausländischen Produktionsstruktur führt dazu, dass selbst ein Land auf einem Warengeld teilweise den ausländischen Konjunkturzyklus ins Inland importiert. Diese Verzerrungen sind in einem Übergangsszenario unvermeidlich, es sei denn, die inländischen Unternehmer liefern erst gar nicht ins Ausland, weil sie die Anhäufung von Konkursen mit dem unausweichlichen Eintreten der Rezession vorausahnen und dementsprechend einen Risikozuschlag verlangen, der die eigene Konkurrenzfähigkeit deutlich beschneidet.

Real ist hingegen mit einem Anstieg der Löhne im Speziellen und des materiellen Wohlstands im Allgemeinen zu rechnen, sowohl im Vergleich zum Ausland als auch im Verlauf der Zeit. Erstens fördert ein Warengeld den Kapitalaufbau, da die Ersparnisbildung nicht mehr von der Inflationierung untergraben wird. Zweitens fließen ausländische Ersparnisse, die sich vor der inflationären Enteignung schützen möchten, auf die Insel und stehen den Inselbewohnern für die Kapitalbildung zur Verfügung. Selbst für den Fall, dass die Ausländer „nur" das Geld im Ausland auf Sichteinlagenkonten verwahren lassen, entstehen auf der Insel im

Depositengeschäft zusätzliche Einkommensquellen. Drittens müssen die Unternehmer der Warengeld-Insel die dem inflationistischen Geld inhärenten Unwägbarkeiten in ihrer betriebswirtschaftlichen Kalkulation nicht mehr bedenken. Ebenso fallen viertens keine Kosten mehr für die Zentralbanken-Auguren an, die im inflationären Geldwesen aus den Reden bedeutender Zentralbanker abzulesen versuchen, wie die geldpolitischen Instrumente in den nächsten Monaten und Jahren eingesetzt werden. Und fünftens würden die der inflationären Umverteilung geschuldeten Kosten für die politische Einflussnahme im Gerangel um einen Platz an der Sonne der Erstbezieher wegfallen.

Mit dem Verschwinden der Zirkulationskredite ist eine gesamtgesellschaftliche Überschuldung nicht mehr denkbar. Privatpersonen, Unternehmer und der Staat könnten über längere Zeiträume nicht mehr ausgeben, als sie einnehmen. Speziell der bei den Politikern beliebten Politik der ungedeckten Schecks wären fortan die Hände gebunden. Keine Generation könnte mehr auf Kosten der nächsten Generation leben.

Sollte eine Geschäftsbank die 100%ige Deckung der Sichtguthaben verlassen, blüht ihr der Bankrott. Eine Zentralbank, die als „Kreditgeber der letzten Instanz" heute diese Banken auffängt, gäbe es nicht mehr bzw. die Zentralbank hätte keine Mittel, das unvertretbare Geschäftsgebaren mit einem Notkredit zu belohnen. Die institutionellen Anreize würden verantwortungsbewusstes Handeln belohnen und unverantwortlichem Handeln die anfallenden Kosten auftragen.

4.3.3. Zur Nachhaltigkeit einer Institutionenreform oder die Illusion vom roten Knopf

Ein Druck auf den ominösen roten Knopf genügt, um das inflationäre Bankwesen durch ein geordnetes Bankwesen zu ersetzen. Wäre einer derartigen „Reform" ein dauerhafter Erfolg beschieden? Oder würde sich nach kurzer Zeit wieder die Unordnung breitmachen?

In dem Maße, in dem das heutige Bankwesen Ausdruck der vorherrschenden Lebenseinstellung breiter Bevölkerungsschichten ist, in dem Maße wäre das Drücken des roten Knopfes nicht von Erfolg gekrönt. In kürzester Zeit würden Wähler und Politiker die Abkehr von der Volldeckung (100%ige Deckung) der Sichtguthaben zur Überwindung der Kreditnot fordern. Die Lebenseinstellung der Menschen hätte sich durch den Druck auf den roten Knopf nicht entscheidend verändert.

Naiv ist also die Vorstellung, wonach die Beseitigung einer ungerechten Institution *automatisch*, d.h. ohne menschliches Zutun, eine gerechte Institution hervorbrächte, die darüber hinaus von dauerhaftem Bestand wäre. Zwar beeinflussen Institutionen unser Verhalten, indem sie bestimmten Handlungen Kosten auferlegen oder eine Subvention zusprechen bzw. ein Lob oder einen Tadel erteilen. Die nachhaltige Reform einer Institution setzt aber eine veränderte Lebenseinstellung voraus. Diese Veränderung muss beim Einzelnen ansetzen und sich an der Realität ausrichten.

4.3.3.1. Der beschwerliche Weg zurück – Entwöhnung von der Droge billiges Geld

Die westlichen Gesellschaften sind von der Droge billiges Geld weitgehend abhängig. Das Eigenheim, das Unternehmen, der Staatshaushalt – alles wird auf Pump vorfinanziert. Die Untugend, alles hier und jetzt haben zu wollen, hat die Sekundärtugend der Sparsamkeit verdrängt. Überdies fungiert Geld heute häufig als Stillhalteprämie und Allheilmittel. Aber Geld löst keine moralischen und politischen Probleme. Moralische Probleme verlangen moralische Antworten, politische Probleme politische Antworten und existenzielle Probleme existenzielle Antworten. Die missbräuchliche Verwendung des Geldes verdirbt nicht nur den Charakter, sondern das Geld selbst. Der bevorstehende Absturz der Wirtschaft wird zeigen, welche Länder willens sind, den langwierigen Entwöhnungsprozess zu beschreiten, der sicher nicht schmerzlos und rückschlagsfrei bleiben wird.

Diese Kur muss einige grundlegende Einsichten berücksichtigen. Auf einer übergeordneten Ebene gilt es Mittel wieder als Mittel zu betrachten und Ziele als Ziele, wobei sich die Mittel aus den Zielen ergeben. Geld als allgemein akzeptiertes Tausch*mittel* erhält seine Daseinsberechtigung aus dem Willen der Menschen, gewisse Güter über den Markt zu beziehen und zu veräußern. Welche Güter zu Waren werden und auf den Markt gebracht werden, diese Frage ist vorrangig nicht aus betriebswirtschaftlichen Effizienzüberlegungen zu begründen. Vielmehr geht es darum, dem Wesen der Dinge auf die Spur zu kommen. Ist es etwa wirklich dem Wesen der Erziehung der Kinder gemäß, die Erziehung an Dritte auszulagern?

Die Verwechslung von Mittel und Ziel in der Überhöhung des Geldes kann aber auch ein unzweifelhafter Hinweis auf den Verfall des Geldes oder des gesellschaftlichen Umgangs mit Geld sein. Eine Gesellschaft, die sich nicht mehr über die Ziele des Menschseins zu unterhalten weiß und in der Mehrung der Geldmittel ihre Zuflucht nimmt, ist zum Scheitern verurteilt. Sie lädt dem Geld eine Aufgabe auf, die es niemals zu erfüllen vermag.

4.3.3.2. *Die Verwechslung von Mittel und Zweck am Beispiel der Arbeit*

Die traditionelle Auffassung sieht in der Arbeit ein Mittel zum Zweck, wie bereits in der Einführung erwähnt wurde. Der Mensch erarbeitet sich seine Lebensmittel, um Muße wirken zu können. Die Muße ist nicht mit dem Müßiggang, dem faulenzenden Nichtstun, zu verwechseln. Sie ist das kontemplative Sichöffnen auf die Welt, das Empfangen von Eindrücken und Eingebungen, die in der Hektik des Alltags keinen Eingang in den Menschen finden können.

Diese für die abendländische Kultur prägende relative Unbedeutsamkeit des Mittels Arbeit erfuhr mit dem Aufkommen des Protestantismus und des Säkularismus eine entscheidende Umdeutung, die in der folgenden Aussage des Grafen Zinzendorf eingefangen worden ist: „Man arbeitet nicht allein, dass man lebt, sondern man lebt um der Arbeit willen."[119] Max Webers psychologische Definition des Kapitalismus in seiner nach wie vor aktuellen Studie „Die protestantische Ethik und der Geist des Kapitalismus" bekräftigt diese veränderte Aufgabenzuschreibung. Das Leitmotiv einer kapitalistischen Wirtschaftsordnung beschreibt er wie folgt: „Der Mensch ist auf das Erwerben als Zweck seines Lebens, nicht mehr das Erwerben auf den Menschen als Mittel zum Zweck der Befriedigung seiner materiellen Lebensbedürfnisse bezogen."[120] Die ehemals als notwendiges Übel erduldete körperliche Arbeit wird überhöht. Sie wird zum Maß aller Dinge.

Einen wichtigen Grund für die fundamentale Verwechslung von Mittel und Ziel beleuchtet Viktor Frankl. Die Flucht in die Arbeit, so Frankl, weist auf eine „innere Inhaltsleere", ein „existenzielles Vakuum" hin. Dieses Vakuum *soll* die Arbeit füllen, wozu sie aber nicht imstande ist:

„*…, in solchen Fällen mangelt es an einem Lebenssinn und dadurch wird entweder die Arbeit zum Selbstzweck oder aber auch das, was die Arbeit einbringt, nämlich das Geld. Die Leute haben etwas, von dem*

---

119 Zitiert in: Weber, Max: „Die protestantische Ethik und der Geist des Kapitalismus", 2., durchgesehene Auflage, C.H. Beck, München 2006 [2004], S. 184 (Fußnote 218).

120 Weber, Max: „Die protestantische Ethik und der Geist des Kapitalismus", 2. durchgesehene Auflage, C.H. Beck, München, 2006 [2004], S. 78. In dieser nach wie vor aktuellen Studie zeigt sich wiederum die geistige Nähe von Kapitalismus und Sozialismus. Letzterer betont ebenfalls die körperliche Betätigung über Gebühr, wie die wortgewaltigen Aussagen von Thomas Carlyle, dem Autor u.a. von „Beiträge zum Evangelium der Arbeit", „Jede wahre Arbeit ist Religion" und des utopischen Frühsozialisten Henry Claude de Saint-Simon andeuten: „Alles durch die Arbeit, alles für die Arbeit."

*sie leben können, aber sie haben nichts mehr, für das sie leben könn-
ten. Sie haben Geld, aber ihr Geldhaben hat eigentlich keinen Sinn
mehr."*[121]

In der Erhöhung des Geldeinkommens und der damit
verbundenen Anhäufung von „Lebensmitteln" sehen viele Menschen eine Möglichkeit, das beklemmende Gefühl
der Sinnleere erfolgreich zu bekämpfen. Die Abwendung
von den menschengemäßen Lebenszielen durch die über-
betonende Hinwendung zu den „Lebensmitteln" spielt der
Inflationierung, die *schein*bar die realen Mittel ausweitet,
tatkräftig in die Hände. Mit der Überhöhung des Mittels
Arbeit zum Selbstzweck geht die Degradierung der vorma-
ligen Ziele einher. Seit Menschengedenken waren die letzten Ziele aller Gesellschaften religiöser und philosophischer
Natur. Die kultische Ehrerbietung und das Streben nach
dem Schönen, Wahren und Guten prägten das Leben. Nun
wird der Arbeit oder dem Geld als monetärer Ausdruck der
Arbeitsproduktivität gehuldigt, und das gesamte Leben beginnt sich am Arbeitsleben zu orientieren. Der deutsche Philosoph Josef Pieper macht uns in „Muße und Kult" darauf
aufmerksam, dass die Arbeit in der modernen Welt auch
die Zeiträume der Nichtarbeit durchdringt. Die Freizeit beschreibt jenen Zeitraum, der nicht dem Erwerbsleben gewidmet ist, der dazwischen liegt, ohne die Arbeit aber nicht

---

121 Frankl, Viktor: „Der Wille zum Sinn: Grenzen der Motivation", Viktor-
Frankl-Archiv, Littera Film 1972. Zitiert in Graf, Helmut: „Die kollektiven
Neurosen im Management", Linde, Wien, 2007, S. 166.

sein kann. Die Freizeit ist ebenso verzweckt, dem Prinzip des Um-Zu unterworfen. Wie die Feier oder eine Freundschaft steht die Muße hingegen für sich selbst. Sie ist in dem Sinne überflüssig, als sie keinem anderen Zweck dient. Aber gerade durch diese geordnete Selbstbezogenheit sticht sie aus dem mitunter als grau und eintönig empfundenen Alltag hervor.[122]

In Folge der Überhöhung der Mittel obsiegt das quantitative Mehr über das qualitative Bessere, das Anhäufen von materiellen Gütern über die vertiefende Qualitätsverbesserung; das anonyme Massenprodukt über das persönliche Einzelstück, das rationalistische „Um-Zu" des Verzweckens über das geordnete Dasein der Dinge. Hegungsräume, die sich diesem Nutzendenken entziehen wollen, wie die Schule, die Erziehung, die Feier, die Freundschaft und die Ehe geraten unter erheblichen Druck. Sie müssen ihre Daseinsberechtigung über ihre ökonomische Leistungsfähigkeit rechtfertigen.

4.3.3.3. Tugend und Scheintugend

Die Konjunkturtheorie baut entscheidend auf dem In-Umlauf-Bringen von ungedeckten *Schein*werten auf. Die Menschen handeln auf der Grundlage dieser Werte, so als ob sie *realen* Werten entsprächen. Sie lassen sich blenden. Es könnte aber auch sein, dass die Blendung gleichsam verlangt ist, weil auch im täglichen Leben nicht mehr das als gut be-

---

122 Pieper, Josef: „Muße und Kult", Neuausgabe der 5. Auflage, Kösel, München, 2007 [1948, 1958].

trachtet wird, was wesentlich gut ist, sondern das, was bloß als gut *erscheint*.

Die Brücke von der Ökonomie in die Ethik schlägt uns der Begriff des Wertes. Er nimmt sowohl in der Morallehre als auch in der ökonomischen Theorie eine zentrale Rolle ein. Die klassische Tugendlehre,[123] wie von der griechischen Antike überliefert und vom Christentum vertieft und um die göttlichen Tugenden der Liebe, des Glaubens und der Hoffnung erweitert, erkennt, dass die Tugendhaftigkeit – die inneren Güter – dem Erwerb von materiellen Gütern – den äußeren Gütern – vorausgeht und vorrangiges Ziel menschlichen Strebens sein soll. Diese Einsicht formulierte Sokrates in seiner Verteidigungsrede, in der er sich mahnend an die Athener richtet: „Denn, so lautet meine Rede, nicht aus Reichtum geht die Tugend hervor, sondern aus der Tugend der Reichtum und alle anderen menschlichen Güter im persönlichen wie im öffentlichen Leben."[124] Sokrates sieht also den materiellen Wohlstand als etwas Zweites an, der dem tugendhaften Leben folgt. Wer tugendhaft lebt, hat nicht nur ein innerlich erfülltes Leben, sondern lebt ein im

---

123 Zu den vier Kardinaltugenden zählen: Klugheit, Gerechtigkeit, Tapferkeit, Zucht und Maß.

124 Plato: Die Apologie des Sokrates, 30B. Analog Aristoteles: „…, weil man ja sieht, dass man die Tugenden nicht durch die äußeren Güter erwirbt und bewahrt, vielmehr jene Güter durch diese, und dass das glückliche Leben, sei es, dass es für die Menschen in der Freude besteht, sei es in der Tugend, sei es in beiden, in höherem Grade für die vorhanden ist, die im Übermaß mit Charakter und Denken ausgestattet sind, doch im Hinblick auf den Besitz von äußeren Gütern nur mäßig, als für die, die mehr als nötig jene äußeren Güter besitzen, aber dieser Güter ermangeln" (Politik, VII, 1323b1).

umfassenden Sinne reiches Leben. Ähnliches berichtet uns Johann Wolfgang von Goethe:

„Ich habe nie gefragt: ... wie nütze ich dem Ganzen? – sondern ich habe immer nur dahin getrachtet, ... auszusprechen, was ich als gut und wahr erkannt hatte. Dieses hat freilich ... in einem großen Kreise ... genützt; aber dies war nicht Zweck, sondern ganz notwendige Folge.“[125]

Die Tugendethik weithin verdrängt hat in den letzten Jahrhunderten allerdings der Utilitarismus. Dieser definiert die Maximierung des Nutzen bzw. der Annehmlichkeit als höchste Regel menschlicher Sittlichkeit. Gut ist demnach nicht das, was in sich wesentlich gut ist, sondern was – salopp formuliert – Spaß macht und geschäftlich nützt, wie Jeremy Bentham, einer der wichtigsten Vordenker des Utilitarismus, das Nutzenprinzip definiert:

„Mit dem Prinzip des Nutzens ist das Prinzip gemeint, das jede beliebige Handlung gutheißt oder missbilligt entsprechend ihrer Tendenz, das Glück derjenigen Partei zu erhöhen oder zu vermindern, um deren Interessen es geht ... Mit ‚Nutzen‘ ist diejenige Eigenschaft einer Sache gemeint, wodurch sie zur Schaffung von Wohlergehen, Vorteil, Freude, Gutem oder Glück tendiert.“[126]

---

125 Goethe, Johann Wolfgang von: „Goethes Gespräche mit Eckermann“. Zitiert in: Pieper, Josef: „Muße und Kult“, Neuausgabe der 5. Auflage, Kösel, München, 2007 [1958, 1948], S. 80.
126 Bentham, Jeremy: „An Introduction to the Principles of Morals and Legislation“, 1789.

Eine utilitaristische Grundhaltung begünstigt die Hervor-
bringung von *Schein*werten. Nach der klassischen Tugendlehre ist dem Menschen die Anlage zur Tugendhaftigkeit
wesensgemäß. Sie muss jedoch geübt werden, bis aus einer
in sich noch nicht gefestigten Neigung eine beständige und
standhafte Haltung, eine feste Gewohnheit geworden ist.
Der wahrhaft Tugendhafte will gar nicht mehr anders handeln. Der Utilitarist sieht hingegen im tugendhaften Handeln keinen Eigenwert mehr. Er handelt dann, und nur dann
klug, gerecht, tapfer, maßvoll, wenn dieses Handeln einen
Nutzen stiftet. Zudem, und für unsere Diskussion ist dies
bedeutsam, gibt sich der Utilitarist, wann immer es möglich
ist, mit dem *Anschein* der Tugendhaftigkeit zufrieden wie
Max Weber brillant ausführt: „... dass, wo z.B. der *Schein*
der Ehrlichkeit den gleichen Dienst tut, dieser genügen und
ein unnötiges Surplus an dieser Tugend als unproduktive
Verschwendung [...] verwerflich erscheinen müsste. [...] –
eine für den strikten Utilitarismus in der Tat unentrinnbare
Konsequenz"[127]. Auf diese Weise reduziert der Utilitarist die
Kosten seines eigenen Handelns, schließlich erspart er sich
die mitunter fordernde Einübung des tugendhaften Handelns und maximiert dadurch die angestrebte Annehmlichkeit als Differenz von Ertrag und Aufwand.

Für den Utilitaristen ist es folglich als Regel nutzenma-
ximierend, einen Käufer mit einer prächtigen Verpackung
zu blenden, sofern die Aufpolierung der Verpackung die

---

127 Weber, Max: „Die protestantische Ethik und der Geist des Kapitalismus",
   2. durchgesehene Auflage, C.H. Beck, München, 2006 [2004], S. 77.

Gesamtkosten reduziert, weil gleichzeitig die Qualität des Inhalts gemindert werden kann. Und solange der Käufer darauf vertraut, dass die Verpackung den versprochenen realen Inhalt enthält, ist für beide, den Käufer und den Verkäufer, die Welt in Ordnung. Genauer gesagt: Sie *scheint* in Ordnung zu sein.[128] Doch irgendwann bricht die Realität wieder durch.

Im Lauf der Zeit verabschiedet sich eine utilitaristische Gesellschaft von der Realität und gleitet in eine *Schein*welt ab. Die Verpackung hat gar nicht mehr den Anspruch, die repräsentative Außenhaut eines wertvollen Inhalts zu sein. Die Verpackung ersetzt zunehmend den Inhalt, wie die Verfallsgeschichte des Geldes meisterhaft illustriert. Ursprünglich war der Geldschein als Banknote der Stellvertreter für eine tatsächlich existierende Münze – meist aus Silber oder Gold. Mit der Aufhebung der Einlöseverpflichtung wurde die Banknote zum Papiergeld, das nur mehr den Anschein einer realen Deckung wahrt und so lange akzeptiert wird, wie die Menschen sich mit dem Schein zufriedengeben. „Sich mit dem Schein zufriedengeben" ist hier eine äußerst aufschlussreiche Doppeldeutigkeit.

Aus dieser Perspektive betrachtet sind die monetären *Schein*werte ein Spezialfall einer weit breiter gefassten

---

128 Die Lebensmittelbranche bleibt von Scheinprodukten nicht verschont. Im Sommer 2009 gerieten der „Schummelkäse" und der „Mogelschinken" in Österreich in die Schlagzeilen. Den Anschein von Käse und Schinken wahren diese Produkte. Doch findet man in diesen Produkten weder Käse noch Schinken.

Grundentscheidung der Gesellschaft, sich mit *Schein*werten zu begnügen und nicht die Realität, wie sie sich uns offenbart, anzunehmen. Auf dem sandigen Fundament einer Scheinwelt ist demnach kein Vermögen dauerhaft vor dem Totalverlust sicher. Eine nachhaltige Vermögenssicherung darf sich daher nicht nur der Sicherung von Werten im engen, monetär-materiellen Sinne verschreiben. Die Auseinandersetzung muss deutlich tiefer gehen. Dafür sollten wir uns reichlich Zeit nehmen, gerade in Zeiten der Wirtschaftskrise.

5. Anhang: Die Wiener Schule der Ökonomie – eine Einführung

Als Carl Menger im Jahr 1871 seine „Grundsätze der Volkswirthschaftslehre" vorlegte, war sein Ansinnen ein bescheidenes. Er wollte die unbefriedigende Wert- und Preistheorie der klassischen Ökonomie, zu der insbesondere Adam Smith, David Ricardo und Karl Marx zu zählen sind, retten. Doch die Grundsätze sollten jenes volkswirtschaftliche Lehrbuch sein, das die sogenannte Wiener Schule der Ökonomie oder Österreichische Schule der Nationalökonomie oder Austrian Economics begründen sollte. Menger, der aus dem galizischen Neu Sandez (heute Novy Sacz, Polen) stammt, vollendete mit seinen Ausführungen zur Wert- und Preistheorie die schon das gesamte 19. Jahrhundert über vorbereitete Wendung in der ökonomischen Theorie weg von der objektiven Wertlehre hin zur subjektivistischen Wertlehre. Der Wert eines Gutes, so Menger, ist nicht, wie die objektive Wertlehre behauptet, dem Gut inhärent, etwas ihm „Anhaftendes" oder durch die zur Herstellung aufgewendeten Arbeitsmühen oder Arbeitsstunden bestimmt. Vielmehr findet sich der Ursprung des ökonomischen Wertes in der zielgerichteten, intentionalen Wertbeimessung des handelnden Subjekts. In den Worten Mengers ist der Wert „die Bedeutung, welche konkrete Güter oder Güterquantitäten für uns dadurch erlangen, dass wir in der Befriedigung unserer Bedürfnisse von der Verfügung über dieselben abhängig zu sein uns bewusst sind".

Schulbildend wirkte der sogenannte „Methodenstreit" mit der in Deutschland beheimateten „Historischen Schule", deren wichtigste Vertreter Wilhelm Roscher und Gustav von Schmoller waren. In seinen „Untersuchungen über die Methoden der Socialwissenschaften und der Politischen Ökonomie insbesondere" (1883) unterschied Menger zwischen einer „historischen", einer „theoretischen" und einer „praktischen" Richtung der Volkswirtschaftslehre. Der Historischen Schule warf Menger vor, die theoretische Nationalökonomie mit deren Geschichte zu verwechseln. Die Praxis, also die Volkswirtschaftspolitik, so Menger, benötige eine theoretische Fundierung, so wie auch die technologische Chemie eine theoretische Chemie voraussetzt. Die Historische Schule lehnt dagegen „exakte Gesetze" in der Volkswirtschaft strikt ab.

Nicht zu unterschätzen ist die unterschiedliche institutionelle und curriculare Verankerung der Ökonomie in der damaligen Donaumonarchie und im deutschen Kaiserreich für die tiefen Gräben zwischen diesen beiden Schulen. Um in Österreich Nationalökonom zu werden, musste man eine juristische Ausbildung absolvieren, die auch einen umfangreichen rechtshistorischen Studienabschnitt enthielt. Im Rahmen der Beschäftigung mit abstrakten Rechtsfiguren, Begriffsanalysen, Auslegungsmethoden sowie ihren praktischen Anwendungen wurden vornehmlich analytisches Denken, sprachliche Präzision und Logik geschult. Die Hauptfächer der Rechtswissenschaften waren vor allem hermeneutisch orientiert. Demgegenüber lag den Kameralwissenschaften an den deutschen Universitäten ein überwiegend deskriptiv-empirisches Vorgehen zugrunde, das eine ausgesprochene Theoriefeindlichkeit zur Folge hatte. Vom verheerenden Einfluss der hegelianischen Philosophie war Österreich ebenfalls noch verschont geblieben.

5.1. Ökonomie als die Lehre vom menschlichen Handeln

Ludwig von Mises, der nach dem Begründer Carl Menger und der darauf folgenden zweiten Generation um Eugen von Böhm-Bawerk und Friedrich von Wieser, der dritten Generation der Wiener Schule zugerechnet wird, legte in seinem 1940 auf Deutsch erschienenen magnum opus „Nationalökonomie. Theorie des Handelns und Wirtschaftens" (engl. „Human Action", 1949) erstmals eine umfassende Untersuchung der Ökonomie im Sinne der Wiener Schule dar. Wie der Untertitel bereits andeutet, versteht der gebürtige Lemberger unter Ökonomie die „Lehre vom menschlichen Handeln". „Handeln", so von Mises, „ist bewusstes Verhalten. Wir können auch sagen: Handeln ist Wollen, das sich in Tat und Wirken umsetzt und damit verwirklicht, ist ziel- und zweckbewusstes Sichbenehmen, ist sinnhafte Antwort des Subjekts – der menschlichen Persönlichkeit – auf die Gegebenheit der Welt und des Lebens." Für seinen streng aprioristischen Zugang wählte der überzeugte Neukantianer den Begriff der Praxeologie. Für Mises im Speziellen und für die Wiener Schule im Allgemeinen ist die Ökonomie somit nicht, wie heute üblich, die Lehre von der mikro- oder makroökonomischen Effizienzmaximierung und auch nicht nur die Lehre von der Mehrung des monetären oder materiellen Wohlstandes. Vielmehr befasst sie sich als theoretische Wissenschaft auf logisch-deduktivem Weg mit den aus dem Handlungsaxiom abgeleiteten Schlussfolgerungen, denn dem „Handeln kann der Mensch nie und nirgends entrinnen; Handeln liegt in der Natur des Menschen und seiner Welt, und Handeln müssen ist dem Menschen durch die Bedingungen, unter denen er lebt, vorgeschrieben." Das Handeln, die „konkrete Entscheidung zwischen gegebenen Möglichkeiten", ist somit der Ausgangspunkt der nationalökonomischen Forschung.

Die Ökonomie kann auch als Wissenschaft der „Mittel-Zweck-Beziehung" bezeichnet werden. Der Mensch setzt sich bestimmte materielle wie ideelle Ziele, zu deren Zielerreichung er Mittel benötigt, und diese Mittel sind knapp. Die Mittel erhalten ihren Wert ihrerseits aus der relativen Wichtigkeit der Ziele. Eine Leiter ist an und für sich wertlos, ihr wird als Mittel nur insofern Wert beigemessen, als sie uns hilft, die Kirschen vom Baum zu pflücken, eine bessere Aussicht zu genießen oder eine Glühbirne auszuwechseln. Die Wertigkeit der Mittel schwankt somit von der sich verändernden Wertigkeit der Ziele. Ein heute wertvolles Mittel kann morgen schon wertlos sein.

5.2.   Die Konjunkturtheorie der Wiener Schule

1912 führt Ludwig von Mises in seiner Habilitationsschrift „Theorie des Geldes und der Umlaufsmittel" die Grundzüge jener Konjunkturtheorie aus, die die Wiener Schule von allen anderen ökonomischen Ansätzen fundamental unterscheidet. Das konjunkturelle Auf und Ab ist nicht ein der freien Marktwirtschaft inhärentes Phänomen. Vielmehr liegt das Übel in der Ausweitung der ungedeckten Geldmenge, kurz Inflation, über den Kreditmarkt, die von der Zentralbank durch die planwirtschaftliche Festlegung des Zinssatzes in Zusammenarbeit mit den Geschäftsbanken verursacht wird. Der derart künstlich gesenkte Geldzins verzerrt das Zinssignal und damit die intertemporale Allokation der realen Ersparnisse. Die Unternehmer werden in die Irre geleitet und nehmen Projekte in Angriff, die nicht durch genügend reale Ersparnisse gedeckt sind. Die Ersparnisse werden falsch eingesetzt. Sobald der Fehler auftaucht, und dies ist früher oder später immer der Fall, kommt es zur Korrektur. Die Rezession heilt jene Verzerrungen in der Produktionsstruktur, die der Boom ursächlich hervorgerufen hatte.

Für seinen Beitrag zur Geld- und Konjunkturtheorie erhielt Friedrich A. von Hayek 1974, im Jahr nach dem Ableben seines Lehrers Ludwig von Mises, den „Preis für Wirtschaftswissenschaften der schwedischen Reichsbank in Gedenken an Alfred Nobel" verliehen. Diese Auszeichnung hatte er sich mit „Geldtheorie und Konjunkturtheorie" (1929), „Preise und Produktion" (1933) sowie seinem abschließenden ökonomischen Werk „The Pure Theory of Capital" (1944) redlich verdient. Von Hayek, der 1931 den Ruf von Lionel Robbins an die *London School of Economics* (LSE) akzeptierte und dort zum wichtigsten Gegenspieler des an der *University of Cambridge* lehrenden John Maynard Keynes avancierte, hat es später zutiefst bedauert, die bis zum heutigen Tag einflussreiche „General Theory" nicht widerlegt zu haben. Erst Henry Hazlitt, ein amerikanischer Journalist, der der Tradition der *Wiener Schule* verpflichtet war, holte diese immens wichtige Widerlegung 1959 mit „The Failure of the New ‚Economics'" nach (dt.: „Das Fiasko der Keynes'schen Wirtschaftslehre: Eine Analyse ihrer Fehlschlüsse").

5.3. Die Wiener Schule in den USA

Der intellektuelle Aderlass infolge der politischen Radikalisierung in den 1930ern im deutschsprachigen Europa blieb der *Wiener Schule* nicht erspart. Ludwig von Mises emigrierte in einer abenteuerlichen Flucht in die USA, ebenso Gottfried von Haberler, Fritz Machlup und Oskar Morgenstern.

Es ist das große Verdienst Ludwig von Mises', der übrigens niemals eine ordentliche Professur innehaben sollte, den Ansatz der *Wiener Schule* in den USA zu neuer Blüte gebracht zu haben. So nahm er sein schon in Wien von

1920–1934 regelmäßig abgehaltenes berühmtes Privatseminar wieder auf. Aus diesem zweiwöchentlichen Zirkel ging die erste amerikanische Generation der *Wiener Schule* hervor. Speziell Murray N. Rothbard ragt mit seinem umfangreichen Œuvre zur theoretischen Ökonomie, zur Dogmen- und zur Wirtschaftsgeschichte heraus. Zu nennen sind sein einführendes Lehrbuch „Man, Economy and State" (1962), seine brillante Analyse „America's Great Depression" (1963) und sein epochales Spätwerk „An Austrian Perspective on the History of Economic Thought" (1995).

In den letzten Jahren erfreute sich die *Wiener Schule* einer bemerkenswerten Renaissance und fand aus ihrem Exil in den USA den Weg zurück nach Europa. Ein wichtiger Grund für diese Renaissance ist die generelle Ernüchterung mit den seit Jahrzehnten dominierenden Zugängen des Keynesianismus, des Monetarismus und der neoklassischen Gleichgewichtstheorie vom perfekten Wettbewerb, die der Ökonomie zu Recht die wenig schmeichelhafte Auszeichnung einer „dismal science" – einer trostlosen Wissenschaft – eingetragen haben. Gerade weil die Ernüchterung so groß ist und sich in der Öffentlichkeit das Gefühl breitmacht, dass die genannten ökonomischen Schulen auf die gegenwärtigen wirtschaftlichen und gesellschaftlichen Herausforderungen keine Antwort mehr finden, lohnt sich die vertiefende Auseinandersetzung mit der lange Zeit vergessenen, aber nach wie vor lebendigen Tradition der *Wiener Schule*.

5.4.   Einige einführende Werke

Carl Menger: Grundsätze der Volkswirthschaftslehre, 1871.

Eugen von Böhm-Bawerk: Kapital und Kapitalzins, 1884; Zum Abschluss des Marx'schen Systems, 1896; Macht oder ökonomisches Gesetz?, 1914.

Friedrich A. von Hayek: Geldtheorie und Konjunkturtheorie, 1929; Preise und Produktion, 1931; Individualismus und wirtschaftliche Ordnung, 1976; Die verhängnisvolle Anmaßung: Die Irrtümer des Sozialismus, 1996.

Ludwig von Mises: Theorie des Geldes und der Umlaufsmittel, 1912; Die Gemeinwirtschaft. Untersuchungen über den Sozialismus, 1922; Nationalökonomie, 1940; Die Bürokratie, 2004.

Henry Hazlitt: The Failure of the „New Economics": An Analysis of the Keynesian Fallacies, 1959 (dt: Das Fiasko der Keynes'schen Wirtschaftslehre: Eine Analyse ihrer Fehlschlüsse, 1959)

Murray N. Rothbard: Man, Economy, and State. A Treatise On Economic Principles, 1962; America's Great Depression, 1963; What Has the Government Done to Our Money?, 1963; An Austrian Perspective on the History of Economic Thought, 1995.

Hans Sennholz: The Age of Inflation, 1977; How Can Europe Survive?, 1995.

Hans-Hermann Hoppe: Kritik der kausalwissenschaftlichen Sozialforschung, 1983; Die Österreichische Schule und ihre Bedeutung für die moderne Wirtschaftswissenschaft, 1996.

Jesus Huerta de Soto: Money, Bank Credit, and Economic Cycles, 2006; Die Österreichische Schule der Nationalökonomie – Markt und unternehmerische Kreativität, 2007.

Guido Hülsmann: Die Ethik der Geldproduktion, 2007; Ludwig von Mises – The Last Knight of Liberalism, 2007.

Eugen Maria Schulak, Herbert Unterköfler: Die Wiener Schule der Nationalökonomie. Eine Geschichte ihrer Ideen, Vertreter und Institutionen, Enzyklopädie des Wiener Wissens, Bd. VII, Nationalökonomie, herausgegeben von Hubert Christian Ehalt, Verlag Bibliothek der Provinz, Weitra 2009.

Webseiten: *www.mises.de, www.mises.org, www.wertewirtschaft.org*

Roland Baader

Geld, Gold und Gottspieler
Am Vorabend der nächsten Weltwirtschaftskrise

344 Seiten
Paperback
€ 18,90
ISBN 978-3-935197-42-7

Bei der Lektüre des vorliegenden Buchs von Gregor Hochreiter haben die Leser das Spielen aller Instrumente der monetären Theorie der traditionsreichen Österreichischen Schule erlernt. Nun können sie mit dem Buch „Geld, Gold und Gottspieler" von Roland Baader (einem originären Hayek-Schüler) die Symphonie genießen, die der Autor unter Anwendung des besagten Instrumentariums komponiert hat.

Wie der Untertitel „Am Vorabend der nächsten Weltwirtschaftskrise" kündet, konnte Baader schon 2004 die aktuelle Weltfinanzkrise präzise vorhersagen und mögliche Auswege aufzeigen. Ein Buch von einzigartiger Faszination und Erkenntnistiefe. Beide Bücher (Hochreiter und Baader) ergänzen sich – bei aller Unterschiedlichkeit, als wären sie füreinander als Duett geschrieben worden.

„Mein Herz ist schwer und traurig, wenn ich an die ideologischen Zustände in Deutschland denke. Besonders bekümmert bin ich über die deutschen Hochschullehrer, die – statt den Weg ans Licht zu zeigen – gegenwärtig die Verwirrung anführen und verschlimmern. Aber in der deutschen Wüste gibt es eine Oase, und das ist das Roland-Baader-Fort mit seinen Freunden."
Hans F. Sennholz, 1956-92 Professor für Nationalökonomie am Grove City College, PA, USA; 1992-97 Präsident der Foundation for Economic Education in Irvington-on-Hudson, New York; seit 1986 Berater des Central Fund of Canada; Doyen der Österreichischen Schule der Nationalökonomie in den USA.

Verlag Dr. Ingo Resch
www.resch-verlag.com
Maria-Eich-Straße 77, D-82166 Gräfelfing · Tel. 089 / 8 54 65-0 · Fax 089 / 8 54 65-11

Roland Baader

totgedacht

Warum Intellektuelle unsere Welt zerstören

288 Seiten
Paperback
€ 22,80
ISBN 978-3-935197-26-7

Intellektuelle waren es, welche sich die Ismen erdacht haben, die
ihre verheerenden Wirkungen zeitigten. Aber was treibt die Intellektuellen? Diesem Warum geht Baader nach und gibt neun Antworten,
die jedem freiheitsliebenden und friedensliebenden Bürger bewusst sein sollten.

„Baader ist, was ihm zu Ehren gereicht, nicht ideologisch fixiert."
Detmar Doering, Neue Züricher Zeitung

„Baader sieht mit Recht in dieser antiliberalen Intelligenz
eine Gefahr für Wohlstand und Freiheit."
Gerd Habermann, FAZ

Roland Baader

Das Kapital am Pranger

Ein Kompaß durch den politischen Begriffsnebel

304 Seiten
Paperback
€ 18,-
ISBN 978-3-935197-45-8

In dem vorliegenden Buch demaskiert der durch viele scharfsinnige
Analysen zu Wirtschafts- und Währungsfragen bekannte Autor
Schlagworte wie soziale Gerechtigkeit, Sozialstaat und andere.
Zum Verständnis klärt Baader die entscheidenden Begriffe wie Kapital, Humankapital und
Kapitalismus. Der arbeitende Mensch (Humankapital) braucht Sachkapital und Sachkapital
Menschen. Beides ist gleich wichtig. Aber beides funktioniert nicht in einem ideologischen
Zwangsystem, sondern in einer Ordnung, in der Menschen ihre Leistungen frei austauschen
können.
Auch in der Frage der Globalisierung zeigt Baader die Chancen auf, die sich für ein Land wie
Deutschland ergeben können. Am Schluss seines Buches verdeutlicht er, was Politik und was
Freiheit bedeutet.
Baader ist wieder einmal eine sehr treffende und nachdenkenswerte Analyse gelungen. Sie
verdeutlicht, warum Deutschland sich auf einem so abschüssigen Weg befindet, der nur
durch ein radikales Umdenken aufzuhalten ist. Dazu muss man natürlich wissen, was Kapital
und Markt bedeuten. Ein Buch, das wichtig ist für jeden, der in dieser entscheidenden politischen Auseinandersetzung nicht abseits stehen möchte.

Verlag Dr. Ingo Resch

www.resch-verlag.com
Maria-Eich-Straße 77, D-82166 Gräfelfing · Tel. 089/8 54 65-0 · Fax 089/8 54 65-11

Murray Newton Rothbard
Herausgeber: Liberale Akademie Berlin
Nachwort und Übersetzung von: Dr. Jörg Guido Hülsmann

Das Schein-Geld-System
Wie der Staat unser Geld zerstört

160 Seiten
Paperback
€ 14,32
ISBN 978-3-930039-72-2

Grundsätzlich sollte jedes Gemeinwesen vor der Wahl stehen, ob es ein Geld des Staates oder ein Geld des Marktes haben will.

Was Rothbard über die Rolle des Staates im Geldwesen sagt, ist überzeugend und ernüchternd. Niemand, der *Das Schein-Geld-System* gelesen hat, wird über Geld weiterhin so staatsorientiert denken wie zuvor. Für Rothbard lautet die Kernfrage zum Geld nicht, ob die staatliche Geldpolitik besser das Preisniveau oder die Geldmenge stabilisieren sollte. Sie lautet vielmehr, ob es im Geldwesen überhaupt eine Rolle für den Staat gibt. Wer dem Staat das Geld anvertraut, öffnet Tür und Tor für eine totalitäre Kontrolle der Gesellschaft durch jene Interessengruppen, die innerhalb des jeweiligen Staatsapparates den Ton angeben. Die Folgen sind Wirtschafts- und Währungskrisen und der ständige und zum Teil dramatische Preisverfall unserer Währungen.

Wie alle Werke des amerikanischen Universalgelehrten ist *Das Schein-Geld-System* kristallklar in der Gedankenführung. Rothbard konzentriert sich stets auf die Kernfragen und behandelt diese Fragen mit umfassender Kenntnis der einschlägigen Literatur. Sein Werk eignet sich für Wirtschaftswissenschaftler und für Laien, die sich über diese Materie von kompetenter Seite informieren lassen möchten.

Roland Baader

Die belogene Generation
– politisch manipuliert statt zukunftsfähig informiert

224 Seiten
Paperback
€ 14,32
ISBN 978-3-930039-67-8

„Wir sind die informierteste und gleichzeitig ahnungsloseste Gesellschaft die je existiert hat" – und:
„Die Leute lassen sich so lange am besten manipulieren, wie sie am wenigsten wissen". Diese beiden Zitate bilden Baaders Leitlinie.
Allen wirtschaftlich und politisch Interessierten zeigt er mit messerscharfen Argumenten auf, welchen Trugbildern sie alltäglich aufsitzen und in welchen Denkfallen sie sich gefangen halten lassen.
Dem mündigen Bürger wird damit das Denkwerkzeug geliefert, mit dem er sich aus den Irrtümern des Zeitgeistes und den Sichtvernebelungen des politischen Vokabulars befreien kann.

Verlag Dr. Ingo Resch
www.resch-verlag.com
Maria-Eich-Straße 77, D-82166 Gräfelfing · Tel. 089 / 8 54 65-0 · Fax 089 / 8 54 65-11

Wolfgang Müller-Michaelis

Neue Wege zu mehr Beschäftigung
– ein Gegenentwurf zur gescheiterten Reformpolitik

272 Seiten
Paperback
€ 16,90
ISBN 978-3-935197-56-4

Was ist schuld an der Arbeitslosigkeit? Der Wirtschaftswissenschaftler und frühere Topmanager eines multinationalen Unternehmens Wolfgang Müller-Michaelis hält sich angesichts heutiger Orientierungslosigkeit der Politik nicht mit Lamentieren auf, sondern er wird konkret.

Der verunglückten Gesundheitsreform, der Hängepartie Arbeitsmarkt, den Zumutungen von Steuerschraube und Regulierungswahn stellt er ein Kontrastprogramm entgegen: Einen Appell an die Vernunft, eine Aufforderung zum Umdenken, eine Perspektive für machbare Lösungsansätze im Geiste Ludwig Erhards.

Das Konzept des Autors unterscheidet sich von den gängigen Reformansätzen dadurch, dass keine kollektivistischen Wege gesucht werden, sondern die Menschen in die Verantwortung gestellt werden. Hemmnisse müssen beseitigt werden, statt neue Hürden aufzubauen. Dem Verfasser ist es gelungen, die schwierigen und komplexen Zusammenhänge gut verständlich darzustellen. Man spürt die Kombination wissenschaftlicher Arbeit mit der praktischen Erfahrung aus Wirtschaft und Politik bei höchster Sachkenntnis.

Jedem, dem die weitere wirtschaftliche Entwicklung unseres Landes nicht egal ist, ist dieses von wissenschaftlicher Sorgfalt und praktischer Erfahrung geprägte Buch ans Herz zu legen.

Roland Baader

Fauler Zauber
Schein und Wirklichkeit des Sozialstaats

292 Seiten
Hardcover mit Schutzumschlag
€ 24,54
ISBN 978-3-930039-59-3

Das soziale Netz reißt und steuert in den Offenbarungseid. Die sich jagenden „Reformen" sind nur Tünche über die schwärenden Wunden falscher Systeme. Wachsende Arbeitslosigkeit, ausufernde Staatsverschuldung, steigende Kriminalität, Politikverdrossenheit und Niedergang des Standorts Deutschland – alles das sind nicht vorübergehende Auswüchse, sondern logisch-unerbittliche Folgen der deutschen Sozial-Pathologie.

Die Sozialpolitik heilt nicht den gesellschaftlichen, ökonomischen und ethischen Niedergang, sondern umgekehrt: Das tabuisierte Heiligtum „Sozialstaat" führt in den finanziellen, moralischen und gesellschaftlichen Bankrott. Als ersatzreligiöser Götzenkult zerstört er sogar die christlichen Fundamente der abendländischen Zivilisation.

Verlag Dr. Ingo Resch
www.resch-verlag.com
Maria-Eich-Straße 77, D-82166 Gräfelfing · Tel. 089 / 8 54 65-0 · Fax 089 / 8 54 65-11

Alvin J. Schmidt

Wie das Christentum
die Welt veränderte
– Menschen, Gesellschaft, Politik, Kunst

494 Seiten
Paperback
€ 19,90
ISBN 978-3-935197-58-8

Der amerikanischen Soziologe Alvin J. Schmidt, der am Illinois College gelehrt hat, beschreibt den Einfluss des Christentums im Kontext mit der geschichtlichen Entwicklung und belegt, in welchen Bereichen das Christentum die abendländische Kultur geprägt hat. Gerade im Vergleich der Situation zur Zeit von Jesus und heute, z. B. bei den Menschenrechten, der Moralvorstellungen, des Ehe- und Frauenverständnisses und der sich durch das Christentum ergebenden tiefgreifenden Veränderungen, wird die revolutionäre Wirkung der Botschaft von Jesus deutlich, die an ihrer Sprengkraft nichts eingebüßt hat, sondern im Gegenteil. Entsprechend haben sich auch die Gesellschaftsordnung und das Recht geändert. Aber Schmidt geht weiter. Er zeichnet auf, wie das Weltverständnis des Christentums wissenschaftlicher Forschung breite Bahn brach, und wie Kunst, Architektur, Musik sowie Literatur durch das Christentum geprägt wurden.

David A. Noebel

Kampf und Wahrheit
Die bedeutendsten Weltanschauungen
im Vergleich

504 Seiten
Hardcover mit Leseband
€ 29,90
ISBN 978-3-935197-41-0

Der aus den USA stammende Philosoph David A. Noebel beschreibt jeweils kurz und übersichtlich zehn Fachgebiete (Theologie, Philosophie, Ethik, Biologie, Psychologie, Soziologie, Gesetzgebung, Politik, Wirtschaft und Geschichte) aus jeweils vier Sichtweisen: Säkularer Humanismus, Marxismus-Leninismus, New-Age-Denken, Islam und Biblisches Christentum. Der Leser kann sich so selbst ein Bild machen, welche dieser Aussagen tragfähig sind und welche das menschliche Miteinander am besten gewährleisten.

Dieses Buch verdeutlicht das Besondere der christlichen Botschaft und deren markante Unterschiede zu anderen Weltbildern. Es ist für jeden, der sich mit dem Wandel in unserer Gesellschaft auseinandersetzen will, unverzichtbar.

Verlag Dr. Ingo Resch
www.resch-verlag.com
Maria-Eich-Straße 77, D-82166 Gräfelfing · Tel. 089/8 54 65-0 · Fax 089/8 54 65-11

Mark A. Gabriel, PH.D
Ehemals Professor für islamische Geschichte an der Al-Azhar
Universität, Kairo

Islam und Terrorismus

– was der Koran wirklich über Christentum,
Gewalt und die Ziele des Djihad lehrt

272 Seiten
Paperback
€ 14,90
ISBN 978-3-935197-39-7

Dieses Buch ist eine Sensation: ein Professor für Islamgeschichte der Al-Azhar Universität in Kairo und Imam an der Moschee von Gizeh, zweifelt an der Friedfertigkeit des Islam, wird daraufhin gefoltert und sollte getötet werden. Er sagt sich von seinem Glauben an Allah los und nach einem Jahr „Gottlosigkeit" bekehrt er sich zum Christentum. Heute lebt der Autor in den USA und setzt sich mit den Unterschieden zwischen Islam und Christentum auseinander. Seinen jetzigen Namen Mark A. Gabriel hat er nach seiner Bekehrung angenommen. In diesem Buch beschreibt er nicht nur seine Lebensgeschichte, sondern er untersucht die Wurzeln des modernen Terrorismus.

Mark A. Gabriel, PH.D

Jesus und Mohammed

Erstaunliche Unterschiede und überraschende
Ähnlichkeiten

304 Seiten
Paperback
€ 13,90
ISBN 978-3-935197-52-6

Gabriel, der neben seiner wissenschaftlichen Ausbildung an der Al-Azhar Universität in Kairo über den Islam in USA Weltreligionen und christliches Lehramt studierte, hat den interessanten Vergleich zwischen dem Leben von Jesus und Mohammed gezogen. Dabei vergleicht er die Biographien von der frühesten Kindheit an um dann auf Grund der unterschiedlichen Lehren zu seinen Schlussfolgerungen zu gelangen.

Verlag Dr. Ingo Resch

www.resch-verlag.com

Maria-Eich-Straße 77, D-82166 Gräfelfing · Tel. 089/8 54 65-0 · Fax 089/8 54 65-11

Bat Ye'Or

Mit einem Vorwort von Heribert Busse,
aus dem Französischen übertragen von Kurt Maier

Der Niedergang des orientalischen Christentums unter dem Islam

7. bis 20. Jahrhundert, Zwischen Dschihad und Dhimmitude

484 Seiten
Paperback
€ 24,90
ISBN 978-3-935197-19-9

Die in Ägypten geborene Autorin und seit 1959 britische Staatsbürgerin machte durch eine Reihe fundierter Bücher und Veröffentlichungen auf dem Gebiet des Islam auf sich aufmerksam. Sie gilt als eine der besten Kenner auf diesem Gebiet. Professor Heribert Busse hat die Übersetzung inhaltlich überprüft.

Das Buch gliedert sich in zwei große Teile: Die eine Hälfte schildert die historische Entwicklung seit der Entstehung des Islam bis in das 20. Jahrhundert, die andere Hälfte bringt als Beleg Quellentexte und Dokumente. Der Leser hat so die Möglichkeit sich einen Überblick über die Entwicklung zu verschaffen und gezielt Fragen zu vertiefen.

Diese bemerkenswerte Veröffentlichung besitzt heute eine besondere Aktualität. In dem Buch wird die politische Bedeutung des Islam deutlich, seine Wertung erlaubt auch die aktuellen Entwicklungen besser zu beurteilen. An einer gründlichen Auseinandersetzung mit dem Islam kommen wir immer weniger vorbei, und deshalb ist es wichtig verlässliche Quellen zu Rate zu ziehen.

Roberto de Mattei

Die Türkei in Europa

Gewinn oder Katastrophe?

ca. 80 Seiten
Paperback
ca. € 12,–
in Vorbereitung

Der Politikwissenschaftler und Historiker Roberto de Mattei lehrt an der Università Europea di Roma. Er legt mit diesem Buch eine nüchterne und sachliche Analyse vor, wobei er die historischen und geografischen Gegebenheiten beschreibt. Der Wandel der Türkei durch Kemal Atatürk, sowie die derzeitige Entwicklung durch Recep Tayyip Erdogan und die kulturelle und politische Situation von Kurden und Christen in der Türkei werden dabei ebenso behandelt wie aktuelle politische Konflikte wie z. B. mit Zypern.

Der Autor zieht Schlussfolgerungen und zeigt auf, wo sich Vorteile aber auch wo Nachteile durch einen Beitritt der Türkei in die EU ergeben würden. Der Leser kann selbst die Argumente und Fakten werten, die auch auf zahlreiche Stellungnahmen von wissenschaftlicher und politischer Seite basieren.

Verlag Dr. Ingo Resch

www.resch-verlag.com

Maria-Eich-Straße 77, D-82166 Gräfelfing · Tel. 089/8 54 65-0 · Fax 089/8 54 65-11

Prof. Dr. phil. Günter Rohrmoser

Kulturrevolution in Deutschland

Philosophische Interpretationen der geistigen Situation unserer Zeit

280 Seiten
Paperback
€ 24,90
ISBN 978-3-935197-91-5

Es wird mit diesem Buch deutlich, dass Europa seine kulturelle Basis verloren hat, auf der unser Recht, die Demokratie und die Gesellschaft gewachsen sind. Rohrmoser geht auch den Gründen des in den späten siebziger Jahren in Deutschland, Frankreich und Italien aufflammenden Terrorismus nach. Eine Analyse, die wichtig ist, um künftigen Entwicklungen besser begegnen zu können.

Rohrmoser verdeutlicht, dass jede Kultur eines Konsenses über ein religiöses Weltbild bedarf. Dieser Konsens ist nicht mehr vorhanden. In das so entstandene Vakuum und der damit verbundenen Unsicherheit welchen Werten normative Kraft zugebilligt werden kann, strömen andere kulturelle Werte, die nicht mit den abendländischen Wurzeln in Einklang gebracht werden können. Das gilt vor allem für den sich immer selbstbewusster gebenden Islam. Wie kam es zu so weitreichenden Veränderungen? Welche kulturelle und politische Botschaft steckt hinter dem Islam? Rohrmoser zeichnet ein sehr treffendes Bild.

Stefan Luft

Abschied von Multikulti

– Wege aus der Integrationskrise

480 Seiten
Paperback
€ 19,90
ISBN 978-3-935197-46-5

Nach „Ausländerpolitik in Deutschland" bietet Stefan Luft in seinem neuen Buch einen illusionslosen Blick auf die Wirklichkeit. Er belegt an Hand von Statistiken über die Schulabschlüsse, die Startchancen der jungen Menschen und die Folgen, die sich aus ungenügender Ausbildung und Bildung ergeben. An Hand des konkreten Beispiels Berlin wird die Problematik verdeutlicht. Es entwickelt sich eine Eigendynamik, aus der es für die jungen Menschen ein immer geringeres Entrinnen mit immer geringeren Chancen gibt. Die Barrieren für eine Integration werden zunehmend verbaut. Die Idee der multikulturellen Gesellschaft sieht Luft an Hand der Entwicklung und der Ausweglosigkeit in der sich die nachwachsende Generation befindet als eindeutig gescheitert an. Deshalb belegt er wie wichtig der schwierige Abschied aus dem Multikulturalismus ist und zeigt Wege aus der Integrationskrise auf.

Verlag Dr. Ingo Resch

www.resch-verlag.com

Maria-Eich-Straße 77, D-82166 Gräfelfing · Tel. 089 / 8 54 65-0 · Fax 089 / 8 54 65-11